# Une histoire économique du Viet Nam

1850-2007

*La Palanche et le camion*

Tous droits de traduction, d'adaptation et de reproduction par tous procédés réservés pour tous pays.

Toute reproduction ou représentation intégrale ou partielle, par quelque procédé que ce soit, des pages publiées dans le présent ouvrage, faite sans l'autorisation de l'éditeur est illicite et constitue une contrefaçon. Seules sont autorisées, d'une part, les reproductions strictement réservées à l'usage privé du copiste et non destinées à une utilisation collective et, d'autre part, les courtes citations justifiées par le caractère scientifique ou d'information de l'œuvre dans laquelle elles sont incorporées (art. L. 122-4, L. 122-5 et L. 335-2 du Code de la propriété intellectuelle).

© Les Indes savantes, 2009
ISBN : 978-2-84654-197-8
EAN : 9782846541978

Les Indes savantes, 22, rue de l'Arcade, 75008 Paris
Mail : contact@lesindessavantes.com
Site Web : http://www.lesindessavantes.com

Pierre Brocheux

# Une histoire économique du Viet Nam

## 1850-2007

*La palanche et le camion*

# Préface

Jusqu'à présent, l'histoire économique du Viet Nam a attiré très peu d'auteurs. et les rares travaux sur la période qui précéda la conquête française avaient, de façon explicite ou implicite, focalisé la question : le Viet Nam possèdait-il les germes d'un développement capitaliste ? Sur la période coloniale, il y a davantage (mais encore peu) d'ouvrages, marqués par la controverse qui opposait les anticolonialistes et les « colonialistes ». Parmi ceux-ci, *L'évolution économique de l'Indochine française* du géographe Charles Robequain brosse un tableau utile mais quasi officiel et justificatif de la colonisation française, de l'économie à la veille de la Seconde guerre mondiale. Ensuite, il faut attendre 40 ans avant que l'Américain Martin Murray ne publie, en contre-point, une histoire du capitalisme colonial français en Indochine. Son livre (*Development of Capitalism...*, 1980) est l'analyse d'une documentation empirique mêlée à un discours anticolonialiste et à une démonstration théorique inspirée de Lénine. Bien que l'on puisse reprocher à l'auteur un schématisme réducteur, son ouvrage est la première approche de l'économie coloniale de l'Indochine française qui met au banc d'essai la théorie de *L'impérialisme, stade suprême suprême du capitalisme*. Une fois l'indépendance politique acquise, écrire sur le Sud-Viet Nam revint le plus souvent à dénoncer le « néo-colonialisme » américain tandis que les livres sur le Nord-Viet Nam exaltaient les réalisations révolutionnaires et socialistes à travers une littérature normative et apologétique. Une fois désengagées du débat colonialisme/anticolonialisme, les études portent sur des aspects particuliers, essentiellement le système bancaire et d'investissement où deux ouvrages de référence s'imposent : ceux de Yasuo Gonjo et de Marc Meuleau (voir bibliographie). La dernière approche en date provient de chercheurs quantitativistes préoccupés de sortir du tête à tête « colonialistes » et anticolonialistes et de fonder l'histoire sur des données sérielles[1]. Leurs recherches et leurs calculs statistiques s'insèrent dans un vaste et ambitieux projet de

---

[1] *Quantitative Economic History of Viet Nam. 1900-1990*, J-P Bassino, J-D Giacometti et Konosuke Odaka (eds), Institute of Economic Research, Hitotsubashi University. Tokyo, 2000, p.409-428.

constitution d'une *Base de données statistiques historiques de l'Asie*. Ils ont abouti à la tenue d'un *workshop* international, à Tokyo, en juin 1999 dont la visée principale est de construire une continuité entre les séries « pre 1945 et post 1954 pour évaluer les performances économiques à long terme du Nord et du Sud Vietnam, 1935-1975 ». L'Institut de Recherche Économique de l'Université Hitotsubashi est le laboratoire de cet ambitieux programme. Les Actes du workshop (voir note 1) sont édités par les soins de Jean-Pascal Bassino, Jean-Dominique Giacometti et Konosuke Odaka ; ils rassemblent 19 exposés qui font le point critique des données quantitatives dont nous disposons sur la démographie et toutes les branches de l'économie, depuis la période coloniale française jusqu'au Vietnam réunifié. L'ouvrage, d'une richesse factuelle incomparable, est indispensable à toute recherche et étude à venir sur le sujet. Auparavant, les visions des auteurs engagés dans les débats et combats de leur temps, n'avaient aucune profondeur de champ. Il est temps, aujourd'hui, de prendre du recul et de mettre en relation les périodes coloniale et post-coloniale sans oublier que les Français n'ont pas trouvé une table rase lorsqu'ils se sont installés dans la péninsule. Population, systèmes de production, réseaux d'échanges et acteurs étaient présents et les conquérants ont été obligés de « faire avec ». En suivant cette logique, et pour ne pas insister sur l'histoire du capitalisme colonial j'accorderai la plus grande attention possible à l'évolution de l'économie indigène qui resta une souche vivace pendant toute la période de la domination française. Pour revenir sur le versant du capitalisme colonial, celui-ci est un chantier historiographique en pleine expansion. Des travaux français se sont déjà imposés (voir la bibliographie générale) : 1) de J-F Klein sur les relations entre les milieux capitalistes et politiques de la IIIe république, leur stratégie évolutive et leur percée extrême-orientale 2) M. Boucheret sur les grandes sociétés d'hévéaculture 3) C. Hodeir sur « le grand patronat face à la décolonisation » 4) la trilogie de P. Morlat, *Indochine Années Vingt* (en particulier le volume intitulé « Le rendez-vous manqué ») qui, en brassant une masse documentaire volumineuse et en partie inédite, l'intègre dans une histoire globale de l'Indochine française. Les dimensions économique, politique et culturelle y sont analysées avec vigueur par l'auteur. D'autres travaux stimulés par les ateliers et colloques de Hubert Bonin (Université de Bordeaux) sont en cours d'élaboration : prosopographie du colonat agricole, du négoce et des industriels français (Claire Villemagne). Les relations des milieux d'affaires des grands ports français et de l'outre-mer indochinois ont déjà été traitées de façon très documenté par Kham Voraphet dont la thèse est un bon éclairage des succès et des échecs des entreprises ou des « aventures » commerciales françaises en Asie.

    Ce livre se limite au Viet Nam mais, pour la période coloniale, il y est fait allusion au Cambodge et au Laos que les colonisateurs avaient liés dans l'Union indochinoise, qui ne fut pas un cadre purement politico-administratif et donc artificiel mais aussi une aire géopolitique riche de réalités et de potentialités économiques. De ce fait, elle fut génératrice d'interdépendance[2]. Pour tenter de détecter les continuités comme les ruptures, j'ai adopté un plan à la fois thématique et chronologique.

---

**2** *Norao. Identités territoriales en Asie du sud-est*, sous dir. Ph. Pelletier, Paris, Les Indes savantes, 2004.

Ce livre n'est pas une thèse universitaire au sens où il ne résulte pas d'une recherche qui utilise essentiellement des sources primaires mais il est une première synthèse des sources imprimées et des travaux existants qui invite d'autres historiens à se mettre au travail sur ce champ très délaissé afin qu'un jour leurs travaux inspirent une synthèse approfondie et renouvelée.

Revenir sur les deux derniers siècles passés du Vietnam, XIX$^e$ et XX$^e$ siècles, pose la question de la documentation disponible. Les sources primaires n'abondent qu'à partir des années 30 du siècle dernier jusqu'à la fin de la seconde guerre mondiale, notamment pour les secteurs de l'économie que les investissements français avaient ouverts. Le gouvernement général de l'Indochine organisé par Paul Doumer en 1898-1900 pour administrer les hommes et les choses de façon rationnelle et efficace, créa des services spécialisés, mit en œuvre des enquêtes, procéda à des relevés statistiques périodiques. Ces instruments de gestion servaient aussi à la propagande coloniale destinée à convaincre l'opinion métropolitaine du bien fondé et de la progression de « l'œuvre française ». Il faut y ajouter une littérature issue des débats sur les politiques coloniales et les stratégies économiques.

Par contraste, la période postérieure à 1945 se ressent des dislocations qui accompagnent la guerre d'indépendance, puis de la division du pays entre deux états eux-mêmes ravagés par la guerre civile aggravée par l'intervention des puissances étrangères. Le Sud-Viet Nam était placé dans l'orbite des États-Unis et du « monde capitaliste ». Là, le secret n'était pas une règle absolue et le développement selon Walt Rostow était à l'ordre du jour, l'aide américaine était considérable (et pas seulement en matière militaire). De nombreux organismes gouvernementaux vietnamiens, américain (USAID) ainsi que la Banque asiatique de développement, les agences de l'ONU (FAO entre autres) produisaient des données statistiques et des rapports. Malheureusement la situation intérieure devint chaotique à partir des années 60 et l'aide massive des États-Unis renforça l'extraversion de l'économie.

Dans le Nord-Viet Nam où la gestion centralisée et planifiée de l'économie nécessitait les prévisions et les calculs, les informations étaient délibérément tenues secrètes ou transmises, de manière parfois peu fiable, aux hautes instances dirigeantes du Parti et de l'État. Les statistiques économiques, en particulier, étaient surévaluées ou fausses. Un auteur anonyme écrivit dans le journal du PCV, *Nhân Zân*, du 22 février 1985 : « Dans les années récentes le Parti et l'État furent informés en temps utile, d'une manière permanente et précise. Pourtant, pour des raisons subjectives et objectives, de nombreux rapports économiques et de bilans statistiques furent sciemment falsifiés... certains services ont délibérément déformé la vérité par des estimations inexactes et fantaisistes pour éviter des enquêtes officielles. Il n'est pas rare que des phénomènes négatifs, des infractions aux principes aient été dissimulés dans les documents comptables et statistiques... »[3]

Outre ces déformations ou ces falsifications, la littérature économique du Nord-Vietnam était « ésotérique »[4] et reflétait l'absence d'une véritable pensée économique.

---

**3** « Améliorons les statistiques pour impulser la rénovation de la gestion de l'économie ».
**4** Dang Phong, « Essai de périodisation et de modélisation de la phase 1955-1990 de l'économie vietnamienne », conférence à l'Université Denis Diderot, Paris, 1991.

L'économiste français Jean Fourastié qui fut parmi les premiers non communistes à s'entretenir avec ses collègues polonais et soviétiques, fut étonné de l'absence de réflexion théorique sur la planification chez ses interlocuteurs. Selon Fourastié, les Soviétiques géraient leur économie de la même manière qu'ils dirigeaient une école ou commandaient une unité de l'armée[5]. Ces remarques devraient être applicables aux Nord-Vietnamiens.

Depuis que la Rénovation (*Doi moi*) dans la République socialiste du Vietnam s'applique en priorité à l'économie et que le développement et la modernisation sont fondés sur l'ouverture à l'étranger et sur l'économie de marché, les calculs économiques exigent d'être au plus près de la réalité. En même temps les appels aux investissements et le recours aux emprunts extérieurs auprès d'organismes bancaires internationaux (FMI, BAD, BM) obligent le gouvernement du Vietnam réunifié à produire des statistiques à jour et à transmettre des informations relativement fiables. Cependant, l'exigence de transparence et de vérité conduit aussi à noircir le tableau de trois ou quatre décennies « socialistes » et par conséquent l'historien se trouve à nouveau aux prises avec d'autres déformations qui peuvent brouiller son analyse[6].

Ce travail n'aurait pas vu le jour si le professeur Anthony Reid ne m'avait pas engagé (imprudemment ?) dans cette voie. Je lui exprime ma reconnaissance ainsi qu'à tous les participants de l'atelier qui eut lieu en 1994 à la Research School of Pacific and Asian Studies de l'Australian National University avec le soutien financier de la Fondation Luce. Je citerai notamment ceux qui m'ont manifesté leur sympathie et leurs encouragements : David Chandler, Adam Fforde et Andrew Hardy. Enfin je suis très reconnaissant à M$^{me}$ Yoko Takada, professeur à l'Université Keihai (à Tokyo), pour m'avoir associé à son travail de terrain dans le delta du Mékong en 1997.

Pour finir, un grand et amical merci à Frédéric Mantienne et Patrice Morlat d'avoir accueilli favorablement mon ouvrage aux Indes savantes.

\* \* \*

**Note sur les noms et mots vietnamiens**

1. J'utilise les noms de Nam Bo, Trung Bo et Bac Bo pour désigner respectivement la Cochinchine, l'Annam et le Tonkin. Lorsqu'il est question du Sud-Viet Nam et du Nord-Viet Nam, il s'agit des deux entités territoriales et étatiques situées de part et d'autre du 17$^e$ parallèle et qui, officiellement, s'intitulaient République du Viet Nam et République démocratique du Viet Nam.

---

[5] Jean Fourastié, *Entre deux mondes.Mémoires...* p. 154-155.
[6] L'économiste Vo Nhan Tri a tenté une évaluation critique de la période 1975-1990 avec *Vietnam's Economic Policy since 1975*, ISEAS, Singapore, 1991. Il le fait avec une vision de l'intérieur. L'économiste française Marie Sibylle de Vienne a tenté la première mise au point quantitative avec *L'économie du VN 1955-1995. Bilan et prospective,* Paris, CHEAM, 1994.

2. Pour désigner l'ethnie majoritaire dans la population du Vietnam, j'utilise indifféremment le terme Viet ou Kinh.

3. J'écris systématiquement Z au lieu du D non barré qui en Vietnamien se prononce ZEU, la lettre Z n'existant pas dans l'alphabet du *quoc ngu*.

4. J'écris les noms de lieux à la française : Quangnam ou à la vietnamienne : Quang Nam.

**Liste des abréviations**

AA, *Approches Asie* (revue publiée par l'université de Nice-Sophia Antipolis)
ANVN, archives nationales du Vietnam à Hanoi (Luu tru 1) et à Ho Chi Minh-ville (Luu tru 2)
BAD, Banque asiatique de développment
BEFEO, Bulletin de l'École française d'Extrême-orient
BEI, *Bulletin économique de l'Indochine* (Hanoi)
BIIEH, *Bulletin de l'Institut indochinois des études de l'Homme* (Hanoi)
BM, Banque mondiale
CAEM, Conseil d'Aide économique mutuelle
CAOM, Centre des archives d'Outre-mer, Aix-en-Provence
EFEO, Ecole française d'Extrême-orient
FMI, Fonds monétaire international
**Goucoch**, gouverneur de la Cochinchine, abréviation utilisée dans la correspondance administrative et pour désigner un fonds d'archives du Luu tru 2
**Gougal**, gouverneur général
Indo NF, Indochine Nouveau fonds, CAOM
IHTP, Institut d'histoire du temps présent, Paris
ISEAS, Institute of Southeast Asian Studies (Singapour)
JAS, *Journal of Asian Studies* (Ann Arbor, USA)
JCA, *Journal of Contemporary Asia* (Australie)
MAE, archives du Ministère des affaires étrangères, Paris
MAS, *Modern Asian Studies* (Cambridge, UK)
NCKT, *Nghien cuu kinh te*/études économiques (Hanoi)
NCLS, *Nghien cuu lich su*/études historiques (Hanoi)
NXBKHXH, *Nha xuat ban khoa hoc xa hoi* (Éditions des sciences sociales, Hanoi)
RFHOM, *Revue française d'histoire d'Outre-mer*, depuis 2001 : *Outre-mers. Revue d'Histoire* (Paris)
RHMC, Revue d'histoire moderne et contemporaine (Paris)
RHSGM, Revue d'histoire de la Seconde guerre mondiale (Paris)
**Resuper**, résident supérieur, abréviation utilisée comme **Goucoch**
RIJE, *Revue indochinoise juridique et économique* (Hanoi)
TDBCPNV, *Toa dai bieu chinh phu Nam Viet* est un fonds des ANVN, Luu tru 2
SHAT, Service historique de l'armée de terre (château de Vincennes)
*Xua va Nay* / Passé et Présent, magazine d'Histoire (Hanoi et Ho Chi Minh-ville).

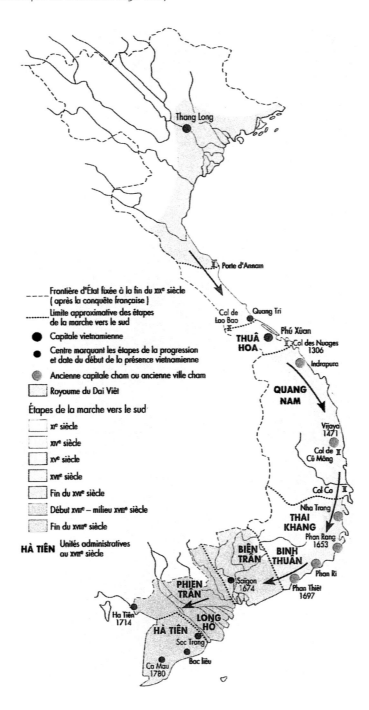

Carte n° 1. L'expansion des Viêt vers le Sud. XIe-XVIIIe siècle

# Introduction

En 1986, par une coincidence fortuite et ironique, alors que le secrétaire général du Parti communiste vietnamien (PCV), Nguyen Van Linh, annonçait officiellement que le Vietnam s'engageait dans la voie des réformes, le *Doi moi* ou Rénovation, le sinologue français Léon Vandermeersch[7] qualifiait le Viet Nam de pays « atypique » par rapport à ses voisins asiatiques. Dans son optique, le Viet Nam n'avait pas su faire preuve de dynamisme comme les autres pays sinisés : Japon, Corée et Chines, en outre il exprimait son scepticisme sur la capacité du Viet Nam à rejoindre le peloton des économies asiennes en pleine croissance dans le dernier quart du XX$^e$ siècle.

L'évolution déphasée du Viet Nam pose une interrogation même si l'on tient pour acquis que trois guerres successives ont joué un rôle déterminant pour retarder le pays dans sa modernisation. Car d'autres facteurs ont joué un rôle important : d'abord, la domination coloniale a provoqué un conflit entre deux systèmes économiques et sociaux possédant chacun sa finalité et sa logique d'organisation. Par rapport aux normes européennes, le Vietnam avait atteint un stade de développement retardataire. Ce retard permit à la France de le conquérir mais aussi d'entraver le développement du pays en cherchant à en faire une annexe d'elle-même, telle est, du moins, l'affirmation simplifiée des théoriciens de la dépendance. La domination coloniale fut-elle une parenthèse prédatoire qui laissa les Vietnamiens et les autres Indochinois dans une condition pire que celle d'avant la conquête comme le pensait le président américain F.D. Roosevelt ? Après le départ des Français, faut-il admettre que le legs colonial pesa sur le pays au point que celui-ci ne parvint pas à surmonter les obstacles et se débarrasser des faiblesses ? Enfin, dans la période post-coloniale, les dirigeants du pays ont-ils fait un choix judicieux d'un modèle de développement ou ont-ils engagé leur pays dans une impasse par suite d'un calcul erroné ou d'une gestion peu rigoureuse parce qu'impossible ?

---

**7** *Le nouveau monde sinisé*, Paris, PUF, 1986, p. 36

À l'arrivée des Français le Vietnam n'était pas un désert économique. Lorsque les troupes françaises débarquèrent dans le sud de la péninsule en 1859, le royaume du Vietnam était depuis le XVIIe siècle le terrain d'évangélisation des missions catholiques européennes. Le royaume était déjà sur la défensive, les Vietnamiens connaissaient les événements de la Chine ouverte par la force. Certes le pays était, avec la Corée, le moins impliqué dans les nouveaux courants de l'économie mondiale à la différence de l'Insulinde, des Philippines, de la Malaisie, du Siam, de la Basse Birmanie, du Japon et de la Chine mais il participait de longue date aux échanges régionaux[8].

Pendant les XVIIe et XVIIIe siècle, bien que le domaine des seigneurs Nguyen fût un pays rizicole dont la majeure partie de la production était destinée à la consommation locale, le cœur de ce domaine, les provinces du Quangnam et du Quangngai, était ouverts au commerce extérieur. Le sucre de canne, le poivre et la soie étaient exportés par mer. Le Kapitan chinois de Java, So Bin Kong (1580-1644) était à la tête d'un réseau triangulaire qui reliait Java, le Quangnam, la province chinoise du Fu Jiang et Formose. Le port de Hoi An (Faifoo) était un entrepôt animé où les navigateurs et commerçants japonais, chinois, malais, hollandais, portugais se retrouvaient pour échanger leurs marchandises.

Cette ouverture du Vietnam ne dura pas très longtemps, elle coïncida avec la lutte entre les deux clans seigneuriaux des Nguyen et des Trinh pour s'assurer un pouvoir hégémonique et le commerce extérieur avait pour objectif primordial le renforcement de leur puissance militaire. L'ouverture se poursuivit pour les mêmes raisons pendant la guerre acharnée qui opposa Nguyen Phuoc Anh à ses adversaires Tay son dans le dernier quart du XVIIIe siècle[9]. Une relative fermeture accompagna la pression croissante des missionnaires catholiques pour obtenir la liberté d'évangélisation et celle du gouvernement français pour l'application du traité de 1787 signé par Nguyen Phuoc Anh et le roi de France Louis XVI. Le roi Minh Mang (1820-1840) tenait à distance les Français et les catholiques tandis qu'il voyait dans le confucianisme l'instrument du renforcement de l'autorité de la monarchie et de la cohésion de la société[10]. Des historiens imputent le retard économique et culturel du Vietnam au confucianisme et ils vont même jusqu'à le rendre responsable du déclin et de la défaite du pays devant les envahisseurs français[11].

Qu'en fut-il réellement ? Dans le registre de l'économie, la restauration confucianiste entreprise par le roi Minh Mang ne fit que mettre à l'ordre du jour des valeurs doctrinales anciennes que le roi Le Thanh Tong (1460-1497) rappela dans son *Message aux âmes des morts des Dix catégories sociales*. Dans ce texte le roi recommandait de maintenir les marchands dans la soumission (*uc thuong*) parce que cette engeance

---

**8** R. Elson, *The Cambridge History of Southeast Asia*, vol.2, 1992, chap. 3.
**9** Nguyen Thanh Nha, P-Y Manguin, Li Tana, A. Reid (voir bibliographie).
**10** A. Woodside, *Vietnam and the Chinese Model*, 1971.
**11** Le Thanh Khoi, *Histoire du Vietnam des origines à 1858*, Paris, SUDESTASIE, 1981 ; Yoshiharu Tsuboi, *L'empire vietnamien face à la France et à la Chine*, Paris, L'Harmattan, 1987 ; "Nho giao va Kinh te" (les lettrés confucéens et l'économie) dans *Nho giao xua va nay* t.III, Hanoi, 1991 ; A. Woodside, "The relationship between Political Theory and Economic Growth in VN, 1750-1840" in *The Last Stand of Asian Autonomies...*, A. Reid (ed).

cupide ne songeait qu'à s'enrichir, il les décrivait « allant par monts et par vaux, par rivières et mers pour amasser l'or, utilisant leur langue pour tromper et même pour vendre les autres... »[12]. Le Thanh Tong accordait la première place à l'agriculture et plaçait le commerce loin derrière (le roi utilisait l'image de l'arbre dont l'agriculture était la racine et le commerce seulement une branche). Le préjugé envers les marchands prévalut pendant trois siècles en fonction du développement de l'économie. Pendant « l'Âge du commerce », le Viet Nam n'évolua pas avec assez de vigueur pour faire tomber en désuétude des valeurs que la population avait intériorisées de longue date.

Bien que certaines provinces eussent accru la production agricole et artisanale au point de disposer d'un surplus d'exportation et bien que les mandarins, en certains lieux, eussent subi l'attrait des biens mobiliers et succombé à la tentation de les acquérir, une classe d'entrepreneurs ne fit pas son apparition. Il y eut trois raisons à cette absence : d'abord les rois Minh Mang et Thieu Tri se réservaient les monopoles du commerce les plus fructueux : la soie, le thé, le sucre, le riz contre les armes, l'étain et l'opium. Quant aux mandarins, ils prélevaient leurs parts dans les transactions économiques ou ils étaient des partenaires cachés pour ne pas transgresser ouvertement le code de conduite confucéen. Enfin et sans doute parce que les mandarins tenaient à rester dans l'ombre, les Chinois se livraient au négoce des marchandises et à l'exploitation minière au grand jour. Ils détournaient une partie des ressources métalliques du Vietnam, c'est ainsi que les rois vietnamiens de la seconde moitié du XIX$^e$ siècle leur concédèrent la frappe monétaire qui échappa ainsi à leur contrôle. Ces Chinois jouaient un rôle indispensable dans l'économie vietnamienne et les Français ne purent qu'en tenir compte dans leurs opérations d'exploitation de la colonie lorsqu'il s'avéra que certaines positions chinoises étaient inexpugnables.

Une combinaison contraignante de structures sociales et mentales ainsi qu'une sensibilité à la menace étrangère ne permirent pas aux Vietnamiens de franchir le stade de développement scientifique, technique, économique et culturel où ils étaient parvenus. Au milieu du XIX$^e$ siècle, quelques mandarins (Pham Phu Thu, 1820-1883) ou lettrés comme Nguyen Truong To (1830-1871)[13] en appelèrent au roi pour qu'il modernise son pays mais ils ne furent pas écoutés. Lorsqu'enfin le roi Tu Duc 1847-1883) autorisa ses sujets en 1876 à commercer outre-mer puis les encouragea à faire des affaires à Hong Kong en 1878, il n'y eut aucune suite.

Néanmoins et en dépit des efforts de Minh Mang et Thieu Tri (1841-1847) pour que le commerce demeurât sous le contrôle de la cour royale, le commerce privé et de contrebande continua après 1850, notamment avec Singapour, de 1844 à 1857, la valeur des échanges entre le Vietnam et ce port augmenta de 241 553 dollars soit de 52 %. Mais il est plus que probable que les acteurs (transporteurs et négociants) étaient en majorité chinois[14].

---

**12** *Tho Le Thanh Tong* (Écrits de Le Thanh Tong), Hanoi, p. 134.
**13** *Nguyen Truong To, Con nguoi va di thao*, (l'homme et les idées), HCM-Ville, 1988.
**14** *Water Frontier. Commerce and the Chinese in the Lower Mekong Region. 1750-1880*, p.32 ; Chen Ching Ho « Les missions officielles dans les Ha Chau ou contrées méridionales de la première période des Nguyen », p.118.

Les caractères généraux du Viet Nam ou Dai Nam n'effaçaient pas les inégalités de développement entre les différentes parties du pays du nord au sud. Au 19e siècle, il y avait déjà des différences spécifiques entre les régions de peuplement ancien à haute densité démographique d'une part et le front pionnier des hautes terres et du delta du Mékong à faible densité d'une population pluriethnique. Dans les régions de peuplement viet récent, l'organisation sociale était la même que dans le nord (delta du Fleuve rouge et plaines du Thanhhoa et du Nghetinh) mais les valeurs et habitus collectifs devaient être plus ou moins altérés par les contacts avec les Cham et les Khmer.

Au milieu du XIXe siècle, l'évolution historique mit en place des configurations régionales dont les caractéristiques s'affirmèrent au XXe siècle sur la base des ressources naturelles, des facteurs du peuplement, des techniques de mise en valeur ainsi que des liaisons avec les contrées voisines. Dans son analyse de l'ouvrage de Lê Quy Don, *Phu Bien Tap Luc*/Chroniques des frontières, l'historien A. Woodside remarque que LQD « pensait que les mentalités économiques régionales autant que les degrés de richesse, étaient devenues disproportionnées entre le nord et le sud » tout en suggérant qu'elles « existaient déjà, bien que de façon embryonnaire, au XVIIIe siècle »[15]. Sous certains aspects : écologie, peuplement, exploitation du sol, le Viet Nam avait acquis, au cours de sa descente vers le sud (Nam Tien), des similitudes avec la Basse Birmanie et la plaine centrale de la Chao Phraya (en Thaïlande).

Les Français avaient certainement tenu compte de ces différences lorsqu'ils choisirent de renoncer à s'emparer de la capitale Huê et débarquèrent leurs troupes dans le *Luc tinh* (les « Six provinces » méridionales dont ils firent une colonie, la Cochinchine). Ce pays était le talon d'Achille du royaume viet, éloigné de la capitale et foyer de plusieurs rebellions contre le pouvoir central. En outre le *Luc tinh* ou encore *Gia dinh* était déjà un grenier à riz, situé au carrefour des principales routes maritimes et aux confins de l'Asie insulaire et continentale. Le trafic entre les nombreux ports du golfe du Siam et Singapour ne fit que s'intensifier entre 1830 et 1848, le nombre de navires « cochinchinois » passa de 49 à 162 tandis que le riz importé atteignit la valeur de 300 000 piastres espagnols.

Une mentalité mercantile et spéculative était répandue même chez les cultivateurs et les Français escomptaient en tirer parti et faire de ce pays une terre de colonisation. L'abondance des terres inoccupées, des ressources végétales, fluviales et marines, la densité du réseau fluvial relié aux itinéraires maritimes séculaires de la méditerranée australo-asiatique, s'inscrivaient, au XIXe siècle, dans une conjoncture très dynamique et très attrayante[16]. En effet, à Bangkok le roi du Siam Mongkut venait de signer le traité Bowring avec la Grande-Bretagne (1855) qui ouvrait les portes de son royaume aux Européens, le succès de l'emporium de Singapour (fondé en 1819 par l'Anglais Stamford Raffles) était amplement confirmé – en 1869, à la chambre de commerce de Marseille, ce succès fit dire à quelqu'un : « faisons de Saigon une Singapour » – Deux autres exemples stimulèrent les Français, celui des Indes néerlan-

---

**15** A. Woodside, *Essays into Vietnamese Past*, p. 166.
**16** Nola Cook, "Water World: Chinese and Vietnamese on the Riverine Water Frontier from Camau to Tonlé Sap'c ; 1850-1884" in *Water Frontier*, p. 139-156. Je remercie Nola Cook d'avoir mis ce livre à ma disposition.

daises où le système des cultures forcées dit système Van den Bosch (1830 à 1870) avait relevé les Pays-Bas des ruines des guerres napoléoniennes et assuré leur prospérité tandis que simultanément, les cultures commerciales (canne à sucre et tabac) prenaient tout leur essor aux Philippines encore sous domination espagnole.

Le débat des années 1950 sur la priorité de l'économique ou du politique ou du spirituel dans l'expansion impérialiste de la France est aujourd'hui largement dépassé. Mais sans exclure les autres mobiles, ceux économiques ont été déterminants ou le sont devenus très rapidement. Le président de la chambre de commerce de Lyon exprima avec clarté la pensée dominante de son époque et des sociétés européennes, et pas seulement l'opinion d'un milieu socio-professionnel, lorsqu'il déclara « civiliser les peuples au sens que les modernes donnent à ce mot, c'est leur apprendre à travailler pour pouvoir acquérir, dépenser, échanger »[17]. Sous le Second empire français, les groupes de pression qui s'efforçaient d'entraîner la France dans la voie de l'expansion coloniale entretenaient d'étroites relations entre eux, ils recrutaient dans des cercles tels que les officiers de la marine, les diplomates, les ecclésiastiques catholiques, les intellectuels et savants (les sociétés de géographie notamment). Les intérêts commerciaux, financiers, stratégiques et religieux étaient associés quand ils n'étaient pas imbriqués. La rivalité coloniale entre la France et la Grande-Bretagne stimulait l'activité de ces milieux.

Le ministre de la Marine impériale approuvait l'installation à l'embouchure de la rivière de Saigon en spécifiant qu'il fallait compléter cette conquête par celle de l'arrière-pays et il ajoutait : « ...vous devez vous rendre maître du commerce fluvial dans le sud de la Cochinchine où notre intérêt est de posséder un grand établissement... afin de garantir la liberté de commerce dans cette zone et d'entretenir de bonnes relations avec le Siam et le Cambodge »[18]. Deux décennies plus tard, la France fut affectée par une longue crise économique de 1873 à 1895 et elle dut trouver en Extrême-Orient des débouchés pour ses produits d'exportation et ses capitaux. Des industriels de Lyon étaient déjà présents en Chine pour y chercher la soie, le Viet Nam apparut alors comme une étape idéale pour nouer des liens fermes avec la Chine : la logique autant que la géopolitique réclamait un engagement plus net et durable au Viet Nam et en Chine. Les soyeux lyonnais sont une bonne illustration de cette volonté d'entreprendre, malgré tous les risques encourus, en Chine du sud et au Tonkin. Ils se lancèrent dans ces entreprises lointaines en alliance avec les républicains gambettistes, partisans de l'expansion outre-mer[19]. Lorsque l'amiral M.-J. Dupré voulut obtenir le feu vert de Paris pour envahir le Tonkin en profitant des initiatives de l'aventurier, explorateur et négociant Jean Dupuis, il justifia son dessein avec le même argument que l'amiral Charner avait invoqué pour la mainmise sur le Bas Mékong et écrivit au ministre de la Marine (lettre du 19 mai 1873) : « Notre établissement dans ce riche pays limitrophe de la Chine et débouché naturel de ses riches provinces sud occiden-

---

**17** Auguste Isaac, discours de réception de P. Doumer, gouverneur général de l'Indochine à la Chambre de commerce de Lyon, 1901.
**18** Lettre du ministre de la Marine au vice-amiral Charner, 26.2.1861, Indochine A30(1) CAOM.
**19** Voir la thèse de J.-F. Klein : Soyeux en mer de Chine. Stratégies des réseaux lyonnais en Extrême-orient (1843-1906), Université Lyon II – Louis Lumière, 2002.

tales est, selon moi une question de vie ou de mort pour l'avenir de notre domination en Extrême-Orient ».

Au Tonkin en voie d'être conquis, le gouverneur Paul Bert évoquait la perspective brillante d'une « colonie de marchands et d'industriels, créateurs de richesses… » (*Le Progrès saïgonnais*, 1er avril 1886). Une fois qu'ils eurent obtenu la liberté religieuse pour les chrétiens et au fur et à mesure qu'ils progressèrent dans la conquête de la péninsule Indochinoise, les Français furent mus essentiellement par les mobiles économiques[20].

Toutefois, sous la domination française, le Viet Nam fut intégré dans l'économie mondiale par le biais de deux systèmes économiques : celui de l'Asie et celui de l'empire colonial français. En effet, le régime colonialiste ne prit pas en mains l'économie dans son intégralité, la France ne pratiqua pas l'exclusif colonial et il y eut un compromis entre l'économie asiatique pré-existante et celle que les Français organisèrent et pilotèrent afin que la métropole France en tire le maximum de bénéfices.

Le moment colonial fut crucial pour les sociétés d'Asie comme pour celles d'Afrique. Dans cette nouvelle étape de la mondialisation, les conquérants ouvrirent de nouveaux secteurs de la production, installèrent des réseaux de communication et de transport qui accélérèrent et gonflèrent les flux migratoires de main-d'œuvre. La répartition spatiale des populations et leur structuration professionnelle se trouvèrent modifiées et parfois bouleversées tandis que les modalités relationnelles entre les hommes et entre ceux-ci et la nature subirent aussi des changements décisifs.

Bien que les Français eussent divisé le Viet Nam en trois entités administratives (Cochinchine, Annam, Tonkin) pour des raisons politiques, leur exploitation des ressources naturelles et humaines annulèrent la portée de la fragmentation territoriale du Viet Nam. Les voies de communication et moyens de transport, les débouchés portuaires, surtout les migrations de la main-d'œuvre engendrèrent même une interdépendance entre les cinq pays indochinois (Cambodge et Laos ajoutés aux trois précédents). En initiant la modernisation de l'Indochine, les Français voulurent en conserver la maitrise et la direction, c'est pourquoi les nationalistes ne visaient pas seulement l'indépendance politique mais aspiraient aussi à recouvrer la propriété des ressources économiques et les commandes de l'économie. Par conséquent, au stade de l'indépendance, un rôle capital fut dévolu à l'État national mais en même temps le capitalisme étranger étant rendu responsable de l'arriération de la colonie et du régime oppressif qui pesait sur elle, la voie du libéralisme économique fut souvent rejetée par les indépendantistes. En revanche, les Asiatiques eurent deux modèles d'inspiration : le Japon du Meiji et l'Union soviétique de Staline, deux régimes dérivés eux-mêmes du nationalisme économique de Friedrich List (1789-1846), très éloigné du libéralisme d'Adam Smith. Ces deux exemples apparurent plus appropriés parce que conciliables avec la gouvernance mandarinale ou du moins sa version idéalisée transmise jusqu'à notre siècle[21].

---

**20** J.-F. Laffey, « Les racines de l'impérialisme français en Extrême-Orient. À propos des thèses de J.-F. Cady », *RHMC* 2/1969 et "Lyonnais Impérialism in the Far East 1900-1938" *MAS* 1.
**21** Analysée avec pertinence et finesse par l'historien A. Woodside dans *Lost Modernities. China, Vietnam, Korea and the Hazards of World History*, Harvard University Press, 2006.

Au Viet Nam, la guerre de longue durée (1945-1954 et 1960-1975) renforça le courant partisan de l'économie dirigée. Après la réunification du pays, la référence soviétique qui se confondait avec celle de la Chine populaire, devint cardinale. Cependant, en URSS Kroutchchev avait déjà amorcé une réforme de l'économie et quinze ans plus tard, Deng Xiaobing fit sortir la Chine du système soviéto-maoïste. Quoiqu'il en fut, le système soviétique qui associait l'État et la société dans la refonte de la société servit à convaincre les Nord-Vietnamiens qu'ils combinaient la tradition nationale à forte empreinte sinisée avec la formule moderne occidentale « les soviets plus l'électricité » pour sortir le pays du sous-développement.

Pendant un temps, le partage du pays entre deux régimes politiques adverses imprima à chacun de ses segments une orientation différente qui sembla prendre fin en 1975, or l'évolution du dernier quart du XXe siècle apparut comme un démenti à la structuration dite socialiste en même temps qu'une convergence des deux régimes naguère adverses. Pour autant, le legs de la période coloniale disparut-il complètement et définitivement en ce début du XXIe siècle ? La rupture avec le passé colonial eut beau être proclamé bien haut et maintes fois, l'économie ne se confond pas avec la politique et encore moins avec l'idéologie.

Lorsque le Viet Nam retrouva son unité sous l'égide d'un État national indépendant, il adhérait à la notion d'indépendance économique qui apparut très vite comme un argument de propagande et une aspiration impossible à concrétiser. D'autant que la tragédie des guerres répétées, 1941-1954, 1960-1975, 1978-1989 (Cambodge et Chine) conféra au Viet Nam une triste singularité, génératrice de destructions et de souffrances, en même temps qu'elle le plaçait sous dépendance étrangère. Cette singularité ne doit pas conduire à sous-estimer les responsabilités humaines dans les retards et les faillites d'un régime économique soumis au volontarisme et au constructivisme d'une minorité politique.

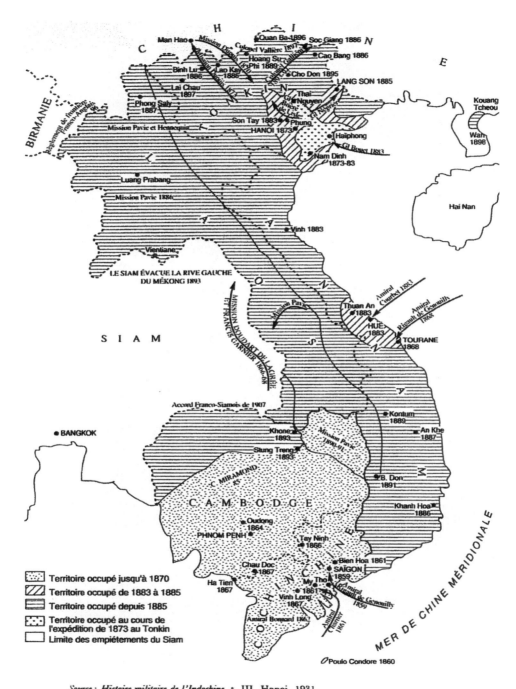

Carte n° 2. Les étapes de la formation de l'Indochine française

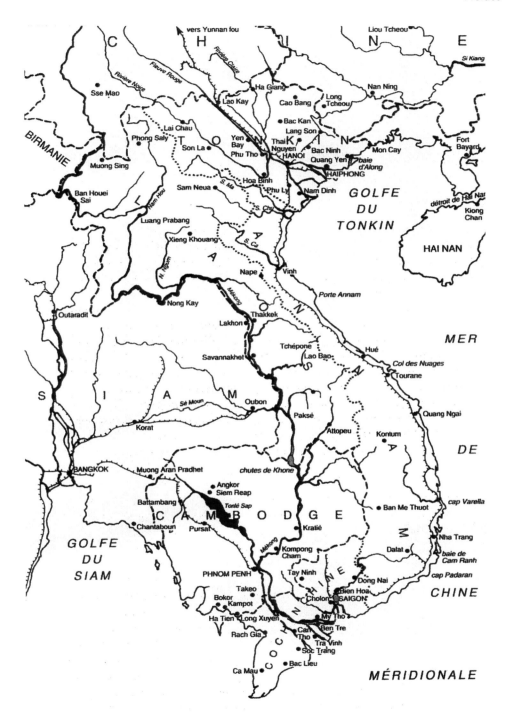

Carte n° 3. L'Indochine, carte administrative

Chapitre un
# La croissance démographique non maîtrisée du XXᵉ siècle

    Contrairement à ses voisines, la Birmanie et la Thaïlande, qui organisèrent et étendirent leur espace social dans de grands bassins hydrographiques (Chao Phraya et Irrawaddy), le Viet Nam en tant que formation sociale et politique émergea dans le delta du fleuve Rouge de superficie plus limitée. Mais entre le XVIᵉ et le XVIIIᵉ siècle son centre de gravité se déplaça progressivement vers le sud, d'abord vers les plaines du Thanh Hoa-Nghe Tinh, puis le Thua Tien-Quang Nam-Binh Dinh pour atteindre le Nam Bo. L'historiographie vietnamienne appelle ce mouvement le *Nam Tien* (l'avance vers le sud) dans lequel il faut nous garder de voir une expansion programmée et un flux continu.

    Ce chapelet longitudinal de foyers d'hégémonie et de rayonnement a formaté un territoire qui s'étend du 8ᵉ au 23ᵉ parallèle de latitude de l'hémisphère nord, de la zone de climat tropical à celle subéquatoriale, et qui profite d'une large bio-diversité climatique. Collines et montagnes occupent les trois quarts de la superficie et l'océan baigne 3 260 km de côte (l'Indochine, un « balcon sur le Pacifique ») avec, aujourd'hui, 500 000 km² de plateau continental. La mousson est un phénomène météorologique théoriquement régulier mais au Viet Nam il est une composante d'un climat diversifié. Au nord du 18ᵉ parallèle, il y a une saison froide, le pays tout entier connaît une saison des pluies durant 5 à 7 mois qui contraste avec une saison sèche. Inondations et sécheresses ne sont pas exceptionnelles mais plutôt récurrentes et chaque année les typhons peuvent ravager le nord et le centre du pays. Les sols subissent l'érosion et la latéritisation de façon intense là où les pentes sont dépouillées par les hommes de leur couvert végétal. Par conséquent l'agriculture qui est encore l'activité productive majeure doit compter avec les aléas climatiques et la dégradation pédologique. Chaque cataclysme a des effets démographiques, parfois considérables. Chaque inondation provoque la mort de centaines de personnes et laisse des milliers de sans-abri. Les typhons font encore plus de victimes : 300 000 en 1881, 300 000 en 1981 à l'échelle de tout le pays ; localement, dans le delta du Mékong par exemple, 336 personnes moururent et 1 864 disparurent en 1997.

Cependant, l'environnement naturel recèle un potentiel qui fut mis en œuvre très tôt (2 000 ans ? la datation dépend de la progression des découvertes archéologiques) par la création de systèmes de culture dotés de techniques évolutives qui vont de la riziculture sèche à la culture pluviale, inondée et, à son stade le plus avancé, irriguée. Les unes empruntées à l'Inde et à la Chine, soit directement soit par l'intermédiaire des Chams et des Khmers mais toutes mises au point localement après avoir été adaptées. La richesse de la civilisation dite de Dông Son, en objets (armes, outils, objets de culte) de bronze témoignent des richesses minières exploitées très tôt en même temps que des techniques précoces de l'industrie métallurgique.

## L'évolution démographique avant la conquête française

Au XIX$^e$ siècle, le Viet Nam en tant que formation étatique n'avait pas encore fixé ses limites territoriales méridionales mais il englobait, depuis son expansion originelle, des peuples qui, chacun à sa façon, avaient façonné son environnement tout en s'adaptant eux-mêmes à celui-ci. Bien que le peuplement du Viet Nam soit un des moins hétérogènes de l'Asie du Sud-Est puisque les Viet ou Kinh y sont, à la fin du XX$^e$ siècle (1995), la majorité (87 %), le pays est habité par des minorités ethniques que l'on classe en fonction de leur parenté linguistique ; c'est ainsi que l'on distingue les Tay-Thai et les Hmong-Zao dans les hautes terres septentrionales et les Austronésiens et Môn-khmer sur les hauts plateaux du centre et dans le delta du sud, respectivement 6,2 et 3,6 % de la population totale.

La mythologie nationale a conféré aux migrations qui ont conduit les Viet du delta du fleuve Rouge à celui du Mékong, le statut d'épopée sous le nom de *Nam Tiên*. Or celui-ci ne fut pas une trajectoire linéaire prédéterminée mais une appellation après-coup qui recouvre une succession de campagnes militaires, de négociations diplomatiques où furent impliqués des clans Viet rivaux autant que les luttes entre Viet et Chams et Khmers. Graduellement et par avancées et reculs, les Viet se sont portés vers l'extrême sud de la péninsule en suivant le littoral de la mer de Chine, annexant territoires et installant colons, repoussant ou enclavant les premiers occupants[1].

La dimension économique – il s'agissait de gagner de nouvelles terres à la riziculture inondée – de ces flux colonisateurs Viet n'est pas admise explicitement par les historiens vietnamiens. Pourtant, l'établissement de colonies militaires (*dôn diên*) par le roi Le Thanh Tong dès 1481, prouve qu'aux yeux des monarques comme du mandarinat de Thanh Long, plus tard de Phu Xuân, les buts politiques et militaires étaient liés à l'extension des terres cultivées. La monarchie viet fut fondée sur un réseau de villages, ce qui était la meilleure méthode de contrôler le territoire et l'espace productif. De la sorte, la monarchie put extraire un surplus de la production

---

**1** M. Cotter, "Towards a Social History of the Vietnam. Southward Movement", *JSEAH* IX-1, 1968. K.W. Taylor "Surface Orientations in Vietnam: beyond Histories of Nation and Region" *JAS* LVII-4, 1998.

agricole à son profit, mobiliser de la main-d'œuvre pour les travaux publics, des soldats pour défendre le royaume mais aussi pour réaliser des rêves d'empire.

Notre connaissance de cette histoire provient de documents officiels assez souvent fragmentaires. Nous y accédons au XIXe siècle à travers le *Dai Nam Nhat Thong Chi* (Chronique du Viet Nam impérial, 1882, 1909), le *Dai Nam Thuc luc Chinh bien* (Compilation des véritables archives du Dai Nam, 1778-1888) et le *Kham Dinh Viet su thong giam cuong muc* (Textes et explications formant le miroir complet de l'histoire du Viet Nam. 1859-1884). Mais prenons l'exemple du *Dai Nam Nhat thong chi*, il fut probablement achevé dans les années 1860, sa publication fut autorisée officiellement en 1882 mais ce n'est qu'en 1910 qu'il fut partiellement publié. On est conduit à supposer que la valeur documentaire du *Dai Nam* se ressent de ces délais qui permettaient des compléments mais aussi des oublis ou des suppressions.

Théoriquement, la bureaucratie impériale se livrait à un recensement démographique périodique mais celui-ci était entaché de défauts : en 1807, l'empereur Gia Long qui venait de réunifier le pays, ordonna que tous les habitants des communes du royaume fussent enregistrés sur les rôles des impôts (le *dinh bo*) indépendamment de leur statut : celui d'inscrits (*dinh*, en principe ceux qui étaient issus des familles de fondateurs de la commune et qui possédaient les droits) ou non inscrits (ceux sur qui pesaient les charges et qui ne bénéficiaient pas des droits) sans que nous sachions le pourcentage de ces derniers ni les différences qui pouvaient exister entre le nord et le sud du pays. Les femmes, bien qu'inscrites comme propriétaires sur le registre foncier (*dia bo*) ne l'étaient pas sur le *dinh bo*[2]. Tous les inscrits ne figuraient pas sur le *dinh bo* afin que la commune payât moins d'impôts[3].

En dépit de ces réserves, la tendance générale de la démographie du Vietnam indépendant était clairement à la hausse sous la dynastie des Nguyen[4] :

| 1819, règne de Gia Long | 1847, règne de ThieuTri puis Tu Duc |
|---|---|
| 885 517 inscrits (18-60 ans) | 1 024 388 inscrits (18-60 ans) |

La répartition géographique variait entre les plaines et les reliefs élevés et l'homogénéité ethnique fut altérée au cours de la descente vers le sud de la péninsule et la rencontre avec d'autres ethnies. Les Viet supprimèrent les royaumes cham et khmer ou les subjuguèrent, la population connut un relatif métissage comme le nota Phan Huy Chu : « le phu de Gia Dinh fut peuplé par des immigrants venus du Quang Nam. Ils capturèrent des jeunes filles Moï, en firent des servantes et ou des épouses et ils eurent une nombreuse descendance »[5].

Au XVIIe siècle, des Chinois fuyant la conquête mandchoue vinrent demander asile au monarque vietnamien. Contrairement aux Chinois du nord venus commercer ou exploiter les mines, cette vague alla au-delà du Quang Nam pour s'établir de façon permanente. En 1682-1683, le seigneur Hien Vuong autorisa 3 000 Chinois à s'établir

---

2 *Dia ba Ha Dong* (Les rôles fonciers de la province de Ha Dong), Hanoi 1995.
3 Nguyen The Anh, *Kinh tê và xã hôi … Nguyên, op. cit.*, 1968, p. 12.
4 Nguyen The Anh, *ibid.*
5 *Lich trieu hien chuong…*, Hanoi 1992, vol. I, p. 170.

à Bien Hoa et Ben Nghe (plus tard Saigon) et à Mytho, à l'entrée du delta du Mékong[6].

En 1708, le Chinois Mac Cuu prit la tête d'une communauté marchande dont le pivot était le port de Ha Tien, sur le golfe du Siam, d'où il prêta allégeance au roi du Cambodge et au seigneur Nguyen. A la fin du règne de Gia long, il y avait 6 villages chinois aux alentours de Ha tien et 19 autres avaient été enregistrés comme vietnamiens mais la plupart étaient en fait peuplés soit de Chinois soit de Minh huong, d'ascendance chinoise. À la rencontre de la mer de Chine et du golfe du Siam, ces nouveaux venus firent revivre une économie qui s'était étiolée depuis mille ans, après le temps où le Founan et le Chenla d'Eau avaient été florissants. Dans le Vietnam méridional comme au Cambodge, au Siam, les Chinois étaient non seulement des producteurs, des acheteurs et des vendeurs mais ils servaient les princes comme collecteurs d'impôts, gérants de monopoles (opium, or, jeux) et concessionnaires miniers. Les immigrants chinois firent de cette région méridionale une plate-forme d'échanges maritimes et terrestres avec l'Asie du sud-est et avec celle du nord-est.

Dans ce que l'on peut considérer comme la phase finale du Nam Tien, le dernier quart du XIX$^e$ siècle, la configuration démographique du Viet Nam présente trois traits majeurs : une répartition inégale de la population sur son territoire, une combinaison des causes naturelles de croissance et des migrations séculaires et enfin, la coïncidence entre l'appartenance ethnique et les rôles économiques.

## Les Français face à la situation démographique

Dans la seconde moitié du XIX$^e$ siècle, un déclin démographique semble être suffisamment amorcé pour être relaté dans le *Dai Nam Thuc Luc* et avancé par l'historien Nguyen The Anh comme une raison plausible de l'affaiblissement de la monarchie au moment où il va lui falloir faire face aux pressions grandissantes des Français au-delà de la Cochinchine. Le chiffre de la population commence à diminuer sous le règne de Tu Duc ; de 1848 à 1877, le nombre des inscrits dans le nord et le centre diminua de 11,81 %, il passa de 858 790 à 757 325. Après encore une chute en 1878, à 750 662, le chiffre des inscrits remonta à 770 364 mais ces fluctuations signalaient la situation anormale qui régnait sur le Bac Bo[7].

Dans la moyenne région, le chaos résultait des incursions fréquentes des bandes chinoises qui écumaient le pays, des inondations et aussi des rébellions de paysans pressurés par le fisc et en proie à la famine. Cependant le delta lui-même n'était pas à l'abri des calamités à cause des ruptures répétées de digues et d'une disette chronique qui poussaient les habitants à abandonner leurs villages pour errer en vivant de rapines quand ils n'étaient pas emportés par les épidémies. En 1875, Nguyen Huu Do, mandarin responsable des douanes de la province de Hai Zuong et de la défense du littoral adressa à l'empereur Tu Duc un mémoire alarmant où il indiquait que 9 familles sur 10 manquaient du minimum nécessaire pour vivre.

---

**6** *Dai Nam Thuc luc Chien Bien* III/LXVII, tap XXXVI, Hanoi 1992, p. 285.
**7** *Monarchie et fait colonial...*, Paris, 1992.

En 1879, la pénurie alimentaire frappa tout le pays ; en avril le gouverneur de Hanoi dut nourrir des milliers d'affamés. La situation empira l'année suivante et la faim fit son apparition dans les provinces centrales du Khanh Hoa et du Binh Thuan au point que le gouvernement réduisit le nombre des imposables sur les *dinh bo*.

Dès qu'il furent installés dans le sud (1872), les Français procédèrent au dénombrement de la population. Plus tard, Paul Doumer organisa le gouvernement général de l'Indochine et créa l'Union indochinoise (1898) et, afin de compenser le refus du gouvernement de la métropole de pourvoir aux dépenses des possessions indochinoises, il créa le Budget général de l'Indochine. Antérieurement aux changements d'échelle territoriale, de l'appareil administratif et de ses besoins, les autorités de chaque territoire, Cochinchine, Annam, Tonkin, Laos et Cambodge, devaient trouver les ressources financières pour satisfaire leurs dépenses.

Un autre souci fut de mobiliser la main-d'œuvre pour réparer les digues, creuser et entretenir les canaux et construire des routes. Avant de créer les trois sources majeures de la fiscalité : les impôts sur le sel, l'opium et l'alcool, les autorités coloniales percevaient une capitation et un impôt foncier ; pour y parvenir le recensement des personnes et des biens fonciers était indispensable. Ces objectifs furent à l'origine des statistiques coloniales que l'administration établit à trois niveaux : local, provincial et central.

Néanmoins, le géographe Charles Robequain admettait, à la veille de la deuxième guerre mondiale, que les chiffres officiels de la population de l'Indochine française « ne résultaient pas d'un véritable recensement sur la base d'un dénombrement périodique par formulaires remplis par les familles ou les individus mais provenaient d'estimations brutes fournies par les autorités indigènes puis rassemblées et **autant que possible,** vérifiées au chef-lieu de chaque province »[8]. Les imprécisions ou les absences présentes dans les recensements de la Cochinchine, colonie la mieux organisée, étaient encore plus évidentes dans les autres pays de l'Union indochinoise.

L'administration française usa d'une méthode qui témoigne clairement de sa préoccupation d'une fiscalité productive. Jusqu'en 1926, elle eut l'habitude de multiplier par six, à l'instar des autorités vietnamiennes, ou huit, le nombre des hommes de 18 à 60 ans enregistrés sur le *bo dinh* de chaque village afin de compenser la sous-évaluation par les notables soucieux de diminuer la charge fiscale[9]. Cependant, même lorsque les autorités françaises améliorèrent leur méthode de recensement en faisant distribuer des questionnaires à chaque foyer de chaque village, en 1926, 1931, 1936, le statisticien T. Smolski estima la marge d'erreur à 10 % en Cochinchine, 25 % au Tonkin, jusqu'à 50 % en Annam. Il ajouta que le chiffre de 23 millions d'Indochinois choisi dans le spectre de 20 à 30 millions « n'était pas plus convaincant qu'un autre »[10].

---

**8** *L'évolution... op.cit.*, 1939, p. 53.
**9** T. Smolski, « Note sur le mouvement de la population en Indochine », *BEI* 1929.
**10** T. Smolski, « Les Statistiques de la population indochinoise », *Congrès international de la population*, Paris, 1937.

## Une croissance incontrôlée

En 1880, afin d'obtenir les revenus fiscaux destinés à couvrir les dépenses militaires et administratives de la conquête du Viet Nam septentrional, les Français estimèrent que la population de l'Annam et du Tonkin atteignait 15 millions d'habitants. L'historien français Charles Fourniau écrit que le chiffre peut être ramené à 9 millions si l'on considère que la conquête militaire du nord du pays a eu des conséquences dévastatrices de longue durée[11]. En outre la population était souvent victime des désastres naturels tels que les grandes inondations de l'été 1926 au Tonkin, suivies d'épidémies du choléra et de la variole. Aucune étude d'ensemble n'existe sur ces désastres mais on estime que la malnutrition chronique qui régnait au Tonkin abaissa le taux annuel de croissance démographique à moins de 1 % pendant la décennie 1920-1930.

Pendant les années 1930, la croissance démographique semble notable dans les campagnes et l'on peut supposer plausible un taux de croissance annuel de 1,3 %[12]. La raison principale de l'augmentation de la population fut l'abaissement du taux de mortalité tandis que les taux de natalité et de fécondité demeuraient stationnaires. Le Viet Nam comme d'autres colonies était engagé dans un processus durable et exceptionnel de croissance naturelle. Toutefois, nous ne disposons pas de séries continues de données et nous en sommes réduits à constater qu'à la veille de la deuxième guerre mondiale, le taux de fertilité dans les campagnes du Viet Nam était très élevé.

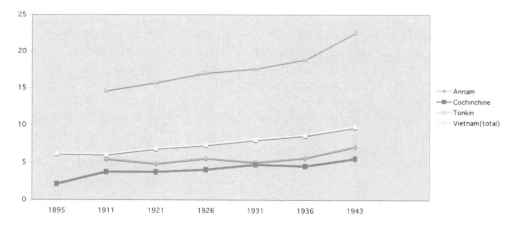

**Graphique 1. Population des trois « pays » viet et du Viet Nam**
Source : Annuaires statistiques citées dans *Quantitative Economic History of Vietnam*, p. 33.

---

**11** *Annam-Tonkin. 1885-1896...* Paris, 1989.
**12** G. Khérian « Le problème démographique indochinois » *RIJE* 1937, p. 1-2.

En Cochinchine, entre 1913 et 1936, le taux des naissances se stabilisa autour de 4 %, similaire à celui du Tonkin et de l'Annam, le taux de mortalité serait tombé à 2,5 %[13]. Cependant le taux de mortalité infantile demeura élevé si l'on se fonde sur l'enquête conduite en 1937 par le D$^r$ Chesneau[14], celle ci révèla que sur 1 000 nouveaux nés vivants, 422 mouraient en Annam, 424 au Tonkin et autant en Cochinchine. En 1935, le D$^r$ Le Roy des Barres établit que sur 100 enfants qui mouraient au Tonkin, 50 décédaient à cause de la misère, 30 à cause de l'ignorance et 20 décès résultaient d'autres causes[15]. Entre 1921 et 1931, le taux annuel de croissance était similaire dans les trois pays vietnamiens : 1 % en Annam, 1,2 % en Cochinchine et 1,4 % au Tonkin[16].

Lorsque débuta l'exploitation coloniale, les Français considérèrent la fécondité démographique des Vietnamiens comme un atout parce qu'elle fournirait une main-d'œuvre abondante non seulement pour leur mise en valeur du pays mais aussi de toute l'Indochine, Cambodge et Laos inclus. Avec dithyrambisme, un Français écrivit que « le futur appartenait au spermatozoïde annamite plus viril et résistant, plus hardi et plus ardent ». Plutôt que d'essayer de ralentir la croissance et d'abaisser le taux de natalité, les Français introduisirent un programme sanitaire qui renforça la croissance naturelle et la vitalité de la population.

Un pionnier de la médecine tropicale indiqua l'enjeu de la mise en œuvre de celle-ci : « La vaccination n'est pas seulement une obligation philanthropique, elle est, avant tout, une œuvre d'économie socio-politique. Si nous nous rendons compte que les quatre cinquièmes des riches plaines du Mékong sont en friche parce qu'il n'y a pas de main-d'œuvre, si nous prenons conscience que, jamais, les Européens ne remplaceront les Annamites pour travailler sous un tel climat, il est évident que l'avenir et la prospérité de notre colonie dépend de la croissance de la population locale. J'affirme que la généralisation de la vaccination est un des outils puissants dont nous disposons pour atteindre notre but »[17].

Par conséquent, l'œuvre médicale fut étroitement liée au projet de « mise en valeur » économique du pays. De nombreuses réalisations médicales furent l'œuvre des quatre instituts Pasteur installés en Indochine[18]. Dès 1871, la vaccination antivariolique fut obligatoire en Cochinchine, par la suite elle fut étendue à toute l'Indochine. Le D$^r$ Calmette fonda l'institut de Saigon en 1890 et le D$^r$ Yersin celui de Nha Trang en 1895. Après une dramatique épidémie de variole en 1923-1925, cette maladie devint épisodique. La peste recula également dans le Tonkin après 1920, dans l'Annam à partir de 1930. Le choléra fut contenu avec succès après 1926. Le paludisme, le trachome, la tuberculose et les maladies vénériennes ne furent jamais éradiqués tandis que les dispensaires des campagnes et les hôpitaux des villes restaient

---

**13** G. Khérian, *ibid*.
**14** D$^r$ Jean Chesneau, cité par D. Hémery, *Indochine, la colonisation...* p. 250.
**15** D$^r$ Peltier « La protection de la maternité et de l'enfance dans les colonies françaises, fasc. IV: l'Indochine », 1935 in Agence FOM 238, CAOM.
**16** T. Smolski, *op. cit.* 1937 et P. Gourou, *Le paysan du delta...* 1934.
**17** D$^r$ Vantalon, « Rapport sur la vaccination en Cochinchine pendant l'année 1881 » in *Excursions et Reconnaissances*, Saigon, p. 230.
**18** D$^r$ N. Bernard, *Les instituts Pasteur d'Indochine*, Saigon, 1922.

hors de portée de la majorité de la population rurale et des plus pauvres citadins. Cependant, la santé d'une partie de la population fut améliorée et principalement en Cochinchine.

## L'impasse coloniale

Les gouvernants français étaient conscients que la surpopulation de la partie septentrionale du pays était un obstacle à l'améloration du niveau de vie de la population et une menace pour l'ordre social et donc pour la domination française. Des initiatives pour gagner de l'espace productif eurent lieu bien avant la conquête française : le mandarin Nguyen Cong Tru et 40 ans plus tard, les pères missionnaires Six et Chapoulart drainèrent les marécages et colonisèrent des dizaines de milliers d'hectares dans le delta du fleuve Rouge.

La situation empira dans les années 1930 bien que l'administration coloniale eût étendu les superficies irriguées et favorisé les migrations de la plaine deltaïque vers la Moyenne région tonkinoise, 7 700 ha en 1906-1914, 17 000 ha en 1914-1922 furent gagnés aux cultures à Kep et Vinh Yen. En 1930, 60 000 ha sont transformés dans le Thanh Hoa. Mais la population crut plus vite que la mise en œuvre de techniques.

Les essais de colonisation indigène sur les hautes terres progressèrent lentement, dans la province de Thai Nguyen et de 1923 à 1935, 9 villages nouvellement créés n'enregistrèrent que 385 personnes.

Un des premiers gouverneurs généraux, Jean-Marie de Lanessan, considérait que « pour améliorer les conditions économiques de l'Indochine, nous devons, en priorité, modifier la répartition de la population afin d'équilibrer ses densités. Pour cela nous devons étendre les moyens de communication et de transport pour faciliter les migrations des habitants du Tonkin surpeuplé en les dirigeant vers la Cochinchine sous-peuplée ».[19]

Le raisonnement était logique d'autant que les Français avaient créé ou élargi des secteurs nouveaux de l'activité économique : l'exploitation minière et forestière, l'agro-industrie, la riziculture commercialisée et les industries de transformation. Cependant, en dépit de l'appel en main-d'œuvre des plantations et usines jusqu'au Cambodge et au Laos et même en Nouvelle-Calédonie et Nouvelles-Hébrides (Vanuatu), la surpopulation des plaines du nord ne fut pas sensiblement réduite. Les Français se demandaient pourquoi tant de Vietnamiens qui étaient si pauvres refusaient d'émigrer. Habituellement ce refus était attribué à l'attachement des Vietnamiens à leur village où ils participaient aux cultes communautaires et ils bénéficiaient d'une sécurité minimal grâce aux lopins de terre communale, à la solidarité familiale et aux dons charitables. Par conséquent les Vietnamiens avaient beaucoup de difficulté à quitter leur matrice villageoise. Ceci est l'explication anthropologique.

A. Bazin qui recrutait la main-d'œuvre pour les plantations et qui plus tard fut assassiné par un nationaliste, proposa une explication matérialiste : « le coolie n'émigre que s'il meurt de faim » ; si la récolte est bonne ou si la réfection des digues et des

---

**19** J.-M. de Lanessan, *L'Indochine française*, Paris, 1889, p. 315. (à l'état civil : Jean-Marie Antoine Louis de...)

routes nécessite de la main-d'œuvre, alors le coolie ne bouge pas. En même temps Bazin prévoyait que le recrutement des coolies ne diminuerait que très légèrement la surpopulation : « nous pouvons recruter trente mille ou quarante mille coolies chaque année autrement dit 0,60 ou 0,80 % de la population du Tonkin », mais l'affirmation était théorique[20]. Par conséquent les chiffres des migrations en provenance du Nord ne correspondent pas, de 1926 à 1930, à la main-d'œuvre contractuelle arrivant au Cambodge et au Laos qui n'atteignit que 18 000 ; en 1928, il y avait 10 868 Vietnamiens au Cambodge ; en 1926, il n'y avait que 60 000 septentrionaux en Cochinchine y compris les citadins. La grande crise mondiale mit fin au recrutement et en 1938 il ne restait que 17 022 travailleurs contractuels sur les plantations d'hévéas[21].

Par ailleurs il y eut des tentatives du gouvernement d'établir 238 Tonkinois dans la province de Can Tho en 1927, ce fut un échec dont les raisons ne furent pas analysées. Plus tard, en 1938, le gouverneur de la Cochinchine décréta que 70 000 hectares dans les province de Rach Gia et Ha Tien étaient réservés aux immigrants du delta du fleuve Rouge, mais ce n'est qu'en 1942 que le programme commença à être réalisé lorsque 750 familles (3 800 personnes) en provenance des provinces de Nam Dinh et Thai Binh furent installées sur les rives du canal de Triton. Chaque famille reçut 5 hectares, des semences, des instruments de travail et du bétail. En dépit de son succès l'installation ne fut pas entièrement achevée parce que jugée trop coûteuse[22]. Ce fut la dernière des initiatives françaises pour alléger la pression démographique dans le Nord. Cependant l'achèvement du chemin de fer transindochinois en 1936 semble avoir augmenté l'immigration des travailleurs dans le sud de 1937 à 1940, bien que nous ne disposions d'aucun chiffre à ce sujet.

De toute évidence les transferts de population à l'intérieur du Viet Nam et à l'extérieur vers les pays voisins et outre-mer ne pouvaient pas résoudre le dilemme du déséquilibre croissant entre la population et les ressources. En 1938, bien qu'il fut impossible de mesurer précisément la mobilité de la population à l'intérieur du Tonkin, du moins une estimation montra que dans les deux provinces les plus peuplées de Nam Dinh et Thai Binh, 50 000 inscrits étaient absents de leurs villages tandis que 20 000 commerçants du delta se déplaçaient vers les montagnes. Selon une évaluation optimiste 15 000 personnes quittaient le delta chaque année tandis que les naissances excédaient les décès de 65 000 sur 100 000 (L'état social de la population du Tonkin). Ce rapport officiel concluait que les migrations à longue distance et à longue durée étaient insuffisantes pour résoudre le problème démographique.

La politique sanitaire française contribua-t-elle à accélérer la croissance démographique ? S'il est douteux que ce fut un facteur déterminant, néanmoins, il a pu jouer un rôle principalement en Cochinchine. Quoiqu'il en soit la croissance démo-

---

**20** A. Bazin, in *Le Courrier saïgonnais*, 15.12.1927.
**21** Ch. Robequain, *op. cit.* 1939, p. 239.
**22** P. Brocheux, *The Mekong delta*... p. 166-167. Un vieillard de 72 ans dont la famille arriva en 1941 à Rach Gia (Cochinchine) en provenance de Thai Binh (Tonkin) était capable de réciter « le chant de l'immigrant » qui rappelle « *Bac ky ruong it nguoi nhieu* » (le Tonkin a peu de rizières et beaucoup de monde) ; il racontait : « grâce au bon gouvernement [colonial] nous reçûmes des vêtements, de la nourriture ainsi que des charrues, des habitations, des buffles et des lopins de 15 mâu de rizières », recueilli par Pham Viet Hoang dans *XN* oct. 1998, p. 35.

graphique non maîtrisée et l'absence de modernisation de l'économie ne purent que conduire au sous-développement. Dans le système colonial il n'y eut pas de « révolution verte » associée à une réforme agraire, il n'y eut pas d'amorce d'une industrialisation systématique, il n'y eut pas non plus un programme de contrôle des naissances. Le haut fonctionnaire Henri Touzet estima que « le transfert de la loi métropolitaine de 1920 en Indochine pour réprimer l'avortement et la propagande de contraception était une "monstrueuse erreur" »[23].

Un déséquilibre supplémentaire intervint dans la répartition de la population. En 1938, la densité démographique dans le sud du delta du Mékong atteignait 75 h/par km², 100 h au km² dans le centre du delta mais jusqu'à 300 h par km² dans les plaines surpeuplées du centre Viet Nam. Une densité moyenne de 400 h au km² plaçait le delta du fleuve Rouge devant Java (315 h au km²). Cependant dans les provinces du Nam Dinh et de Ha Dong on recensait des densités extrêmes de 1500 h/km². La situation apparaissait plus alarmante lorsqu'on examinait le rapport population/surface cultivée pour obtenir ce que l'économiste G. Khérian, professeur à l'Université de Hanoi, appelait la « densité alimentaire » autrement dit le nombre moyen d'habitants par km² de rizières. Ce chiffre atteint 678 h/km² de rizière au Tonkin, 657 en Annam et 188 en Cochinchine[24]. La situation dans le delta septentrional évoque ce que C. Geertz[25] appelait « l'involution agricole » à Java. La conséquence était la faim de terre : en 1937 pour préparer la réforme de l'impôt foncier une enquête officielle dénombrait 965 000 propriétaires fonciers dont 882 000 possédaient moins de 5 *mâu* (6,25 acres) et 968 000 inscrits étaient sans terre[26].

Le prix de la terre et des produits de première nécessité étaient élevés et favorisaient les emprunts à taux usuraires générant un endettement chronique tandis que les bas salaires étaient la règle, entretenus par une armée de réserve de la main-d'œuvre estimée à un million de personnes. De nombreuses personnes étaient en état de sous-nutrition. Selon les agronomes Yves Henry et de Visme, la ration optimale de riz par tête d'habitant et par an était fixée à 337 kilos. Dans la réalité, elle n'était que de 217 kilos au Tonkin et 233 en Annam. Nombreux étaient ceux et celles qui ne faisaient qu'un seul repas sur deux ou trois jours, l'écart entre pénurie et famine était faible[27].

En 1938, le gouverneur général J. Brévié notait que « l'augmentation rapide du taux de natalité dans le delta (du Tonkin) a pris des dimensions sans précédent, engendrant un double déséquilibre : d'une part, la production des terres cultivées n'a pas augmenté proportionnellement aux besoins alimentaires ; d'autre part, la productivité de la main-d'œuvre est insuffisante pour nourrir un nombre croissant de bouches. La pénurie alimentaire est déjà chronique au Tonkin et en Annam mais elle

---

**23** Cité par R. Dumont, *La riziculture dans le delta du Tonkin*, p. 39.
**24** G. Khérian, *RIJE* 1937, p. 17-18.
**25** C. Geertz, *Agricultural Involution...*, 1963.
**26** G. Khérian, *RIJE* 1938, p. 488.
**27** G. Khérian, *RIJE* 1937, p.18.

s'étendra bientôt à la Cochinchine »[28]. Parmi les Français, Grégoire Khérian faisait figure d'exception lorsqu'il proposait, en 1938, de confisquer 13 000 km$^2$ de terre cultivée pour les distribuer à 7 millions de paysans[29], une idée que les communistes avaient déjà envisagée et qu'ils appliquèrent plus tard, de même qu'ils furent conduits à supprimer les rizières communales afin de les distribuer aux paysans, ce que Khérian avait proposé lui aussi[30].

## La seconde guerre mondiale et la grande famine de 1945 : un lourd fardeau pour les Vietnamiens

À la veille du conflit mondial le surpeuplement devint un problème à la fois grave et urgent à résoudre aux yeux du gouvernement colonial. En 1938, le gouverneur général Robin envisageait la transmigration forcée : « il n'y a qu'une seule solution, les Tonkinois doivent partir et s'établir dans les plaines de Cochinchine »[31]. En fait les autorités françaises n'eurent pas le temps d'appliquer un programme de transmigration.

Les guerres réussirent là où les gouvernants français avaient échoué. Certes, pendant l'occupation japonaise, l'Indochine ne connut pas de réquisitions massives de main-d'œuvre comme l'Indonésie, la Thaïlande et la Birmanie, mais le Viet Nam fut entraîné dans trois conflits de 1945 à 1975 que quelques trêves interrompirent brièvement. Qu'il s'agisse de guérilla ou de guerre conventionnelle, la péninsule toute entière fut embrasée et les terres densément peuplées et cultivées autant que la jungle en furent les champs de bataille. Pour des raisons politiques évidentes, les belligérants tentèrent de gagner les populations à leur cause, de mobiliser les ressources et la main-d'œuvre. Pendant plus de quarante ans, non seulement les populations indochinoises furent exposées à des dévastations matérielles et psychologiques mais de vastes forêts furent aussi détruites par des bombardements massifs et l'épandage de produits toxiques avec, pour conséquence, des dégâts considérables infligés aux éco-systèmes.

La grande famine de 1945 qui fit des centaines de milliers de victimes, peut-être 1 million ou plus (voir chapitre 5) illustra de façon dramatique la vulnérabilité du Viet Nam, particulièrement le delta tonkinois et les provinces du nord Annam. En période de paix, ces provinces dépendaient des importations de riz de la Cochinchine. De 1929 à 1939, en fonction des fluctuations des récoltes du nord du pays, 45 000 à 50 000 tonnes de riz étaient importées chaque année. Pendant la guerre, les bombardements anglo-américains et le torpillage des flottes avaient considérablement diminué les livraisons de riz cochinchinois comme l'indique le tableau ci-après :

---

**28** « Le déblocage des régions surpeuplées d'Indochine », *Société belge d'études et d'expansion*, décembre 1938, p. 716. Pour l'anecdote, rappelons qu'en 1939 G. Mandel, ministre des Colonies, avait conçu le projet de créer des « villages annamites » au Gabon et en Côte-d'Ivoire. Une mission d'exploration avait été constituée sous la direction de l'administrateur Wintrebert. La guerre mondiale coupa court à cette initiative.
**29** G. Khérian, *RIJE* 1938, p. 492.
**30** G.K. *ibid* 1937, p. 24.
**31** R. Robin, *BEI* 5/1938, p. 1122.

## Tableau 1. Les cargaisons de riz à destination du Tonkin

|  | 1943 | 1944 | 1945 |
|---|---|---|---|
| Tonnes par mer | 421 312 | 267 345 | 74 259 |
| Tonnes par voie ferrée | 737 900 | 467 500 | 92 500 |

Source : « Rapport sur les vraies causes… » 1946.

Vu Van Mau, un juriste vietnamien, raconte une anecdote significative : en 1942, un accident sur la voie ferrée du transindochinois, retarda un convoi qui transportait une cargaison de riz, juste avant qu'il n'atteignit le pont Doumer. Le retard ne dura que quelques heures mais la rumeur se répandit d'une catastrophe ferroviaire et les prix du riz montèrent en flèche[32].

À partir de 1944, la complémentarité des ressources du nord et du sud disparut et la situation s'aggrava à cause des réquisitions françaises et japonaises, des spéculations des négociants vietnamiens et chinois, de l'inflation et du déséquilibre fondamental ressources/population. La situation alimentaire était à la merci des aléas climatiques, des pertes de récolte et de l'interruption des transports. En octobre 1944, la récolte fut mauvaise, un typhon endommagea les digues et simultanément, les importations de riz de Cochinchine déclinèrent de 2 344 tonnes en octobre à 1 385 en novembre et 1 719 en hiver[33].

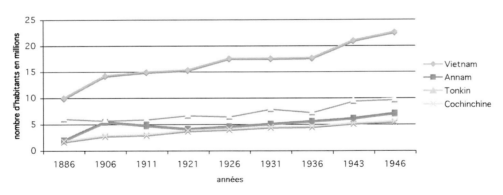

**Graphique 2. La croissance de la population du Viet Nam pendant la domination française**

Sources : *Essai d'atlas statistique et Résumé statistique*, op. cit.

---

**32** « La hausse des cours du riz et ses répercussions dans les milieux ruraux tonkinois », *RIJE* 2/1943, p. 313-348.
**33** *Rapport sur les vraies causes…*, 1946.

## Changements démographiques post-coloniaux et problèmes persistants

Lorsque le Vietnam fut partagé en deux parties conformément aux Accords de Genève (1954), environ 1 million de personnes, principalement des catholiques, furent le nord pour se réfugier au sud. Mais ces départs furent compensés par le transfert (*tâp kêt*) d'environ 800 000 soldats et militants accompagnés de leurs familles du sud vers le nord. Cet exode massif n'allégea pas la surpopulation qui resta la même. La réforme agraire de 1953-1955, avec redistribution des terres aux paysans sans terre avait un but politico-social mais aussi économique, elle ne fit que mettre en relief la permanence du problème démographique dans la partie septentrionale du pays. La superficie attribuée à chaque famille n'excéda pas 3 *sao* (15 ares) dans les plaines, jusqu'à 6 à 8 *sao* sur les hautes terres[34]. Par conséquent, la perspective d'un développement socialiste nécessitait de dépasser le stade des minifundia en passant à la collectivisation des terres. La concentration des ressources matérielles et humaines était supposée compenser l'extrême parcellisation du sol, la dispersion de la main-d'œuvre et aussi la tentation de se replier sur l'économie familiale d'auto-subsistance.

Le gouvernement avait certainement prévu que l'industrialisation serait le remède à la question démographique. Cependant, la stratégie que nous qualifions de soviétique accordait la priorité à l'industrie lourde et sous-estimait l'agriculture, faisant de celle-ci la servante de la première. En outre, les communistes vietnamiens imbus de l'antimalthusianisme marxiste trouvaient absurde l'idée de contrôler les naissances. Ils suivaient Mao Zedong et son idée simple mais courte : « une bouche de plus à nourrir c'est deux bras de plus pour travailler ».

\* \* \*

Dans le même temps, le paysage démographique du Sud-Viet Nam était transformé sous plusieurs aspects. D'abord, la population urbaine avait beaucoup augmenté à la suite de la première guerre d'Indochine mais elle avait atteint un sommet lorsque le conflit armé se généralisa après 1965 en coïncidant avec l'intervention massive des troupes américaines, les chiffres suivants en donnent une idée pour le district de Saigon-Cholon :

| Année | 1945 | 1958 | 1960 | 1968 | 1975 |
|---|---|---|---|---|---|
| Population | 450 000 | 1 776 000 | 2 296 000 | 3 156 000 | 4 000 000 |

Source : J. Desbarats : 1987.

Selon un rapport d'une commission sénatoriale américaine, 10 millions de personnes, 47 % de la population du Sud-Viet Nam, auraient été déplacées entre 1965 et

---

**34** *Kinh te Viet Nam, 1945-1960*, p. 70.

1974[35]. Un auteur vietnamien estime que le chiffre est trop élevé, selon lui il n'y eut que 2 millions de déplacés pendant la « guerre américaine » dont 1,3 million pendant l'offensive nord-vietnamienne de Pâques 1972[36], ainsi que 200 000 Viet expulsés du Cambodge après le renversement de Norodom Sihanouk par le général Lon Nol. Le flot de réfugiés entrava l'action du gouvernement sud-vietnamien et créa de nombreux problèmes d'ordre social et économique tels que le chômage : en 1975, lorsque les communistes prirent Saigon, cette ville avait 1,5 million de sans-travail[37].

En 1975-1976, lorsque les deux Viet Nam furent réunifiés, deux déséquilibres apparurent : le nord était toujours surpeuplé et l'écart entre les ressources alimentaires et la population persistait. Le sud était handicapé par l'hypertrophie urbaine où les structures d'accueil et d'occupation étaient inférieures à l'afflux considérable des ruraux. À ce titre, Saigon-Cholon était un cas exemplaire :

| Années | 1928 | 1945 | 1955 | 1975 |
|---|---|---|---|---|
| Population | 540 000 | 1 million | 2 millions | 3 398 000 |

Source : Institut des ressources économiques, Ho Chi Minh-ville.

Après la fuite d'un million de personnes en 1975, autant de Vietnamiens arrivèrent du nord pour prendre leur place.

À partir de 1976, les transmigrations internes au pays furent le fait d'une politique gouvernementale et non plus de la guerre. Le 2e plan quinquennal avait prévu d'établir plus de 4 millions de Viet sur les plateaux du centre et dans le delta du Mékong. De 1976 à 1990, les 3e et 4e plans quinquennaux avaient prévu d'ambitieux programme de répartition démographique ; le 4e congrès du parti communiste vietnamiens considérait comme « essentielle » la descente de 10 millions de septentrionaux et d'habitants du centre vers le sud du pays. Ces programmes furent accomplis soit de façon forcée soit volontaire. L'objectif fondamentalement économique et politique devint aussi stratégique à la fin des années 1970 avec la colonisation des confins frontaliers avec la Chine, le Cambodge et le Laos[38].

La décennie 70 fut cruciale : le Viet Nam subit des désastres naturels (1976-1978), il fut bloqué au Cambodge par la nécessité d'occuper ce pays contre les Khmers rouges (jusqu'en 1989). Le pays fut soumis à un embargo de la Chine, des États-Unis et de leurs alliés de l'ASEAN. Cependant ces événements ne suffisent pas à expliquer le déclin persistant de la production alimentaire. En effet, de 1966 à 1975, le Nord-Viet Nam fut obligé d'importer un volume moyen de 1 million de tonnes de nourriture chaque année, en 1973, le pic fut atteint avec une importation de 1,5 million de tonnes de produits alimentaires.

L'espoir que le grenier à riz méridional améliorerait la situation alimentaire s'évanouit après la collectivisation accélérée des campagnes du sud. Celle-ci s'avéra

---

**35** Cité par J. Desbarats, *Population Relocation programms in Socialist Vietnam*, 1987.
**36** Nguyen Anh Tuan, *South Vietnam, Trial and Experience...*, p. 185.
**37** D. Dacy, *Foreign Aid, War and...*, p.17.
**38** Pham Xuan Nam, « Le processus de rénovation socio-économique dans les régions rurales du Vietnam », conférence en mars 1993 à l'EHESS, Paris.

inefficace surtout dans le delta du Mékong. Au total, il y eut une augmentation d'ensemble de la production de riz durant les cinq premières années de la réunification mais les pénuries alimentaires persistèrent.

Elles furent reconnues par la revue théorique du PCV en 1980 : « Dans les cinq dernières années (1975-1980), la production nationale de riz a augmenté de 500 000 tonnes c'est-à-dire 0,8 % par an alors que le taux de croissance de la population était de 2,6 %. En 1980, la quantité moyenne de grains par tête était 265 kilos comme en 1979, mais 10 kilos de moins qu'en 1976. La superficie cultivée en riz restait inchangée, le volume des récoltes aussi »[39].

Reconnaissant que le pays était tombé dans une impasse et que la transmigration avait une efficacité limitée, le gouvernement concentra ses efforts sur le contrôle des naissances et sur la restructuration de l'économie. Selon des auteurs vietnamiens, le contrôle des naissances fut introduit au Nord-Viet Nam en 1963 mais il ne fut pas appliqué activement[40]. Nous pouvons supposer que la guerre se poursuivant dans les années 1960 et 1970 nécessitait l'appel sous les drapeaux des classes d'âge jeunes, par conséquent, un programme de contrôle des naissances n'apparaissait pas d'actualité. On peut aussi supposer que la fin de la guerre et le retour des hommes aux foyers provoqua une explosion démographique : un démographe affirme que ce fut le cas au centre, dans la province du Quang Nam mais il reconnaît que le phénomène ne fut pas d'une ampleur nationale[41].

À l'aube des années 1980, le gouvernement vietnamien accéléra le programme de contraception pour faire entrer le Viet Nam dans la transition démographique. En dépit de ces efforts, le taux de fécondité ne diminua pas sensiblement, les résultats restèrent circonscrits aux milieux urbains, principalement à Hanoi et Haiphong, moins dans le delta du fleuve Rouge et pratiquement pas dans les régions montagneuses.

### Tableau 2. Taux de fécondité

| Années | 1950-54 | 1955-60 | 1970-74 | 1975-79 |
|---|---|---|---|---|
| % fécondité | 5,5 | 6,9 | 4,9 | 4,3 |

Source : Dang Thu, 1993.

Une enquête récente dans un village « le plus densément peuplé de la province la plus densément peuplée du delta du fleuve Rouge » (celle de Thai binh), révèle une augmentation continue de la densité démographique entre 1890 et 1990, excepté un ralentissement de 1960 à 1990. Dans le même temps, la structure des âges du village de Nguyen Xa fait ressortir que les jeunes sont la majorité. Cela implique l'existence

---

**39** Ho Viet Thang, « Ve van de luong thuc nhung nam truoc mat » in *TCCS* Tạp Chí cộng Sān 3, 1981
**40** Hoang Dinh Cau, « Vingt ans de contrôle des naissances » in *Dai Doan Ket* 26, mai 1982
**41** Dang Thu, « Quelques caractéristiques de la population du Vietnam », Working paper roneot., Hanoi, octobre 1993.

d'une nombreuse force de travail potentielle et d'une grande vitalité, mais aussi un fardeau en termes d'éducation et d'emploi[42].

La conclusion de l'enquête met le doigt sur un problème crucial du Viet Nam :« notre plus forte préoccupation est que le système des ressources rurales qui a permis la subsistance de la population ne se brise parce que la croissance démographique poussera toujours plus loin l'intensification. Les besoins en ressources augmentent de façon linéaire mais la réponse environnementale à une telle croissance ne sera vraisemblablement pas linéaire. Nous sommes particulièrement soucieux de la capacité des sols du delta, intensément mis à contribution, de porter de multiples cultures ainsi que de la capacité des cultures majeures de résister aux maladies… Étant donnée la marge étroite entre suffisance et pénurie, les conséquences humaines des défaillances de l'environnement sont inquiétantes. Comme les performances du système écologique et agronomiques sont poussées à leur limites extrêmes, les éventualités d'un tel écroulement augmentent… Ce n'est pas seulement dans le delta du fleuve Rouge surpeuplé que se pose la question mais aussi dans la Moyenne région et la Haute région où des écosystèmes plus fragiles deviennent vulnérables à la dégradation alors que les densités démographiques sont beaucoup plus vastes »[43].

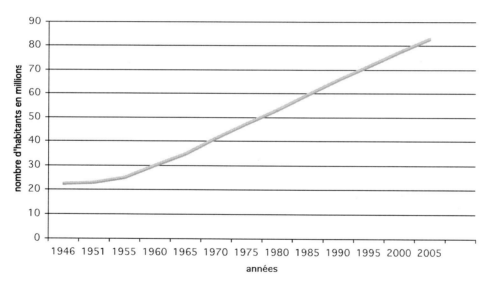

**Graphique 3. Population du Viet Nam de 1946 à 2006.**
Source : Annuaires statistiques du Viet Nam (niên giam thông kê).

**42** A. Terry Rambo & Le Trong Cuc, *Too Many People, too Little Land: The Human Ecology of a Wet Rice-growing Village of the Red River Delta of Vietnam*, East-West Centre, Honolulu, Hawaii, 1993.
**43** A. Terry Rambo & Le Trong Cuc, *op. cit.* et repris dans *Searching for Vietnam. Selected Writings on Vietnamese Culture and Society*, Kyoto 2005, p. 159.

## Conclusion

Démographie et économie sont étroitement entremêlées, la descente des Viêt vers le sud de la péninsule fut aussi l'expansion de la riziculture inondée qui exige une nombreuse main-d'œuvre et peut nourrir une population nombreuse ; par conséquent, la riziculture favorise et soutient un dynamisme démographique durable. Dans le même temps, un État conquérant avait besoin d'un réservoir de soldats et de nouer des échanges avec l'extérieur.

Jusqu'à maintenant, l'étude de la démographie du Viet Nam ne repose sur aucune certitude tant sont contradictoires et approximatives les données de la période impériale et de la domination française. Pour les historiens, une seule chose est certaine : les Kinh sont un peuple prolifique.

Quelle que soit l'opinion que l'on puisse avoir sur la période coloniale française, quelles que soient les discussions sur la validité des statistiques et la pertinence de leurs interprétations, un fait est incontestable : la population de l'Indochine dans son ensemble et celle du Viet Nam en particulier, a augmenté de façon significative de 1906 à 1936[44].

Une étude de l'action médicale et sanitaire française conclut : « l'Indochine française entra dans une ère sanitaire nouvelle où sa population augmenta, dont la santé s'améliora et dont la durée de vie s'allongea. Par conséquent, elle ne pouvait plus conserver l'équilibre démographique du temps où la forte natalité et fécondité étaient compensées par une mortalité aussi forte »[45].

La principale conséquence fut la disparité alarmante entre population et ressources, particulièrement dans le Viet Nam septentrional. Le développement de l'économie coloniale ne put y remédier parce que la « révolution verte » n'eut pas lieu et que l'industrialisation fut plutôt lente et limitée. Après deux guerres, le gouvernement vietnamien dut affronter les problèmes que les Français n'avaient pas résolus. Tous les efforts déployés démontrèrent que la solution économique n'était pas la panacée et qu'il fallait lui associer des remèdes proprement démographiques.

Le contrôle des naissances, le développement économique fondé sur l'intensification des cultures et l'industrialisation ne sont pas encore parvenus à ralentir la progression démographique, principalement dans les campagnes et les régions montagneuses, ni à absorber le trop plein de la population jeune qui accède chaque année au marché du travail.

Au contraire, le nouveau cours politique fait surgir des problèmes jusqu'ici freinés ou masqués : les problèmes nés du rapport entre population et ressources disponibles et celles potentielles, se posent aujourd'hui à l'échelle nationale et non plus seulement dans les limites du nord et du nord-centre du pays[46]. L'intensification (avec les intrants chimiques) mais aussi l'extension (sur les hautes terres) s'effectuent aux

---

**44** Ng Shui Meng, *The population of Indochina*, Singapore, ISEAS 1974. Magali Barbieri de l'INED défend une opinion contraire bien que celle-ci ne fut encore (en 2006) qu'une hypothèse de travail.
**45** L. Monnais-Rousselet, *Médecine coloniale, pratiques de la santé...* 1999.
**46** P. Gubry (dir.), *Population et développement au Vietnam*, Paris, Karthala-CERED, 2000, en particulier le chapitre 18.

dépens des forêts et des sols déjà fortement dégradés par une trentaine d'années de conflits militaires. Le rapport population/terres cultivées, le rapport population/emplois laissent entrevoir de sérieux obstacles au « développement durable ».

**Tableau annexe : Estimations de la main-d'œuvre de 1909 à 1954**

| Années | Hommes | Hommes 15-64 ans | Femmes | Femmes 15-64 ans |
|---|---|---|---|---|
| 1909 | 8 730 227 | 5 091 530 | 9 072 024 | 5 311 467 |
| 1914 | 9 188 416 | 5 350 606 | 9 921 469 | 5 580 663 |
| 1919 | 9 550 787 | 5 632 164 | 9 921 469 | 5 872 319 |
| 1924 | 10 087 154 | 5 943 427 | 10 469 663 | 6 193 578 |
| 1929 | 10 745 441 | 6 293 180 | 11 140 017 | 6 552 970 |
| 1934 | 11 505 682 | 6 581 096 | 11 910 833 | 6 848 957 |
| 1939 | 12 036 747 | 7 013 725 | 12 450 075 | 7 289 036 |
| 1944 | 12 535 687 | 7 578 385 | 12 950 964 | 7 859 226 |
| 1949 | 12 744 279 | 7 977 976 | 13 170 937 | 8 276 689 |
| 1954 | 14 071 691 | 8 518 335 | 14 485 425 | 8 811 801 |

Source : Maks Banens in *Quantitative Economic History... op. cit.*, p. 33.

L'auteur de ce tableau ne cache pas le caractère aléatoire de ces chiffres et il déduit de façon « arbitraire », selon ses propres termes, qu'ils représentent respectivement 42, 30 et 28 % de la population du Tonkin, de l'Annam et de la Cochinchine.

La croissance démographique non maîtrisée du XXe siècle

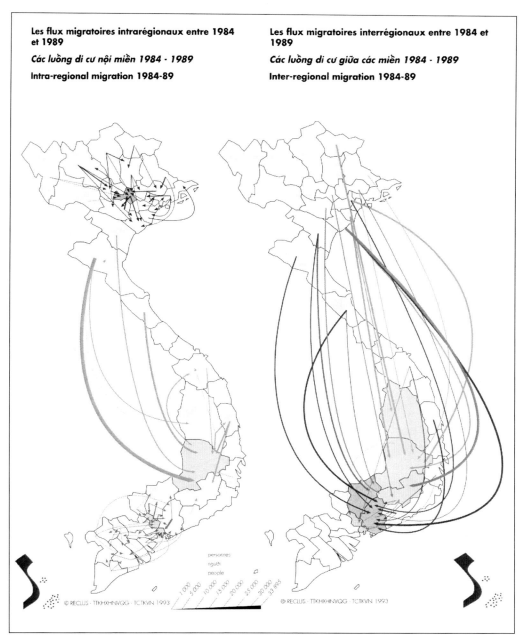

Carte n° 4. Les flux migratoires entre 1984 et 1989
Source : *Atlas du Viet Nam*, Vu Tu Lap et Ch. Taillard édit.

Chapitre deux
# La mise en place d'une économie coloniale

## Les rôles de l'État et des capitalistes français

Au XIXe siècle, sans aller jusqu'à ressusciter le colbertisme, l'État français reprit le rôle interventionniste que la monarchie avait joué aux XVIIe et XVIIIe siècles. Il entreprit les grands travaux publics tels que le creusement des canaux, la construction des ports ; il impulsa les grands projets tels que l'extension des terres cultivées en drainant les marais, en fixant les dunes et en protégeant les forêts. Cependant les formes les plus notables de son intervention furent la fiscalité et le protectionnisme douanier[1].

Afin de moderniser l'agriculture, le gouvernement français créa en 1851 les Chambres consultatives d'agriculture. Pendant les XIXe et XXe siècles, les ingénieurs étaient formés par l'École polytechnique et les Écoles des Mines et des Ponts et Chaussées. En tant que fonctionnaires, ils formaient et dirigeaient l'encadrement et la main-d'œuvre pour construire les routes, les chemins de fer, l'exploitation des mines et l'industrialisation[2]. Cependant, cette caractéristique française n'était pas suffisante pour qualifier l'État de gestionnaire de l'économie.

À partir de la monarchie de Juillet (1830-1848) l'implication de l'État n'allait pas au-delà de l'orientation et de l'initiation ; il ne s'engageait que dans les travaux d'intérêt général, il ne possédait ni ne dirigeait aucune industrie ou service. Jusqu'à la grande dépression des années trente, l'État se limita d'une manière classique aux « questions de monnaie, de budget et à la gestion de la dette publique »[3]. Pendant la guerre de 1914-1918, il devint nécessaire de concentrer tous les pouvoirs dans les

---

**1** P. Rosenvallon, *l'État en France de 1789 à nos jours*, 1990.
**2** *Ibid.*
**3** *Ibid.* p. 241.

mains du gouvernement mais l'économie dirigée fut de courte durée. Dès que cessa la guerre, l'État abandonna son rôle directeur.

La grande crise mondiale de 1929 fut le début d'une révolution de la pensée économique inspirée par les idées de J.M. Keynes et, à moindre degré, par l'expérience soviétique. Elle donna naissance à un courant idéologique qui gagna l'adhésion de jeunes fonctionnaires français qualifiés de « technocrates ». Ce n'est pas une coïncidence si ces idées séduisirent un groupe de polytechniciens unis par une vision rationaliste et moderniste de l'organisation de la société et de l'économie, perçues toutes deux comme interdépendantes. Par conséquent la politique économique fut considérée comme une notion fondamentale, ce qui était une rupture d'avec le libéralisme classique. Elle devint volontariste et impliqua l'action d'un agent central, l'État agissant comme régulateur de l'économie[4]. Cette école de pensée espérait mettre fin aux archaïsmes et aux retards de l'économie française.

Paradoxalement, de telles idées ne triomphèrent pas sous le gouvernement du Front populaire (1936-1937) ni après la libération de la France (1945). La Révolution nationale de Vichy sembla offrir l'occasion d'appliquer ces idées. Il est significatif que Paul Bernard, polytechnicien et personnage clé du monde financier et des affaires coloniales, défendit avec insistance l'industrialisation de l'Indochine : à ce titre il participa aux commissions qui élaborèrent les projets économiques sous Vichy et après Vichy[5]. Plus tard dans les années 1960, les adeptes d'une modernisation de la France par la planification et l'intégration dans la communauté européenne arrivèrent au pouvoir avec Jean Monnet, Pierre Mendès France au moment où l'empire s'écroulait.

Il faut avoir présent à l'esprit que la fonction de l'État français a évolué pour comprendre le rôle qu'il joua en Indochine. Ce rôle éclaire les relations et les liens entre le gouvernement général et les agents de l'économie, en premier lieu les groupes capitalistes français et aussi les milieux corporatifs comme les colons et les commerçants français, indochinois et asiatiques étrangers.

### Les formes et l'impact de l'intervention de l'État

Selon Lénine, l'État est un instrument de la classe dirigeante ; pour ceux qui acceptent cet axiome l'État français et ses agents coloniaux poursuivaient les buts et défendaient les intérêts du capitalisme français. L'affirmation léniniste n'était pas seulement polémique car l'État français apparaissait avoir conquis et annexé ses possessions coloniales de façon à favoriser les activités financières et les affaires des Français ainsi que de garantir la sécurité des propriétaires et des propriétés. Les colons, les commerçants et les investisseurs métropolitains formèrent des groupes de pression pour défendre leurs intérêts. Ils n'attendaient pas seulement du gouvernement qu'il impose l'ordre politique et social mais ils voulaient aussi la création de lois et de règlements sur la terre, la propriété commerciale et le recrutement de la main-d'œuvre. Ils firent pression pour obtenir des tarifs douaniers favorables, des condi-

---

[4] *Ibid.*, p. 251.
[5] A. Hardy, « Les opinions de Paul Bernard (1892-1960) sur l'économie coloniale et leur actualité », *RFHOM* 308, 1995 ; C. Coquery, « Vichy et l'industrialisation des colonies, *RHSGM* 114, 1979 ».

tions fiscales modérées, des exonérations d'impôts ainsi que des subventions occasionnelles. Ils prirent à ferme les monopoles de l'alcool, de l'opium et du sel. En bref, ils attendaient de l'État que celui-ci leur assurât des profits.

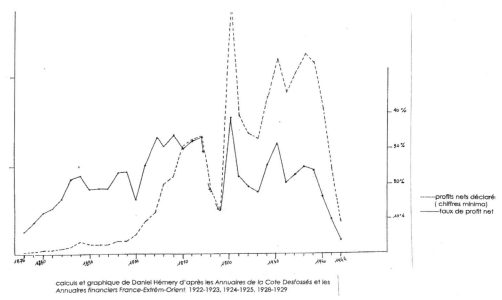

**Graphique 4. Profits des grandes sociétés françaises d'Indochine (en millions de francs-or).** Graphique conçu et dessiné par D. Hemery
Sources : Annuaire statistique de l'Indochine et dossier du fonds Indochine NF 998, CAOM.

L'État français lui-même espérait tirer de ses colonies le bénéfice politique lui garantissant le statut de puissance mondiale sans compter des gains économiques comme l'enrichissement financier, la croissance de l'industrie nationale et l'élargissement des marchés d'exportation. Pour accomplir ces desseins l'État pouvait orienter l'action ou même requérir des services spécifiques des groupes financiers. À titre d'exemple, le ministère des Affaires étrangères fit pression pour obliger la Banque d'Indochine (BIC) à se joindre au consortium bancaire de Chine pour financer « la diplomatie ferroviaire » en 1898, suivie par « la diplomatie financière » en 1908, deux méthodes utilisées par les puissances occidentales pour assurer leur emprise sur une Chine affaiblie[6]. Les États européens avaient utilisé les mêmes méthodes avec l'empire ottoman, deuxième « homme malade » du XIXe siècle.

Cependant, l'État français impérialiste ne pouvait ignorer ou oublier de « protéger et civiliser » les peuples qu'il avait soumis. Il ne pouvait donc pas soutenir aveuglément les colons étant donnée la nécessité croissante de régler les problèmes sociaux et économiques comme les conditions de travail, la question agraire et une croissance démographique non maîtrisée. Tantôt auxiliaire, tantôt partenaire des groupes

**6** M. Meuleau, *Des pionniers en Extrême-orient...*, p. 204.

capitalistes, l'État devait intervenir (un rôle de régulateur voire d'arbitre que F. Engels lui avait attribué) dans les conflits qui opposaient les colonisés et les colonisateurs et ceux-ci entre eux. En effet ces derniers ne formaient pas un groupe homogène avec des intérêts similaires ou convergents. Les archives révèlent de nombreux conflits entre eux et l'administration coloniale. Par exemple, en 1932, lorsqu'une dispute s'éleva entre l'Inspection du travail et le directeur de la plantation d'hévéas de la société Michelin, le directeur insista fortement sur la suprématie des planteurs par rapport aux fonctionnaires coloniaux. Il alla même jusqu'à dessiner une hiérarchie des pouvoirs où la société Michelin « était au-dessus du gouverneur général de l'Indochine »[7]. En bref, le Viet Nam était un terrain privilégié pour une coopération étroite, parfois conflictuelle, entre l'autorité publique et les intérêts privés. Alors que l'État, de son côté, assumait un rôle spécifique dans l'exploitation de la colonie.

| L'investissement français en Indochine de 1880 à 1940 : les différentes estimations possibles ||| 
|---|---|---|
| Investissements | En francs courants 1939 et 1940 | En francs constants 1914 |
| Emprunts publics (l'investissement budgétaire direct n'a jamais fait l'objet d'évaluations globales) | 14 162 277 000 francs 1940 | 1 399 440 000 |
| Investissements privés des sociétés : 1) Estimation de l'enquête de 1943 (émissions d'actions et d'obligations de sociétés, investissements des entreprises non sociétaires) 2) Estimation « large » de Paul Bernard et Jean Bourgoin en 1947 3) Estimation partielle de H. Lanoue (1945) : • investissements directs (émissions d'actions et d'obligations) d'après les Annuaires statistiques de l'Indochine • émissions d'actions et autofinancement depuis 1924, d'après le Répertoire des sociétés anonymes indochinoises de 1944 | 38 458 602 000 francs 1940<br><br>33 400 000 000 francs 1939<br><br><br>11 644 000 000 francs 1940<br><br>10 074 000 000 francs 1940 | 3 063 992 800<br><br>5 010 000 000<br><br><br>1 397 280 000<br><br><br>1 208 880 000 |
| | | TOTAL (emprunts publics et investissements privés) 2,9 à 6 milliards de francs-or |
| Source : *Enquête de 1943 sur les colonies*, CAOM, Affaires économiques 52. (Tableau conçu par D. Hemery) |||

### L' État et les investisseurs privés

On discerne deux étapes dans les relations entre l'État et les entrepreneurs privés. Jusqu'au XXe siècle, l'expansion économique française en Extrême-Orient fut placée sous le signe du libéralisme ; au cours de cette période, les entreprises lyonnaises donnèrent l'impulsion aux initiatives françaises mais elles furent très vite rejointes par d'autres sociétés financières, industrielles et commerciales françaises.

---

[7] NF Indo 83/1839, CAOM. Par ailleurs, M. Boucheret (voir bibliographie) s'est penchée sur les relations entre l'État colonial et les groupes de pression des planteurs d'hévéas. Son article éclaire le « double jeu » de l'administration coloniale.

Les affaires démarrèrent après le retour de la Mission lyonnaise en Chine du sud qui devint la destination principale des hommes d'affaires. Ceux-ci emboîtèrent le pas au lyonnais Ulysse Pila engagé dans la réalisation de plusieurs projets dont le but était de « souder le Tonkin au Yunnan »[8].

Ulysse Pila fut le premier à avoir l'idée d'une délocalisation des industries lyonnaises non compétitives en France afin de conquérir les marchés chinois. Il fut parmi les pionniers de l'industrialisation du Tonkin après s'être impliqué dans la création des Docks de Haiphong. Il obtint du gouvernement le monopole de ceux-ci pendant six ans puis le rachat des constructions, de l'outillage et des magasins ; il investit dans la construction du chemin de fer du Yunnan, dans la Société cotonnière de Nam Dinh en 1899, dans la Société des ciments Portland de Haiphong, puis il alla en Annam où il devint principal actionnaire des Docks de Tourane et des Houillères de Nongson.

Cependant, même pendant cette phase libérale, les hommes d'affaires bénéficièrent des soutiens et des encouragements des politiques (hommes d'État et parlementaires) et ils agirent en symbiose avec l'administration coloniale (par exemple le gouverneur de Lanessan donna la garantie du Protectorat pour l'emprunt de 6 millions de francs-or contracté auprès des banques parisiennes et destiné à la construction du chemin de fer de Langson), ce qui n'empêcha pas les conflits et les luttes d'intérêts.

L'État français ouvrit la voie aux investissements privés. La thèse de Ho Hai Quang (cf. bibliographie) qui avance l'antériorité de l'accumulation de capitaux locaux perd sa pertinence après la fin de la guerre 1914-1918. Les efforts principaux portèrent sur l'installation des infrastructures des communications et des transports. Lorsque les investissements privés diminuèrent pendant la crise mondiale, l'État augmenta sa contribution à l'équipement matériel de la colonie. Le tableau des investissements financiers ci-dessous en témoigne :

**Tableau 3. Emprunts publics et émissions d'actions des sociétés indochinoises jusqu'en 1940 (%)**

| Périodes | Emprunts publics | Actions émises |
| --- | --- | --- |
| 1880-1914 | 39,9 | 19,1 |
| 1915-1929 | 14,9 | 57,9 |
| 1930-1935 | 36,8 | 13,6 |
| 1936-1940 | 8,2 | 9,2 |

Source : « Enquête de 1943 dans les colonies », CAOM, Affaires économiques 52.

L'historien Jacques Marseille[9] a montré que l'Indochine comme l'Algérie fut un terrain privilégié pour les investissements métropolitains. L'Indochine reçut 15,7 % des investissements en 1914 puis 18,20 % en 1940 : cette dernière année rapporta le

---

**8** J.-F. Klein, *Soyeux en Mer de Chine...*, p. 787.
**9** J. Marseille, *Empire colonial et capitalisme français*, 1984.

plus gros des profits coloniaux. L'État investit directement par l'intermédiaire du budget en lançant sept emprunts publics par l'intermédiaire de la Banque de l'Indochine. Avant la première guerre mondiale des investissements à grande échelle furent financés par trois emprunts contractés en France par le gouvernement général de l'Indochine en 1896, 1899 et 1909, garantis par les revenus fiscaux de la colonie. Jacques Marseille estime le total de ces emprunts à 425,9 millions de francs or, qui s'ajoutent à ce qui provient du budget indochinois. Le total atteignit 726 millions de francs or soit 77,3 % du montant des investissements en Indochine avant 1914[10]. À l'échelle du monde et même de l'Asie les investissements français en Indochine étaient beaucoup moins importants que les investissements britanniques, néanmoins ce ne fut pas une affaire négligeable pour le capitalisme français.

De 1914 à 1930, la vague de capitaux privés gonfla au point de dépasser celui du secteur public. Ce fut l'apogée du capitalisme colonial après la fermeture des marchés russe et ottoman. Entre 1915 et 1925, 37 sociétés indochinoises avaient leur siège social en France, en 1924, la valeur de leurs actions cotées en bourse s'élevait à 1,3 milliards francs et celle des actions non cotées à 207 527 000 francs[11]. Un inspecteur des colonies qualifia le phénomène de « véritable engouement du public français pour les affaires indochinoises »[12]. On peut expliquer cette flambée exceptionnelle par la conjonction de trois facteurs : premièrement une propagande appelant les Français à mettre en valeur leurs colonies, selon une expression du ministre des Colonies Albert Sarraut popularisée par l'Agence économique de l'Indochine nouvellement fondée (1918). Le succès des prospections minières au nord Viet Nam et au Laos confirmèrent les espérances. Deuxièmement, la baisse de valeur du franc pendant la période 1920-1928 tandis que celle de la piastre indochinoise augmentait et apparaissait comme une monnaie forte pour les capitalistes en quête de placements sûrs. Troisièmement il y eut une hausse des prix mondiaux de produits tropicaux comme le thé, le café et le sucre. En particulier le caoutchouc connut une demande à la suite du plan Stevenson (1922) qui avait restreint la production afin d'arrêter la chute des cours. Il est significatif que les investissements français dans les plantations d'hévéas des Terres rouges s'élevèrent à 700 millions de francs.

La grande crise mondiale brisa l'élan et les fonds du gouvernement remplacèrent le capital privé défaillant. Cependant à cause des difficultés du budget indochinois dues à la diminution des revenus (1932-1933) le gouvernement eut recours à des emprunts (1932 et 1934) d'un total de 1 370 millions de francs. Le recours aux capitaux privés fut justifié par la loi Maginot qui établit un programme du nom de « grands travaux publics coloniaux ».

Du début de la conquête française jusqu'en 1940 l'État français soutint le capitalisme soit par compensation soit par subvention, une pratique qu'un auteur appela « les béquilles du capital »[13]. Par exemple, le gouvernement subventionna les gran-

---

**10** *Ibid.*, p. 117.
**11** M. Boisson, dans son rapport de mission, mai 1930, estimait que la valeur des investissements français (y compris les emprunts publics) dépassait 3 milliards de francs, Agence FOM927, CAOM.
**12** Boisson, *ibid.*, NF Indo284, CAOM.
**13** A. Le Pors, *Les béquilles du Capital*, Paris, 1977.

des firmes comme la compagnie du chemin de fer du Yunnan et les Messageries fluviales de Cochinchine. La première reçut 64 millions de francs entre 1900 et 1909 (cinq fois le montant de son capital). Cette somme fut accompagnée de la garantie d'un supplément de 3 millions de francs sur les cinq prochaines années. La seconde, une société de gestion financière autant qu'une compagnie de transport, se vit octroyer 18 millions de piastres de 1900 à 1937[14].

L'État colonial remplissait une fonction traditionnelle en allouant ces ressources financières aux secteurs tels que les travaux publics, l'exploitation minière, les plantations et la riziculture pour l'exportation, nécessaires au capitalisme français pour fonctionner ou pour surmonter ses difficultés. Ces secteurs de l'économie furent à leur tour reliés aux grands ports de Saigon et de Haiphong tandis que les industries de transformation de Cholon et de Nam Dinh furent connectées à un réseau de routes, de voies fluviales et même du chemin de fer. Autrement dit le gouvernement désirait établir une infrastructure mise au service essentiellement du développement d'une économie à prédominance exportatrice. Cela ne signifiait pas que l'économie du Viet Nam était entièrement extravertie car les mêmes infrastructures étaient utilisées par les indigènes. Jusqu'en 1930-1931 l'irrigation à des fins agricoles fut une parente pauvre de l'équipement général en comparaison du système moderne de communication et de transport lié aux secteurs de production créés par des capitaux étrangers.

Cependant L'État colonial ne limita pas les changements à quelques enclaves, il modifia profondément l'univers social des Vietnamiens. Il reprit la notion traditionnelle de domaine public dont la superficie fut évaluée à 3,7 millions d'hectares en 1902. Disposant du sol et du sous-sol le gouvernement général pratiqua une politique foncière libérale à partir de 1889 en accordant de grandes superficies de terre à des sociétés et aux individus. En 1913 la vente aux enchères remplaça les concessions gratuites sauf pour les indigènes qui demandaient une allocation de 10 hectares[15]. En 1924 et en 1928, afin de faciliter la création de grandes plantations d'hévéas, des exonérations d'impôts furent accordées pendant sept ans.

De 1920 à 1930 des individus et des sociétés françaises reçurent 421 000 hectares en Cochinchine, 142 200 en Annam et 63 350 au Tonkin soit au total 1 025 000 ha en 1931[16]. La plupart de ces concessions ne furent pas réellement ou intégralement mises en valeur. Cependant l'étendue de ces domaines accentua l'extraversion de l'économie exerçant une pression sur la majorité comme ce fut le cas dans le delta du Mekong. Là, les petits colons khmer et viet virent leur autonomie réduite et même disparaître au fur et à mesure que leur territoire s'amenuisait face aux octrois de grandes concessions à des Français ou à des Vietnamiens[17].

Le même sort échut aux ethnies austronésiennes ou proto-indochinoises qui se livraient à la culture itinérante et sur brûlis. Il y a au moins un cas enregistré dans les archives : les Stieng vivaient aux confins du Viet Nam et du Cambodge où de grandes superficies de terres furent octroyées à une grande société française de plantation

---

**14** M. Meuleau, *op. cit.*, p. 116.
**15** A. Boudillon, *Le régime de la propriété foncière…*, 1915 et *La réforme du régime foncier…*, 1927.
**16** Ch. Robequain, *op.cit.* 1939.
**17** P. Brocheux, *op.cit.*, 1995.

d'hévéas. Bien qu'une clause du contrat de concession stipulât que les Stieng conserveraient une aire leur garantissant un libre accès aux sources d'eau et aux réserves de chasse, ils furent obligés finalement de se déplacer ailleurs[18].

## Une coopération conflictuelle et durable : le gouvernement colonial et la Banque de l'Indochine

La Banque offre une très bonne illustration des liens noués entre l'État et les groupements économiques. Le cas de cette banque est unique dans l'histoire financière et bancaire de la France et de ses colonies parce qu'elle ne fut pas vraiment une banque coloniale opérant avec une expansion géographique et des buts restreints. La Banque fut fondée par une association de trois grandes banques métropolitaines en 1875 mais elle devint rapidement autonome.

Dès sa création la Banque reçut le privilège, unique en France à cette époque, d'émission de la monnaie : la piastre indochinoise. En outre la Banque étendit ses activités au-delà des colonies françaises et dans les années vingt elle fut plus active en Chine qu'en Indochine. La Banque de l'Indochine fut une banque d'outre-mer plus qu'une banque coloniale[19].

La conquête française du Tonkin fut encouragée par la Banque de l'Indochine à cause de l'implication de celle-ci dans la construction du port de Haiphong, dans l'exploitation charbonnière et surtout en pourvoyant aux besoins financiers du Protectorat français. Cet engagement dans les grandes affaires contrastait avec le peu d'attention de la Banque à fournir du crédit agricole à la Cochinchine avant le boom rizicole des années 1920 : le Crédit foncier agricole de l'Indochine ne fit son apparition qu'en 1928 et ne fournit des prêts qu'aux grands propriétaires fonciers[20]. La Banque agit toujours comme une firme financière européenne se consacrant aux grosses affaires aux dépens des secteurs traditionnels de l'économie.

Des considérations politiques intervenaient aussi : au Tonkin, un des plus grands investissements de 1901 à 1910 fut la construction du chemin de fer du Yunnan. Les revenus des investissements furent faibles, représentant seulement 1/3 à 1/4 des dividendes payés par la Banque à ses actionnaires. De 1905 à 1910 cette faiblesse fut compensée par les revenus commerciaux qui s'élevaient de 50 à 100 % du profit net dans les agences de Hanoi et de Haiphong[21].

La Banque de l'Indochine fut le principal intermédiaire dans la promotion des intérêts français dans la colonie comme en Chine. Mais le gouvernement de l'Indochine fit beaucoup pour augmenter le rôle capital de la Banque. Un accord signé en 1888, renouvelé en 1893-1900 confia les fonds de réserve de la colonie à la Banque. À cette époque l'accord avait son sens puisque le fond de réserve était vide à cause d'un déficit budgétaire. Mais ensuite le fond de réserve fut transformé en un fond

---

**18** En 1927 puis en 1937, les Stieng déposèrent plainte contre les grandes sociétés de plantations, fonds Concessions 11 et Resuper Cambodge 242, CAOM.
**19** Yasuo Gonjo, *Banque coloniale ou banque d'affaires...* 1993.
**20** M. Meuleau, *op.cit.* p. 347.
**21** *Ibid.*, p. 213-222.

La mise en place d'une économie coloniale

d'épargne du Trésor indochinois logé à la Banque de l'Indochine de Saigon, ce compte épargne recevait les dépôts destinés à rembourser les emprunts contractés en France en 1896 et 1898[22]. Avant que cet argent ne soit transféré en France chaque année, la Banque avait le droit de l'utiliser pour faire des profits à court terme. Si les dépôts étaient temporaires « ils se succédaient les uns aux autres de telle manière qu'ils devenaient presque permanents »[23]. À partir de 1905 ces dépôts s'élevaient entre 12 et 20 millions de francs, la balance créditrice atteignait entre 3,5 millions et 10 millions de francs, sur laquelle la Banque prélevait un taux d'intérêt de 2,5 %[24]. Nous ne savons pas si cette situation dura jusqu'à la fin de la domination française ou si elle disparut au début de la seconde guerre mondiale. La relation d'interdépendance entre la Banque et le gouvernement permit de résoudre leurs conflits.

La grande crise de 1929 renforça la puissance de la Banque. En avril 1933, le gouverneur général Pasquier demanda à la Banque de l'Indochine d'intervenir pour assainir l'économie indochinoise. Le redressement de l'économie s'opéra de deux manières : d'une part les planteurs français de caoutchouc reçurent de substantielles subventions et les riziculteurs de Cochinchine des crédits agricoles et un moratoire de leurs dettes. L'historien M. Meuleau a reconnu l'énorme pouvoir dont la Banque fut investie : « la Banque a reçu un blanc seing afin d'apparaître comme le dernier recours au milieu du chaos général. Elle devint le juge ultime de tous les cas individuels. Cette responsabilité était sans précédent[25]. » La Banque apparut toute puissante et commença à inquiéter pas mal de gens. En 1938, l'inspecteur des colonies, G. Lasserre, faisait remarquer que « la Banque pourrait devenir un trust ou un konzern géant qui contrôlerait la colonie »[26]. De 1930 à 1937, l'absorption de 27 sociétés par la Banque sembla confirmer ces craintes et confirma son rôle de banque d'affaires[27].

La Banque donna la priorité au sauvetage des grandes sociétés capitalistes françaises aux dépens des petites entreprises et des individus. La majorité de ceux-ci étaient des débiteurs asiatiques bien que des Français ne fussent pas épargnés. Par exemple, la communauté française fut profondément choquée, lorsqu'en 1933, la Banque acquit une plantation d'hévéas à Long Thanh, possédée par une de ses débitrices, madame de la Souchère, pour 100 000 piastres alors qu'elle était évaluée à 2 millions.

En 1934, colons et planteurs manifestèrent contre la Banque en l'accusant d'être la « nouvelle Compagnie des Indes Orientales » ou « Mammon »[28]. Ainsi, la Banque qui encouragea les emprunts et provoqua l'endettement à la fin des années 1920, recueillit de gros bénéfices de la crise. Dans un cas, au début des années 1930 la Banque entra en possession d'un domaine foncier à bas prix et put doubler ses revenus lorsque les prix de l'immobilier s'élevèrent en 1936.

---

**22** *Ibid.*, p. 239.
**23** *Ibid.*, p. 240.
**24** *Ibid.*, p. 329.
**25** *Ibid.*, p. 371.
**26** Rapport d'inspection 1938, Affaires économiques 598, CAOM.
**27** M. Meuleau, *op. cit.* p. 382.
**28** P. Brocheux, *op. cit.*, 1995. Madame de la Souchère a pu inspirer Regis Warnier pour le personnage incarné par Catherine Deneuve dans le film *Indochine*.

D'autre part, la piastre indochinoise, jusque-là rattachée à l'étalon argent, fut stabilisée en la rattachant officiellement en mai 1930, au gold exchange standard[29]. Cette opération, objet d'un débat ancien fut causée par la dépréciation du métal argent depuis la fin du XIXe siècle. Cependant la Chine, un des plus importants importateurs de marchandises indochinoises, maintint l'étalon argent jusqu'en 1935, provoquant une forte résistance des riziculteurs et des exportateurs de riz indochinois à la stabilisation de la piastre. De leur côté les groupes financiers métropolitains qui avaient investi dans les mines et les plantations et dont les débouchés n'étaient pas la Chine, étaient partisans de la stabilisation de la piastre.

« Après la grande crise mondiale, étant à la fois une banque centrale et une banque d'affaires la BIC se consacra aux intérêts privés et publics »[30]. La seconde guerre mondiale obligea le gouvernement de l'amiral Decoux à adopter une politique économique dirigiste qui renforça cette confusion entre le public et le privé car la Banque devint « la pièce maîtresse du système français »[31]. En 1941, l'inspecteur général de la BIC inscrivit 35 millions de piastres au débit du Trésor public ; en 1943, la dette atteignit 75 millions, en 1944 100 millions et lorsque le 9 mars 1945 les Japonais prirent le contrôle de l'Indochine, la créance s'éleva à 200 millions. Pour cette raison la BIC fut l'intermédiaire obligée dans les négociations financières avec les Japonais en ce qui concerne les échanges commerciaux et les dépenses de l'armée japonaise[32]. En 1946 les autorités françaises dévaluèrent la monnaie en rappelant tous les billets de banque de 100 et 500 piastres et toute la monnaie émise par les Japonais après le 9 mars 1945. Cette dévaluation fut à la fois une opération technique et une manœuvre politique visant à restaurer la valeur de la piastre indochinoise et à déprécier les réserves financières de la République Démocratique du Viet Nam[33]. Ce fut la dernière étape d'une longue et étroite coopération entre l'État français et la Banque de l'Indochine. Le 25 mai 1948 le Parlement français vota une loi qui abolit les privilèges exceptionnels de la Banque de l'Indochine mais celle-ci continua provisoirement à émettre de la monnaie jusqu'au 1er janvier 1952.

## La fiscalité coloniale

Le capital accumulé pour mettre en valeur l'Indochine provenait de trois sources : le capital des sociétés privées, les emprunts publics en métropole, et les impôts coloniaux par le canal du budget de l'Indochine et de celui de tous les territoires de l'Union indochinoise (budgets locaux). Paul Bernard, très critique de la politique économique en Indochine, remarqua que « l'accumulation réelle provenait des autorités publiques et elle était presqu'exclusivement alimentée par les impôts »[34]. Avant

---

**29** D. Giacometti, La question de l'autonomie de l'Indochine et des milieux coloniaux français. *1915-1928*, Thèse non publiée, Aix-Marseille, 1996.
**30** M. Meuleau, *op. cit.* p. 395.
**31** *Ibid.*
**32** *Ibid.* p. 431-434.
**33** *Ibid.*, p. 454.
**34** P. Bernard, *Nouveaux aspects du problème économique indochinois*, 1937.

toute chose, signalons que nous ne disposons pas encore d'une évaluation des finances publiques de l'Indochine qui est pourtant essentielle pour analyser l'évolution de l'économie indochinoise (selon Pascal Bassino).

Devons-nous prendre l'affirmation de P. Bernard à la lettre ? Nous ne disposons encore d'aucune analyse approfondie ni d'aucune évaluation quantitative du prélèvement fiscal colonial et toute la littérature polémique ne comble pas ce vide. On s'est un peu intéressé aux monopoles mais presque exclusivement à l'opium[35]. Ceci est un paradoxe parce que les opiomanes étaient une minorité parmi la population indochinoise tandis que le sel et, à un moindre degré, l'alcool, étaient une nécessité quotidienne pour tous, et pourtant nous n'avons aucune thèse ou monographie approfondie sur les deux derniers monopoles[36].

### Tableau 4. L'évolution du budget provincial de Tay Ninh

Recettes en piastres :

| Années | 1891 | 1929 | 1936 |
|---|---|---|---|
| Centièmes additionnels | 4 017, 07 | 46 497,90 | 80 457,13 |
| Prestations de main-d'œuvre | 11 472,05 | 152 722,05 | 171 950,37 |
| Subventions du budget de la Cochinchine | 5 000,00 | 6 650,00 | 26 510,00 |
| Divers | 4 846,80 | 6 081,57 | 22 547,14 |
| Reliquat de l'année précédente | 2 752,21 | 38 069,59 | 16 096,71 |
| Total | 250 085,13 | 260 030,11 | 317 565,35 |

Dépenses

| Années | 1891 | 1929 | 1936 |
|---|---|---|---|
| Personnel administratif | 2 186,04 | 55 805,38 | 73 906,54 |
| Équipement administratif | 3 309,00 | 27 943,14 | 93 013,60 |
| Personnel des affaires sociales | 1 244,16 | 50 910,32 | 48 990,35 |
| Équipement des affaires sociales | 300,00 | 19 948,31 | 11 064,60 |
| Personnel services économiques | 3 928,00 | 22 341,32 | 27 810,09 |
| Équipement économique | 12 206,00 | 86 598,01 | 61 266,05 |
| Imprévues | 68,13 | – | – |
| Autres services | 4 846,00 | 274,93 | 1 512,14 |
| Total | 280 088,13 | 261 161,41 | 317 363,35 |

Source : *Monographie de Tay Ninh* (dactylog.), 1937.

---

**35** C. Descours-Gatin, *Quand l'opium finançait...* 1992 ; Ph. Le Failler, *Opium et pouvoir colonial...*, 1999. L'opium en tant que drogue est alors au ban des nations et l'intérêt qu'il provoque, la littérature qu'il inspire est essentiellement morale.
**36** J. Dumarest, *Le monopole de l'opium et du sel en Indochine*, 1938.

Le système fiscal colonial comprenait une capitation uniforme et une taxe foncière qui variait en fonction de la qualité des sols. Chaque commune devait établir un budget et gagner des revenus en levant des centièmes additionnels : taxes de marchés et de bacs, taxes sur les embarcations fluviales, sur les buffles etc. Le même schéma était reproduit à l'échelon de la province, par exemple le budget de la province cochinchinoise de Tay Ninh démontre l'importance relative des taxes et des dépenses.

Les monopoles de l'alcool et du sel étaient considérés comme un fardeau parce qu'ils avaient pris la place d'activités essentielles mais libres dans les campagnes et aussi parce qu'ils étaient appliqués d'une façon arbitraire et brutale. Souvent les paysans étaient obligés d'acheter une quantité de sel et d'alcool fixée par les autorités et dans les magasins qui avaient reçu licence pour ce commerce. Il faut souligner que le sel est une composante fondamentale du régime alimentaire des Vietnamiens particulièrement sous la forme de saumure de poisson. Le monopole « fit de l'administration le premier commerçant en gros... et transforma les sauniers de producteurs libres en une main-d'œuvre salariée qui ne pouvait pas changer d'employeur sauf à abandonner leur profession »[37].

Dans la province méridionale de Bac Lieu, les marais salants produisaient de 25 000 à 35 000 tonnes par an en atteignant un maximum de 47 000 tonnes en 1935. Le sel était la denrée la plus importante pour les revenus budgétaires, voir ci-dessous :

Tableau 5. Revenus des trois monopoles (en milliers de piastres)

|       | 1928 | 1929  | 1930  | 1931   | 1932  | 1933 | 1934 | 1935 | 1936  | 1937 |
|-------|------|-------|-------|--------|-------|------|------|------|-------|------|
| Sel   | 588  | 942,6 | 864,5 | 1006,5 | 434,7 | 534  | 600  | –    | 600   | 600  |
| Opium | –    | 374,3 | 216,9 | 117,7  | 117,3 | –    | –    | –    | 133,2 | 79,3 |
| Alcool| –    | –     | 216,3 | 116    | 88,7  | 78,6 | –    | 56,8 | 79,3  | –    |

Source : *Monographie de Bac Lieu* (dactylog.) 1937.

Cet exemple relevé à l'échelon d'une province concorde avec les statistiques indochinoises et s'inscrit dans les profits obtenus par l'administration de l'Indochine (en millions de piastres) :

Tableau 6. Revenus du monopole du sel

| Années | Recettes brutes | Recettes nettes | % dépenses/ recettes brutes | Coût moyen production/tonne |
|--------|-----------------|-----------------|-----------------------------|------------------------------|
| 1926   | 4 783           | 3 603           | 0,24                        | 2,30                         |
| 1927   | 5 225           | 4 892           | –                           | 1,90                         |
| 1928   | 5 076           | 3 626           | 0,28                        | 2,70                         |
| 1929   | 5 301           | 3 733           | 0,29                        | –                            |
| 1930   | –               | 3 998           | 0,27                        | –                            |

Source : J. Dumarest, Agence FOM 858/2325.

---

[37] NF Indo 282/2481, 1, CAOM.

Les prix se stabilisèrent de 40 à 50 piastres la tonne, en contraste avec les salaires des sauniers de Phanrang (Annam) qui se stabilisèrent également mais à 3 piastres par mois[38]. Cette situation souleva beaucoup de mécontentement pendant toute la période coloniale. En 1910, à Van Ly (province de Nam Dinh, Tonkin), les sauniers des villages catholiques conduits par leurs prêtres manifestèrent pour une augmentation des prix du sel. En 1938, dans un autre lieu de la même province, deux sauniers agressèrent un douanier.

Les trois monopoles engendrèrent une économie parallèle : contrebande de l'opium et du sel et distillation clandestine de l'alcool. Les douaniers combattirent sans relâche ces activités en perquisitionnant les domiciles, en arrêtant des contrevenants et en confisquant leurs biens qui étaient vendus aux enchères[39]. Tous ces événements nous donnent un aperçu des relations intra-villageoises car la plupart des interventions étaient causées par des rivalités familiales et les ressentiments personnels qui conduisaient à la délation des voisins. Mais en même temps, la solidarité communale ou villageoise pouvait se manifester par des confrontations avec des douaniers. Bien que les taxes douanières fournirent un revenu croissant au budget général à la fin des années 1930, les trois monopoles continuèrent d'assurer des recettes substantielles. En 1942, l'opium, le sel et l'alcool fournirent respectivement 22 millions, 7 millions, 18 millions de piastres qui représentèrent 29 % du revenu global du gouvernement colonial[40].

Le gouvernement de l'Indochine calcula que la charge fiscale par tête d'habitant augmenta de 3,3 à 4,6 piastres entre 1913 et 1924 soit une hausse de 39 %. Dans la période 1914-1926, le volume des biens de consommation avait augmenté de 25 % selon les sources gouvernementales, ce qui signifiait que le pouvoir d'achat de la population avait augmenté. Au total la hausse de 66 % du revenu moyen était supérieure à celle du prélèvement fiscal[41].

Cependant, pour une telle évaluation, il serait plus pertinent de démarrer en 1900 lorsque la charge fiscale était de 2,5 piastres, ce qui révèlerait que celle-ci doubla de 1900 à 1924. Antérieurement au début du siècle, les autorités françaises prirent des mesures aberrantes qui apparaissent dans l'extrait suivant d'une enquête : « les Annamites sont unanimes à dénoncer une augmentation notable de l'impôt foncier depuis la mise en place de la nouvelle administration ; le passage des impôts en nature (qui était la règle dans le Viet Nam impérial) en impôts payables en espèces est une des causes du fardeau fiscal croissant » parce que le changement intervint dans un pays dévasté par la guerre de conquête où les prix du riz étaient très élevés et où l'impôt foncier était calculé sur la base de ces prix[42]. Ainsi les sauniers de Soc Trang et de Ba Ria (Cochinchine) exprimaient des griefs parce qu'ils devaient payer leurs taxes en piastres d'argent au lieu de sapèques de cuivre alors que les piastres étaient « rares parce que les Chinois les accaparaient »[43].

---

**38** D. Niollet, *L'épopée des douaniers en Indochine*, 1998.
**39** Conseiller politique 98, CAOM.
**40** Enquête de J. Dumarest, Agence FOM858/2325, CAOM.
**41** *Ibid*.
**42** Assemblées de villages convoquées en septembre 1869, Cantho2, ANVN Luu tru2.
**43** Brochure dans PA15 (papiers Sarraut), CAOM.

Par ailleurs le taux de 66 % de croissance de revenus est trop général pour représenter les conditions réelles de vie de la majorité de la population indochinoise. Nous ne pouvons pas nous satisfaire de moyennes statistiques qui reflètent l'absence d'études du système fiscal colonial et des milieux ruraux.

Donc, nous devons avoir présent à l'esprit les avertissements des autorités qui de temps en temps brossaient des tableaux moins brillants de la situation. Ainsi le 30 mai 1905 le gouverneur de la Cochinchine Rodier s'adressa au Conseil colonial : il considérait que les Cochinchinois étaient économiquement des privilégiés et pourtant il soutenait la proposition d'une réduction immédiate des impôts : « bien que la population ne soit pas surchargée d'impôts ceux-ci ne sont pas loin d'atteindre le point où ils la feront souffrir »[44].

Néanmoins la fiscalité générale continua de croître de 56 % selon le rapport du gouverneur général au ministre des colonies[45].

| 1914 | 1924 |
|---|---|
| 57,4 | 89,8 |

(en millions de piastres)

La capacité de payer les impôts variait selon les pays : la Cochinchine était plus riche que le Tonkin et l'Annam, l'était moins que le Tonkin. Quoiqu'il en soit : « le monopole de l'alcool est insupportable à tous les Annamites… C'est un mauvais impôt au regard de la politique » écrivait le résident supérieur du Tonkin en 1912 qui poursuivait : « le sel est acheté 0,50 piastre aux sauniers et revendu au public 2,50 piastres par la Régie »[46]. En 1922, pendant que le Comité financier de l'Indochine discutait sur la hausse de la contribution fiscale de l'Annam, l'auteur d'un rapport officiel *Note sur l'impôt en Annam*, avertissait que la capacité de la population indigène à payer davantage d'impôts avait atteint ses limites et ce serait une mauvaise politique que d'augmenter la capitation et l'impôt foncier. Il serait plutôt judicieux de supprimer les exonérations de certaines catégories sociales et de créer une taxe unique pour les villageois inscrits et non-inscrits, pour les propriétés foncières urbaines etc.[47]

À la suite des soulèvements du Nghe Tinh en 1930-1931, la commission d'enquête dite commission Morché recueillit les témoignages de missionnaires catholiques ; le R.P. Dalhaine, directeur du grand séminaire de Xa Doai, certifia que l'impôt foncier avait été augmenté de 30 % en 1929, Mgr Eloy soutint que la capitation « profite aux riches » parce que « le pauvre paye une taxe personnelle aussi élevée que le riche »[48].

Que la politique fiscale fut justifiée ou non les gouvernants français changèrent d'opinion plus tard. En 1936, le gouvernement du Front populaire ouvrit le débat en vue d'une réforme fiscale en particulier de l'impôt sur le revenu. La Conférence des gouverneurs généraux des colonies tenue en novembre 1936 nota l'injustice flagrante des charges fiscales en Indochine particulièrement celle de la capitation : il fut souli-

---

**44** Cité dans J. Dumarest, *op. cit.*
**45** Resuper Tonkin, 1912.
**46** Agence FOM 858/2325, CAOM.
**47** Agence FOM 858/2325, CAOM.
**48** NF Indo2686, 2689, CAOM.

gné que le salaire d'un coolie annamite s'élevait à 9 piastres par mois et celui d'un fonctionnaire à 25 piastres mais tous deux payaient la même somme. Tandis que le gouverneur général des Indes néerlandaises acquittait un impôt de 250 000 francs, son homologue français ne payait que 1 000 francs[49].

Dans la mesure où la population devait payer des impôts en espèces et non plus en nature, la fiscalité coloniale nécessitait la monétarisation qui à son tour transforma les campagnes. La monétarisation s'étendit au point de pénétrer toute l'économie y compris sur les hautes terres et en des lieux reculés. Par exemple l'administrateur de Kontum (Annam) remarqua qu'à la fin des années 1930, les Rhadé, les Jarai et les Bahnar cultivaient davantage de riz pour pouvoir payer leurs impôts, ce qui les conduisait à passer de la culture itinérante sur brûlis à la culture sèche ou humide permanente. Ils cessèrent aussi de produire des objets d'artisanat pour acheter des marchandises importées[50]. Deux décennies plus tard, un anthropologue américain confirma ces changements[51].

## La monnaie comme instrument de contrôle et d'exploitation

L'exploitation économique de la colonie nécessitait une monnaie officielle. Bien que les Français aient tenté très tôt de mettre le franc en circulation en 1868, 1878 et 1897, une pénurie d'espèces et plus fondamentalement la difficulté pour une monnaie basée sur l'or dans un régime monétaire régional fondé sur le métal argent les conduisit à abandonner ces tentatives. En revanche, ils décidèrent d'émettre une monnaie adaptée à l'environnement régional et aux habitudes locales. Cette nouvelle monnaie pénétra dans toute la péninsule Indochinoise lorsque le gouvernement décida unilatéralement de substituer les paiements en espèces à ceux en nature. Néanmoins la circulation de la piastre ne supprima pas la petite monnaie traditionnelle, la sapèque de cuivre ou de zinc, au Tonkin et en Annam. Pas plus qu'elle n'élimina complètement le troc ou la thésaurisation de l'or, des bijoux et des pièces d'argent, des habitudes qui étaient profondément enracinées dans la population.

La nouvelle monnaie indochinoise reflétait l'évolution de l'économie globale. À l'aube de la colonisation les Français utilisaient la piastre mexicaine, une monnaie utilisée dans le négoce asiatique, par la suite ils frappèrent une monnaie d'argent, la piastre de commerce qui était compatible avec les autres devises utilisées dans le reste de l'Asie mais qui cessèrent de l'être en Indochine. Dans le Viet Nam impérial, une monnaie de cuivre ou de zinc était utilisée pour les transactions internes. Ces petites pièces étaient liées en un chapelet de 60 (*tien*) ou de 600 (*quan*). Comme un occidental le remarqua ironiquement : « il faut une charrette d'artillerie pour changer les chapelets de sapèques contre mille francs puisqu'ils ne représentent pas moins que le poids d'un tonneau et demi et sur le marché un poulet pèse quelquefois moins que son prix en sapèque »[52].

**49** NF Indo 55/639, CAOM.
**50** P. Guilleminet « Contribution à la connaissance des populations attardées. L'économie des Moï de l'Indochine », *RIJE* 1943, p. 69-118.
**51** G.C. Hickey "Some recommendations affecting the prospective role of Vietnamese Highlanders in economic development", Rand Corp. Survey, mimeo, Santa Monica, Ca ; du même auteur, *Free in the Forest...* 1982.
**52** W.F. Spalding, *Eastern Exchange Currency and Finance*, 1918.

Quand ils commerçaient avec des étrangers ou à l'extérieur du pays, les Vietnamiens utilisaient les lingots d'argent ou plus fréquemment la piastre. À cette époque-là ce terme générique désignait une variété de monnaies : la piastre espagnole, le dollar de Hong Kong, le dollar américain de commerce et de plus en plus vers la fin du XIX$^e$ siècle, la piastre mexicaine. Ces piastres ou dollars avaient la même valeur que le dollar de Hong Kong avec un titre de 24,26 gr. d'argent fin (le titre de la piastre mexicaine était de 24,44 gr.)[53]. Par conséquent, le gouvernement français fit de la piastre la monnaie officielle de l'Indochine le 10 avril 1862 et à partir de 1874 les impôts furent désormais payés en piastres. En 1882, le budget de la Cochinchine fut établi en piastres.

Pendant longtemps la population de l'Annam et du Tonkin continua d'utiliser les sapèques en même temps que les piastres. La sapèque fut officiellement retirée de la circulation en 1914 mais l'empereur Khai Dinh (1916-1926) et l'empereur Bao Dai en 1933 firent frapper 100 millions de sapèques de cuivre (en réalité laiton, alliage de cuivre et de zinc). Cet usage persistant n'était pas seulement dû à la petite échelle de l'économie paysanne et aux habitudes psychologiques de la population mais aussi au fait que pendant longtemps il n'y eut pas assez de pièces de petite valeur (centimes, 100 cents pour une piastre).

Une fois que la monnaie fiduciaire eut cours, elle rencontra une résistance dans la population si bien que jusqu'à la seconde guerre mondiale, la sapèque continua d'être d'un usage quotidien dans les campagnes du Nord et du Centre Viet Nam. On ne sait pas avec certitude dans quelle mesure la sapèque était utilisée à Hanoi et à Haiphong mais on peut imaginer qu'elle l'était dans une large couche de la population pauvre. L'écrivain Nguyen Cong Hoan se rappelait que dans les années 1920 et 1930 dans la province de Thai Binh : « la population continuait d'utiliser la monnaie de zinc sur tous les marchés, elle changeait la monnaie de zinc contre des *dong*, *hao* et *xu*. Les taux de change fluctuaient en fonction du prix du riz. Quelquefois on avait besoin de 600 dong pour obtenir 1 piastre »[54].

La valeur de la piastre fluctuait de façon saisonnière en relation avec le résultat des récoltes. En contrecoup de la crise économique mondiale, le résident supérieur de l'Annam rapporta que les difficultés économiques avaient abaissé la valeur de ce qu'il appelait « une monnaie non légale mais couramment utilisée, la sapèque »[55]. Quand la population devait acheter des piastres pour payer ses impôts, la valeur de la piastre augmentait par rapport à la monnaie locale mais grâce à la pénurie de petites pièces ou billets, l'écart ne fut jamais élevé. La Banque de l'Indochine refusait d'émettre de grandes quantités de monnaie pour prévenir une dépréciation de celle-ci. La conséquence en fut que quelque soient les circonstances, quelque soit la conjoncture, la population de l'Annam et du Tonkin devait payer ses impôts avec des piastres chères.

La dépréciation continue du métal argent, combinée avec la spéculation sur les dollars frelatés, conduisit le gouvernement français entre 1903-1906, à interdire l'entrée des piastres mexicaines. L'Indochine utilisa désormais la piastre de commerce

---

[53] Ch. Robequain, *op. cit.*, 1939.
[54] *Nho và Ghi* (Souvenirs et notes), p. 24, 1978.
[55] Resuper Thibaudeau, rapport de 1933-1934, NF Indo 2664, CAOM.

avec un titre de 24,3 gr. d'argent fin, émise par la BIC à partir de septembre 1886 sous forme de pièces ou de billets convertibles[56]. Cette piastre demeura l'unique unité monétaire de la colonie jusqu'à 1952[57].

La valeur de la piastre indochinoise changeait selon trois variables : la valeur du métal argent exprimée en or, la valeur du franc en métal or et la balance des paiements de l'Indochine. Pendant que les voisins de l'Indochine, exception faite de la Chine, passaient au gold exchange standard ou sterling exchange standard (le Japon, en 1897, les Philippines en 1903, les Straits Settlements 1906, le Siam en 1908), la piastre indochinoise resta liée au métal argent jusqu'en 1930. Aussi la piastre connut-elle de nombreuses vicissitudes en relation avec le métal argent dont la valeur chuta en 1873-1914, se releva en 1915-1921 et rechuta en 1929-1930. Ces dernières oscillations étaient parallèles à la dépréciation du franc de 1919 à 1926.

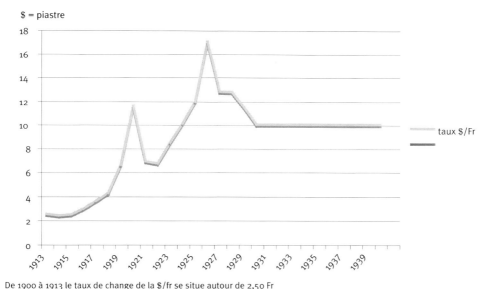

De 1900 à 1913 le taux de change de la $/fr se situe autour de 2,50 Fr
Gaëtan Pirou, *op. cit.*, explique les fluctuations de la façon suivante :
1914-1917 : hausse du métal-argent
1918-1920 : baisse du franc
1921-1924 : baisse continue du métal-argent
1925-1926 : chute du franc > baisse métal-argent
1927-1930 : remontée du franc en même temps que baisse du métal-argent
À partir 1930 : « stabilisation » de la piastre

**Graphique 5. Taux officiel de change de la piastre en franc**
Sources : Annuaire statistique de l'Indochine et dossier du fonds Indochine NF 998, CAOM.

Lorsque les cours du métal argent baissaient, le taux de change de la piastre par rapport aux monnaies à étalon or, particulièrement le franc français, baissait lui aussi.

---

**56** Ch. Robequain, *op. cit.*, 1939.
**57** L. Thiollier, *La grande aventure de la piastre indochinoise*, 1930 ; A.Touzet, *Le régime monétaire indochinois*, 1939.

Les conséquences étaient mitigées : les exportations étaient favorisées mais les investissements diminuaient. Cependant, la dépréciation du franc augmentait la valeur de la piastre : de juillet 1915 à février 1920, le taux de conversion de la piastre en franc augmenta de 633 % ! En juillet 1926, la piastre atteignit sa valeur maxima lorsque 1 piastre équivalait à 27,50 francs. Seule la dévaluation du franc dans cette même année arrêta la courbe ascendante de la piastre[58].

Les variations de valeur de la piastre encourageaient les spéculations sur les changes autant que les investissements dans des secteurs de la production économique. La spéculation provoquait la pénurie de monnaie à certaines périodes, par exemple en 1919-1921, elle freina le commerce extérieur et elle révéla tous les inconvénients de la dualité du système monétaire. Lorsque la valeur du métal argent était en hausse, les piastres d'argent étaient raflées par les spéculateurs et prenaient en majorité le chemin de la Chine tandis que la « grande guerre » en Europe arrêtait la frappe monétaire. La raréfaction des espèces qui en résulta, conduisit le gouverneur général Maurice Long à décréter le cours forcé de la monnaie fiduciaire mais il dut très vite revenir sur sa décision parce que la pénurie de monnaie divisionnaire se combina avec l'insuffisance des sapèques pour gêner les transactions commerciales quotidiennes[59].

Les prix de détail des marchandises augmenta et la population s'en plaignit comme ce fut le cas au Tonkin en 1920[60]. Dans les zones frontalières avec la Chine, la population refusait le papier-monnaie, dans le delta du fleuve Rouge et jusque dans la ville de Hanoi, les sauniers et les tirailleurs de l'armée coloniale, entre autres, exprimèrent leur mécontentement devant cette situation : ils réclamaient d'être payés en sapèques plutôt qu'en piastres devant la hausse des prix de produits de première nécessité[61]. En effet, en mars 1919, les travailleurs des salines de la province de Nam Dinh se plaignirent que les autorités leur achetaient le sel à 0,10 piastre les 20 kilos tandis qu'une piastre ne valait plus que 720 dong au lieu de 3 000. À Hanoi, les militaires se plaignirent au maire que dans les années 1880 1 centime de piastre était échangé contre 52 sapèques et seulement 10 sapèques, le 5 février 1919. Les commerçants en profitaient et les tirailleurs s'estimant défavorisés, réclamaient la fixation d'un taux de change officiel de 20 dong pour 1 piastre.

Pour les raisons invoquées précédemment, un projet de réforme de la monnaie indochinoise apparut dès 1919 mais il rencontra une résistance acharnée des producteurs et des exportateurs de riz et d'autres denrées secondaires (le poivre et le sucre) dont les débouchés principaux étaient Hong Kong et la Chine.

Finalement, le flux ascendant des capitaux métropolitains dans les mines et les plantations autant que la conversions des monnaies des voisins asiatiques, sauf la Chine, à l'étalon-or conduisirent le gouvernement français à prêter l'oreille au directeur de la BIC, René Thion de la Chaume, qui suggéra de « stabiliser la piastre ». Cette opération visait à mettre fin aux incertitudes liées aux fluctuations de la piastre en la détachant de

---

**58** Thiollier et Touzet, *ibid* ; G. Pirou, « La piastre et le franc », *Revue d'Économie politique*, 1938, Paris.
**59** M. Meuleau, *op. cit.*, p. 327.
**60** Resuper Tonkin L28/20123, ANVN Luu tru 2.
**61** *Ibid.*

## La mise en place d'une économie coloniale

l'étalon-argent. Thion de la Chaume arguait de ce que les riziculteurs étaient des clients de la BIC moins importants que les plantations et les sociétés minières, par conséquent, si le gouvernement désirait attirer les capitaux métropolitains, il devait garantir des profits stables aux investisseurs. Il ajoutait, pour renforcer sa thèse, que Singapour et le Siam avaient adopté l'étalon-or et que leurs économies s'en portaient bien[62].

Au contraire, le député de la Cochinchine Ernest Outrey, désireux de maintenir l'Indochine dans l'orbite du commerce asiatique, proposa de fixer le taux de change de la piastre par rapport aux monnaies des voisins, de préférence le dollar des Straits Settlements, et non du franc métropolitain. Ce furent les partisans de la thèse de Thion de la Chaume qui l'emportèrent et lorsque le cours du franc devint plus stable, le décret du 31 mai 1930 rattacha la piastre indochinoise au Gold exchange standard avec un taux fixe de 10 francs la piastre qui fut maintenu jusqu'en 1946[63].

Ainsi, après une longe période la piastre fut définitivement intégrée au système monétaire du franc français. Cette rupture avec les attaches de ce que l'on appelait « la sphère monétaire chinoise » était conforme à l'évolution des autres monnaies asiatiques, le yen japonais, le tical siamois, le dollar des Philippines et celui des Straits Settlements ainsi que la roupie indienne. Le plus important pour l'économie indochinoise fut le maintien des liens de l'Indochine avec le réseau commercial régional de l'Asie orientale même pendant la période dite « d'autarcie impériale », 1931-1939. Sans doute, la « stabilisation » de la piastre ne fut-elle pas déterminante pour couper l'Indochine du réseau chinois puisqu'à partir de 1935 on observa que les débouchés des exportations indochinoises se rétrécirent aussi au Japon, aux Indes néerlandaises et aux Philippines et c'est en 1936 que le marché chinois devint très étroit. Était-ce la conséquence du rattachement de la piastre au franc, au moins jusqu'à la dévaluation du franc en 1936 ? Une étude sur les relations de la piastre indochinoise et des monnaies asiatiques serait la bienvenue. C'est encore, entre 1936 et 1939, que les exportations siamoises l'emportèrent sur les indochinoises à Hong Kong mais ces pertes furent compensées par les achats de la France et des colonies françaises[64].

Ce qu'un auteur appela « La grande aventure de la piastre indochinoise » ne s'acheva pas avec la seconde guerre mondiale mais se poursuivit pendant la première guerre d'Indochine. En 1945, quand les Français reprirent pied dans la péninsule, ils avaient deux soucis quant à la monnaie : affaiblir le gouvernement vietnamien indépendant et arrêter la dépréciation de la piastre consécutive à l'inflation née de la guerre. Si l'on peut imputer des raisons économiques à la politique de reconquête française, ce furent celles-là.

Pendant la guerre d'Indochine, la piastre retrouvra son incontestable suprématie. Même la résistance vietnamienne utilisa la piastre BIC pour acheter les marchandises dont elle avait besoin dans les zones occupées par les Français, et dans les autres pays indochinois. Elle acquit des devises fortes notamment le dollar US pour ses achats d'armes et d'équipement dans les pays asiatiques étrangers[65].

---

**62** M. Meuleau, *op. cit.*, p. 325.
**63** *Ibid.*, p. 327.
**64** D. Wickizer & M.K. Bennett, *The Rice Economy of Monsoon*, 1941, p. 93-95.
**65** C. Goscha, *Thailand and the Southeast Asia Networks...*, chap. 5.

Les dollars, l'or et les piastres servirent également de fonds de réserve au gouvernement de la résistance. Le 25 décembre 1945, le gouvernement français fixa unilatéralement le taux de change à 17 francs la piastre. Le motif en était politique : consolider le capital investi et lui permettre de rapatrier ses profits à un taux élevé. Après la première grande défaite française dite de Cao bang ou de la RC4 (1950), selon l'historien M. Meuleau, une « vague impressionnante » de transferts d'argent prit la direction de la France : de 480 millions de francs en 1948, elle bondit à 593 millions en 1949 et 1 295 millions en 1951 ; de son côté H. Tertrais établit le montant des transferts d'Indochine en France de 1947 à 1950 à 32,6 milliards et à 745,4 milliards de francs[66].

Il va sans dire que cette situation monétaire artificielle alimenta le fameux trafic des piastres qui fut exploité de façon intensive par ceux qui, en France, s'opposaient à la politique française et à la guerre[67]. En 1953, fut joué le dernier acte de cette histoire de la piastre indochinoise lorsque le gouvernement français décida unilatéralement de dévaluer la piastre en ramenant son taux de change de 17 à 10 francs, sans avoir consulté les États dits associés du Vietnam, Laos et Cambodge. Ce fut aussi le dernier acte d'autorité de la France.

## La mise en place des infrastructures : les communications, les transports, l'hydraulique

Pour développer la production et l'exploitation des ressources et pour intégrer l'Indochine dans l'économie mondiale, les Français bâtirent un réseau de communications et de transport. Mais ils le firent sans prévision ni planification. Leur système de routes, de canaux et de voies ferrées dessinent la progression de la conquête de la péninsule ainsi que les objectifs prioritaires du capitalisme et de l'État colonial. Il révèle deux aires d'expansion : le nord avec ses liens très anciens qui l'attachent au monde chinois et le sud où des liens tangibles et non moins anciens avaient été noués avec l'Asie du Sud-Est.

### Les communications et les transports

Les transports fluviaux et maritimes prédominaient avant la conquête coloniale et la situation demeura inchangée pendant la domination française. Les routes et les voies ferrées ne réussirent pas à les supplanter. Sur le fleuve Rouge les bateaux remontaient sur 800 km en amont et dans le sud les navires à vapeur empruntèrent les routes traditionnelles des jonques le long des côtes et sur le fleuve Mékong. Dans les années 1930 environ 200 chaloupes à vapeur et plus de 100 000 jonques et sampans sillonnaient le Mékong et ses affluents. La majeure partie du trafic dans le delta du Mékong avait lieu par bateaux alors que le chemin de fer Saigon-Mytho (70 km de voie ferrée) mis en circulation en 1895 ne les remplaça jamais. Sur cette ligne ferroviaire le fret de marchandises ne représentait que 1/5 des revenus et les passagers les 4/5. Mais lorsque toute la péninsule Indochinoise devint possession française, le

---
**66** M. Meuleau, *op. cit.*, p. 465 ; H. Tertrais, *La piastre et le fusil*, 2002.
**67** M. Meuleau, *op. cit.*, p. 499.

chemin de fer vint au premier plan des programmes de « mise en valeur » même si cette expression n'avait pas encore cours. P. Doumer s'en expliqua devant le Conseil supérieur de l'Indochine dès le 6 décembre 1897 : « La question des chemins de fer dans tout l'Extrême-Orient est aujourd'hui à l'ordre du jour comme en témoignent des rivaux de la France et les missions envoyées en Chine ». La voie ferrée était l'outil principal de la pénétration européenne en Chine dans une conjoncture de rivalité inter-impérialiste en même temps qu'elle correspondait aux intérêts des grandes entreprises métallurgiques françaises. Après la voie ferrée Saigon-Mytho, celles qui reliaient le Tonkin aux provinces chinoises du Guanxi (de Hanoi à Langson et Dong Dang) et au Yunnan (Haiphong-Hanoi-Laokay) furent mises en service en 1902 et 1906 respectivement. Elles ont précédé de plusieurs années le fameux Transindochinois achevé seulement en 1937.

À la veille de la seconde guerre mondiale, pour le chemin de fer les marchandises ne représentaient qu'une faible proportion du fret transporté. En dépit des espoirs de ses promoteurs, le chemin de fer du Yunnan (1901-1911) et le Transindochinois dont les 1 748 kms furent construits par sections de 1898 à 1937, ne transporta jamais de grandes quantités de marchandises comme l'indique le tableau ci-après :

**Tableau 7. Le Trafic ferroviaire indochinois en 1939**

| Trafic en 1939 | Transindochinois | Chemin de Fer Yunnan |
| --- | --- | --- |
| Passagers | 12 000 000 | 4 460 000 |
| Marchandises (tonnes) | 1 150 000 | 414 000 |

Source : F. Hulot, 1992, p. 127.

En 1938 l'Indochine possédait 3 019 km de voie ferrée de moins que la Thaïlande et les Indes Néerlandaises proportionnellement à la superficie ou à la population.

À l'époque de sa construction le Transindochinois fut sévèrement critiqué à cause de son coût élevé et de son inefficacité économique annoncée[68]. Il est probable que les raisons politiques et stratégiques furent plus déterminantes que les raisons économiques pour subventionner sa construction. Toutefois il est difficile de porter un jugement objectif puisque le Transindochinois n'a réellement roulé sur tout son parcours que pendant six ans (1937-1942). Par ailleurs l'étude de Tran Van Trai souligne que la rapidité du voyage en chemin de fer augmenta de manière constante pendant ces six années[69].

Pour compléter la voie ferrée coûteuse et peu souple et pour désenclaver des régions comme le plateau des Bolovens et le Laos (que les Français estimaient trop lié à la Thaïlande) les Français construisirent un réseau routier réputé comme le meilleur de l'Asie orientale. Les routes principales pouvaient être empruntées par les automobiles pendant toute l'année et les routes secondaires et les pistes seulement en saison sèche. En 1943, il y avait 32 000 km de routes carrossables dont 5 700 km asphaltés.

---

[68] P. Bernard, *op. cit.* 1937.
[69] Tran Van Trai, *Les chemins de fer de l'Indochine,* 1941.

Il y avait 18 000 véhicules à moteur qui transportaient 40 à 50 millions de passagers annuellement.

L'intégration de l'Indochine dans l'économie mondiale nécessitait des ports modernes pour accueillir des navires de haute mer de gros tonnages. La croissance de Saigon dans le sud et de Haiphong dans le nord reflétèrent l'expansion de l'économie coloniale.

Le trafic portuaire de Saigon augmenta dès le moment où les Français conquirent les provinces méridionales ; en 1858 les armateurs de Bordeaux n'attendirent pas l'achèvement de la conquête pour établir une ligne régulière reliant la France à Shanghai via Saigon. En 1864, 25 000 jonques chinoises furent recensées dans le port où elles rencontraient des navires transocéaniques et des embarcations fluviales dans le port de Cholon, la ville chinoise jouxtant Saigon. Aux alentours de 1928, la flotte fluviale comprenait plus de 2 660 bateaux jaugeant 16 tonnes et 191 chaloupes et 21 barges à moteur jaugeant 50 à 350 tonnes[70]. Les grandes sociétés françaises d'import-export (Denis Frères de Bordeaux, Poinsard et Veyret de Lyon), des sociétés britanniques et allemandes étaient présentes également. En 1936, Saigon figurait au sixième rang des ports français avec un trafic maximum de 2 529 708 tonnes[71]. En 1940, le trafic atteignait encore 2 422 579 tonnes et il tomba progressivement à 1 730 690 en 1941, 1 591 755 en 1942, 1 392 444 en 1943, et toucha le fond en 1944 avec 118 215 tonnes[72].

Dans le Viet Nam septentrional, le port de Haiphong prit son essor à partir d'un village qui était une modeste escale de la China Merchant Navigation Company. En 1886-1888 les Français en firent leur tête de pont pour la conquête du Tonkin. Cette fonction valut à Haiphong de s'agrandir avec des ports charbonniers : Port Redon, Campha et Hong Gay. Haiphong devint lui aussi le carrefour de la navigation maritime, fluviale où aboutit le chemin de fer du Yunnan. En 1937, son trafic atteignait 1 700 000 tonnes[73]. Si Haiphong n'eut pas l'envergure régionale que souhaitaient ses fondateurs à cause de la suprématie de Hong Kong, il joua cependant un rôle capital comme principale sortie et entrée portuaire du Tonkin[74].

L'importance économique de ses deux ports souleva la question de savoir s'ils accélérèrent le déclin des petits ports comme Tourane (aujourd'hui Danang) Faifoo (aujourd'hui Hoi An), Quy Nhon, Benh Thuy, Phan Thiet et Ha Tien. Des historiens (anticolonialistes) répondirent par l'affirmative. La question nécessite un examen statistique mais ces ports restèrent actifs avec un trafic limité au cabotage et à certaines marchandises. Ils étaient des ports régionaux dont le trafic était spécifique par les origines et la nature des marchandises destinées à satisfaire les goûts et le pouvoir d'achat des consommateurs asiatiques[75]. Ce commerce correspondait à une écono-

---

70 Ch. Robequain, *op. cit.*, p. 112.
71 « Notice sur l'activité de... », Conseil d'administration du port de Saïgon février 1938, Agence FOM 226, CAOM.
72 « La reconstruction et le développement du port de Saïgon », *Travaux* n° 184, février 1950, Agence FOM 226, CAOM.
73 « Note sur le port de Haiphong » Fonds Guernut B028, CAOM.
74 G. Raffi, *Haiphong, origines, conditions et...* Thèse non publiée, Aix en Provence, 1993.
75 Ch. Robequain, *op. cit.* 1929.

mie locale qui existait avant l'introduction du système européen de production et de distribution. Quatre facteurs dopèrent l'activité des ports du centre Viet Nam : la création des plantations de thé et de café sur les Hauts Plateaux, les travaux d'hydrauliques agricoles dans les provinces du Quang Nam et du Quang Ngai, la jonction des tronçons du Transindochinois en 1937 et finalement la connection de celui-ci avec les villes côtières et l'intensification du transport routier entre le Laos méridional et le Viet Nam central.

En conséquence le port de Quy Nhon fut équipé pour recevoir des petits vapeurs et son trafic annuel atteignit les 4 000 tonnes dans les années 1930 alors qu'il était insignifiant auparavant. Quy Nhon exportait du riz, du poisson séché, des arachides et de l'huile de coprah, en retour il importait les marchandises nécessaires aux plantations de Kontum et de Pleiku[76]. Plus au nord le port de Tourane pouvait recevoir des navires de haute mer aussi bien que des caboteurs et son trafic s'était stabilisé à 100 000 tonnes par an[77].

Dans la province du Nghe An le port de Ben Thuy exportait 387 400 tonnes de marchandises et importait 852 390 tonnes en 1924. Son trafic augmenta constamment de 4 000 tonnes par an en 1920 passa jusqu'à 40 000 tonnes en 1930[78].

L'opium était transporté également au large des côtes entre 1920 et 1930. La régie française vendait son surplus à des commerçants qui l'exportaient illégalement vers la Chine, une forme de trafic de la drogue admise officiellement : des vapeurs français partaient de Haiphong et transbordaient leur cargaison dans des jonques dans le golfe du Tonkin. En 1922, 2 500 à 3 000 caisses d'opium quittèrent Haiphong par cette voie. C'était un groupe de Chinois qui faisait ce commerce avec un bateau à vapeur naviguant sous pavillon français[79].

Le transport ferroviaire l'emporta-t-il sur celui par jonques ? Robequain affirme que ce fut le cas dans le Thanh Hoa où le transport maritime déclina de moitié en volume et en valeur de 1908 à 1926[80].

**Tableau 8. Le trafic fluvial et ferroviaire dans la province du Thanh Hoa**

| En tonnes | Exportations | Importations | Total |
| --- | --- | --- | --- |
| Transport fluvial et cabotage | 6 476 | 1 771 | 8 247 |
| Chemin de fer | 56 591 | 23 229 | 79 820 |
| Total | 63 067 | 25 000 | 88 067 |

Source : Robequain 1929, p. 568.

---

**76** *Aménagement des ports : port de Quynhon*, Hanoi, 1929, Agence FOM227, CAOM.
**77** *Aménagement des ports : port de Tourane, ibid. 1930.*
**78** *Ibid.*
**79** S. de Labrusse, *Politique de cabotage en Indochine*, Saïgon 1950, p. 66-67.
**80** Ch. Robequain, *op. cit.* 1929, p. 569.

Toutefois, ce cas limité dans le temps et dans l'espace peut difficilement être généralisé sans d'autres exemples convergents.

### Les travaux hydrauliques

Il y en avait deux catégories : l'une essentiellement dévolue au transport des hommes et des marchandises, l'autre destinée à protéger les terres et les cultures des inondations et des sécheresses et par conséquent à assurer l'irrigation agricole. On trouvait le premier système hydraulique dans le delta du Mekong tandis que le second était une caractéristique du delta du fleuve Rouge et des plaines du Centre.

Au Nam Bo le creusement des canaux avait pour but la pénétration et le peuplement. Les rois de la dynastie Nguyen firent creuser des canaux comme celui de Vinh Te et les Français firent de même. En 1900, un programme de creusement de canaux fut lancé avec deux priorités : accéder à la zone de peuplement et rendre la terre cultivable. À la fin des années 1930, 4 000 km de canaux reliés aux rivières dessinèrent un échiquier sur tout le delta. Les canaux donnèrent une impulsion formidable à la production agricole et rendirent également un grand service en orientant le flux des marchandises destinées à l'exportation[81].

Au Nam Bo les canaux secondaires et tertiaires complétèrent le système en lui ajoutant un rôle de protection et d'irrigation.

Dans le delta du fleuve Rouge et les plaines du Centre Viet Nam la politique hydraulique remplissait un rôle principal de protection contre les inondations. Par conséquent les programmes gouvernementaux renforcèrent les digues du fleuve Rouge pour assurer la sécurité des populations et des zones cultivées situées en dessous du niveau du fleuve. De 1900 à 1930 il y eut trois « décennies noires » : les digues s'effondrèrent trente fois de 1905 à 1926. En juillet 1915 les récoltes furent détruites sur 20 000 hectares. Après les travaux qui augmentèrent la dimension des digues de 20 millions m$^3$ en 1885 à 72 millions en 1930 et 115 millions en 1945, il n'y eut pas d'inondations jusqu'en août 1945 mais ces travaux réduisirent la surface cultivable[82].

La sécheresse était une menace permanente dans le nord du Trung Bo. Dans le Nghe Tinh, la sécheresse détruisait les récoltes une année sur deux. Plus la population augmentait plus le problème alimentaire devint aigu et plus les autorités françaises conçurent leur programme de travaux hydrauliques comme destinés à conquérir de nouvelle surfaces à cultiver. De 1905 à 1932 132 000 hectares furent acquis ; en 1937 250 000 hectares du Bac Bo et 90 000 hectares du Trung Bo furent gagnés sur les marécages et la mer[83]. Le gouvernement colonial espérait que deux récoltes par an augmenteraient le rendement moyen de 500 kg à 1 400 kg de paddy par hectares. Le résultat fut inférieur à celui escompté[84].

---

**81** M. Murray, *Development of Capitalism in Colonial Indochina...* 1980, p. 179.
**82** D. Vesin, *Histoire du Fleuve rouge. Gestion et aménagement d'un système hydraulique...* Mémoire de DEA, 2 vol ; Université Denis Diderot, Paris 1992.
**83** Ch. Robequain, *op. cit.* 1939, p. 224-225.
**84** P. Gourou, *op. cit.*, 1940, p. 253.

Les gains furent relativement faibles et ne purent pas compenser la croissance démographique. Un programme d'équipement complet du fleuve Rouge et son delta, élaboré dès 1895, fut finalement abandonné parce qu'il était certainement jugé trop coûteux[85].

Carte n° 5. Carte économique de l'Indochine française
in Ch. Robequain, *op. cit.*

**85** D. Vesin, *op. cit.*, p. 125-130.

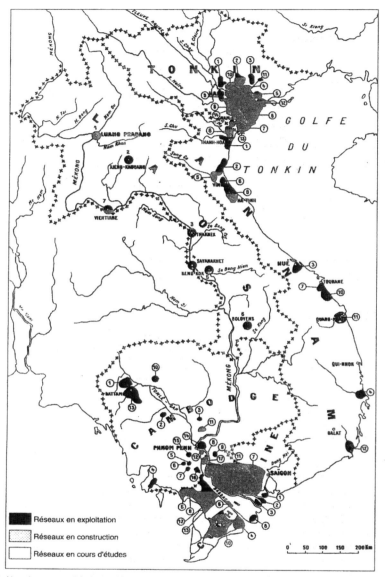

Tonkin : réseaux en exploitation : 1. Vinh Yen ; 2. Song Cau ; 3. Kep ; 4. Bac Ninh-Est ; 5. An Zuong ; 6. Thai Binh ; 7. Nam Dinh-Est ; 8. Hadong-Phuly ; 9. Son Tay ; réseaux en cours d'études : 10. Phuc Yen-Bac Ninh ; 11. Kê Sat-Hung Yen ; 12. Song Thai Binh ; 13. Song Day ; 14. Hadong Phuly.

Annam : réseaux en exploitation : 1. Song Chu ; 2. Vinh Nord ; 3. Thua Thien ; 4. Tuy Hoa ; réseaux en construction : 5. Do Luong ; 6. Vinh-Sud ; 7. Quang Nam-Nord ; réseaux en cours d'études : 8. Song Ma ; 9. Cam Xuyen ; 10. Quang Nam-Sud ; 11. Quang Ngai ; 12. Phan Rang.

Cochinchine : réseaux en exploitation : 1. Gocong ; 2. Batri ; 3. Bang Cung ; 4. Thiep Nhut ; 5. Hatien ; 6. An Truong ; réseaux en construction : 7. Cau An Ha ; 8. Long Vinh-Long Toan ; 9. Chaudoc-Longxuyen-Rachgia-Hatien ; réseaux en cours d'études : 10. Quan Lo ; 11. Plaine des Joncs ; 12. Rachsoi-Bassac-Rachgia-Longxuyen ; 13. Rachsoi-Bassac-Chung-Bau.

Cambodge : réseaux en exploitation : 1. Bovel ; 2. Bamnak ; 3. Stung Khya ; 4. Prey Nop ; 5. Takeo ; 6. Bat Rokar ; 7. Kompong Sleng ; 8. Koki Thom ; 9. Kompong Sne ; réseaux en construction : 10. Siem Reap ; 11. Chœung Prey ; 12. Beng Khnor ; réseaux en cours d'études : 13. Banan ; 14. Veal Samnap ; 15. Kompong Tram ; 16. Angkor Borey ; 17. Beng Thom.

**Carte n° 6. L'hydraulique en Indochine. Situation des réseaux en 1945**

in Ch. Robequain, *op. cit.*

La mise en place d'une économie coloniale

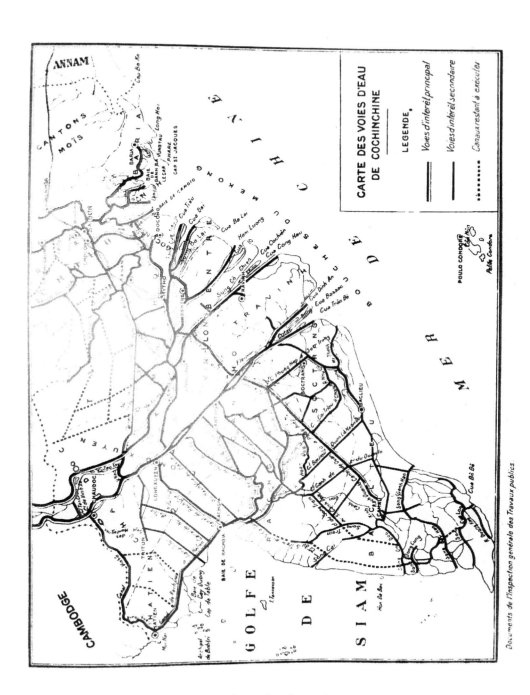

**Carte n° 7. Carte des voies d'eau de Cochinchine**
Source : Yves Henry, *L'économie agricole de l'Indochine*, Hanoï, 1932

Histoire économique du Viet Nam. 1850-2007

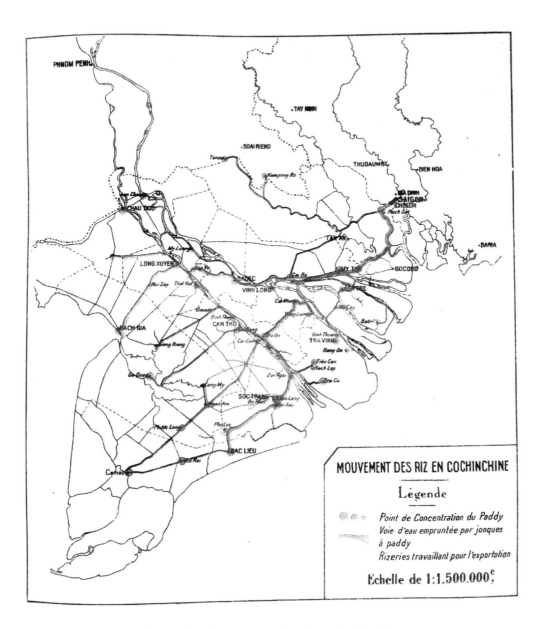

Carte n° 8. Mouvement des riz en Cochinchine
Source : Yves Henry, *L'économie agricole de l'Indochine*, Hanoï, 1932

Chapitre trois
# Le fonctionnement de l'économie coloniale

> « La science dont les calculs résument mille efforts en une formule, n'est-elle pas l'instrument essentiellement approprié à la mise en valeur des colonies où nous devons agir vite pour emporter, du premier geste, les siècles d'inertie qui pèsent sur elle ? À la routine, au temps perdu, à l'insouciance qui étaient peut-être, l'attrait légendaire des colonies, il faut opposer la méthode rigoureuse, la minute gagnée, toute la conscience et la pratique scientifique qui régissent le monde civilisé. »
>
> A. CHEVALIER, *L'agronomie coloniale et le Museum d'Histoire naturelle*, p. 38

Avant que la colonisation française ne bouleverse le pays dans toutes ses dimensions, l'économie du Viet Nam était essentiellement mais non exclusivement ni purement, une économie de subsistance. Quelques aires d'agriculture commerciale et des poches d'exploitation minière alimentaient les échanges régionaux avec ses voisins asiatiques. Ce système de production fut considérablement modifié par les activités du capitalisme français. Celui-ci intégra progressivement les économies du Viet Nam et de la péninsule Indochinoise dans l'économie mondiale. Ce changement fut accompagné de la mise en relation avec de nouveaux secteurs de production et les débouchés lointains ; il augmenta l'échelle, le volume et la valeur de production et des échanges. Cependant la domination française ne détruisit pas l'économie locale. Les techniques de productions traditionnelles et modernes coexistèrent, certaines incorporant les autres. Dans ce chapitre nous examinerons les répercussions de la conquête française sur ce que nous avons l'habitude d'appeler l'économie traditionnelle ainsi que sur le secteur moderne de l'économie.

## L'agriculture d'exportation

La colonisation économique française s'effectua dans plusieurs directions avant même que la pacification du Tonkin ne fut achevée. Aux différentes étapes de l'évolution économique correspondit une production majeure. Ainsi le riz, les minerais et le caoutchouc caractérisèrent les stades de la croissance de l'économie coloniale. En nous fondant sur le montant des capitaux investis, la quantité de main-d'œuvre, l'extension de la surface cultivée, le volume et la valeur de la production, nous pouvons identifier un cycle du riz destiné à l'exportation dès 1880. Il fut suivi en 1897 par l'exploitation minière et les industries légères puis en 1920 par l'apparition de la grande hévéaculture. Cependant l'expansion de ces activités ne doit pas cacher les entreprises spécifiques comme l'élevage du bétail et l'industrie de la soie qui subit des échecs.

Par conséquent, on ne peut pas parler de la prédominance d'un secteur de l'économie sur les autres mais nous observons plutôt que le capitalisme colonial tisse un réseau d'investissements et d'entreprises qui correspond à certaines conjonctures favorables grâce à la disponibilité du capital et à la hausse des cours des matières premières. Par exemple, la période 1920-1930 vit l'apogée de la riziculture commerciale et de la production de caoutchouc. Elle confirma l'orientation de l'économie indochinoise coloniale vers l'exportation.

Avant que n'éclate la grande récession des années 1930, les capitalistes français investirent dans les branches suivantes (en %) :

**Tableau 9. Investissements français par secteurs.**

| Agriculture et forêts | 39,7 |
|---|---|
| Mines | 15,9 |
| Industries de transformation | 12,8 |
| Banque | 12,2 |
| Eaux et électricité | 3,1 |
| Sociétés de transport | 2,7 |
| Assurances | 0,6 |

Source : Rapport d'inspection Boisson, mai 1930, NF Indo 284/2488, CAOM.

### Le rôle de l'État français

Après de nombreux essais et échecs des colons français, l'agronomie tropicale et la « mise en valeur de l'empire » convergèrent dans la même direction pour assurer « la gestion scientifique de l'empire ». Le gouverneur général Paul Doumer institua des organismes pour organiser « une production plus intensive et rationnelle »[1]. De 1898 à 1901, il fonda une Direction de l'agriculture et du commerce avec quatre sections : les forêts, la science vétérinaire, l'agronomie et l'industrie et commerce.

---

[1] C. Bonneuil, « Mise en valeur coloniale et naissance de l'agronomie tropicale » in *Du jardin d'essai à la station expérimentale*, Paris 1993. Pour les échecs des premières entreprises françaises, voir A. Gaisman, *L'œuvre de la France au Tonkin. La conquête, la mise en valeur*. Paris, 1906.

D'une part, un ingénieur français est envoyé à la station d'essai de Buitenzorg aux Indes néerlandaises pour étudier la méthode de sélection du riz parce que les Hollandais étaient considérés comme plus avancés dans les sciences tropicales. Mais d'autre part, en 1901, avant d'établir une ferme expérimentale dans la plaine de la Chao Phraya, le gouvernement siamois envoya un jeune stagiaire à Saigon pour se mettre au courant de la recherche agricole française[2]. Plusieurs autres services furent reliés à cet organisme central. En mai 1918, l'Union coloniale française, un groupe de pression, organisa un congrès d'agriculture tropicale qui rassembla des agronomes, des botanistes, des parlementaires et des administrateurs coloniaux. Le congrès annonça l'intention d'organiser l'agriculture coloniale afin d'assurer des fournitures à la métropole. De fait, la conférence passa en revue l'évolution de l'agriculture tropicale depuis la première guerre mondiale : en 1913, l'administration coloniale avait mis sur pied un laboratoire de recherche céréalière ainsi que deux stations rizicoles expérimentales à Cantho et Phumy en Cochinchine. Des voyages d'étude aux Indes néerlandaises, en Malaisie britannique et en Inde[3] démontrent que les autres possessions européennes inspirèrent plusieurs réalisations françaises dans l'économie de plantation.

En 1913, le gouverneur général A. Sarraut chargea Auguste Chevalier, botaniste du Muséum d'histoire naturelle de Paris, de réactiver les services agricoles d'Indochine. Avant son retour en France A. Chevalier visita les laboratoires et les jardins expérimentaux hollandais et anglais ; il fit l'éloge du botaniste hollandais Treub qui avait créé Buitenzorg en 1880 et qui avait eu « le grand mérite de comprendre qu'il ne faut jamais séparer les sciences pures des sciences appliquées »[4]. Ce voyage lui inspira des idées pour des projets qu'il réalisa après la première guerre mondiale[5].

En avril 1921, A. Sarraut devenu député avant d'être ministre des Colonies (1921-1923), appela les Français à un grand effort pour exploiter les richesses de leurs colonies. Selon lui la Grande guerre avait démontré que l'empire colonial était une aide précieuse pour la métropole. En outre les idées économiques de Sarraut entraient dans sa vision d'un réformisme colonial basé sur le concept de progrès et d'association des colonisateurs et des colonisés pour le bénéfice des uns et des autres[6].

Auparavant Chevalier était déjà reparti pour l'Indochine où il mit sur pied des services en charge de l'agriculture tropicale : il fonda un collège vétérinaire et l'École supérieure d'agriculture et de sylviculture à Hanoi (1917-1918). Quatre stations expérimentales furent ouvertes : à OngYem pour l'hévéa brasiliensis, à Phutho et Pleiku pour le thé et sur le plateau des Bolovens pour le café.

En 1925, une nouvelle étape fut franchie lorsque l'agronome Yves Henry réorganisa tous les services agricoles et transforma l'Institut scientifique de l'Indochine en Institut indochinois pour la recherche en agronomie et en sylviculture. Entre 1925 et

---

[2] I. Brown, *The Elite and Economy in Siam*, 1988.
[3] D.R. Headrick, *The Tentacles of Progress. Technology Transfer at the Age of Imperialism. 1850-1940*, 1988, Chap. 7.
[4] A. Chevalier, *Le poivrier et sa culture en Indochine*, AEI, 1925.
[5] C. Bonneuil, *op. cit*.
[6] A. Larcher, « La voie étroite des réformes coloniales et la collaboration franco-annamite. 1917-1928 », *RFHOM* 309, 1995, p. 387-420.

1940, les progrès les plus importants en sciences appliquées furent la pollinisation croisée et l'hybridation du riz. Ces activités furent menées dans 7 stations placées en 1930 sous l'égide de l'Office indochinois du riz chargé de la recherche et de la vulgarisation agricole. En 1940, un Institut de recherche sur le caoutchouc fut fondé à Lai Khe.

Ainsi d'indéniables efforts furent faits pour introduire les sciences appliquées en Indochine ; celles-ci étaient un instrument de la politique économique conçue dans la métropole. Dans l'esprit de ses promoteurs, comme Chevalier, l'agriculture indigène était la première cible de la modernisation. Néanmoins, les découvertes de la technologie de la riziculture n'améliorèrent pas la riziculture pour des raisons structurelles. Pendant des décennies, la riziculture resta extensive en utilisant des méthodes dites traditionnelles si ce n'est archaïques. Dans les années 1930, la situation était la même en Thaïlande et en Birmanie. Dans son *Rural Economic Survey*, C.C. Zimmerman notait que « même dans la zone rizicole la plus commercialisée (Rangsit) vers 1930 de nombreux agriculteurs ne se souciaient pas d'aller échanger leurs vieilles semences pour de nouvelles améliorées en dépit du fait que la station expérimentale de Rangsit (créée par la gouvernement en 1916-1917) avait développé une variété améliorée de riz »[7]. M.Adas fait une remarque similaire sur le delta birman : « pour augmenter sa production le cultivateur investit invariablement dans les facteurs traditionnels, la terre et la main-d'œuvre, plutôt que dans les engrais et les nouvelles semences. L'expansion culturale était presque entièrement horizontale, il n'y avait pas de transformation en profondeur de la technologie agricole birmane »[8]. La raison essentielle du non accomplissement, des échecs ou des succès très limités des services publics était certainement due au régime agraire de la propriété et des modes de tenure. La plupart des propriétaires était motivée par la spéculation à court terme et tous les tenanciers ne pouvaient pas épargner de l'argent ni obtenir du crédit pour améliorer leurs moyens de production. L'inspecteur de l'agriculture, Y. Henry était conscient de ces problèmes, il encourageait la recherche sur la génétique du riz mais en même temps il insistait sur l'économie agricole. Avec la même préoccupation, l'agronome René Dumont (1934), et le géographe Pierre Gourou (1940) consacrèrent leur attention à la sociologie et aux rapports de production dans la campagne vietnamienne. Néanmoins, il faut ajouter que, jusqu'aux années 1930, les autorités françaises accordèrent plus d'attention aux secteurs fortement capitalisés des plantations et de l'exploitation minière.

### La riziculture méridionale

L'encyclopédiste Lê Quy Dôn notait dans *Phu Bien Tap luc* (1776) que les marchands de Gia Dinh venaient à Phu Xuân, la capitale des seigneurs Nguyên, pour vendre leur surplus de riz. Il écrivait : « ils sont prospères, portent des tissus de couleur et non des toiles blanches qui ont été colorées comme les nôtres ». Au XVIIIe siècle, la société du sud était décrite comme une société riche comparée au reste du pays. À la fin du siècle, le pays fut en proie à la guerre civile mais une fois la paix revenue, le sud et particulièrement le delta du Mékong, recouvra une relative prospérité.

---

**7** Sompop Manarungsan, *Economic Development of Thailand 1850-1950…* 1989.
**8** M. Adas, *The Burma Delta. Economic Development… 1852-1941*, 1974.

Dans les années 1820, Phan Huy Chu fit écho à Lê Quy Dôn (peut-être le copiat-il ?) en décrivant Gia Dinh comme une province où « il y a vingt ou cinquante familles riches en maints endroits. Chaque famille possède 50 ou 60 belles rizières et 300 bœufs et buffles. Les paysans travaillent toute la journée, ils cultivent le riz pour le vendre, ils plantent les aréquiers dont ils font sécher les noix qu'ils vendent aux négociants chinois ». Ils « montent vers le nord et se rendent à Phu Xuân où ils échangent le riz contre des satins de Chine, ils portent de beaux vêtements et non des toiles écrus »[9]. L'historienne Li Tana attribue aux exportations de riz la capacité de Nguyen Phuoc Anh de vaincre ses adversaires Tây Son en partant de sa base méridionale[10]. Le delta du Mékong exporta son riz non seulement vers le nord du pays – c'est-à-dire le centre Vietnam – mais aussi outre-mer, vers Bangkok et Singapour et vraisemblablement vers le sud de la Chine[11].

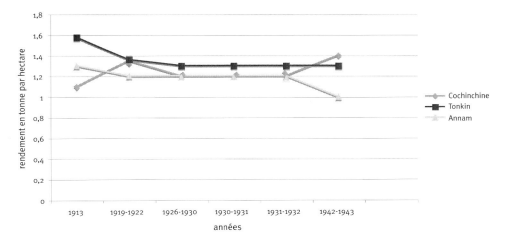

**Graphique 6. Rendement rizicole à l'hectare et en tonne dans chaque « pays » vietnamien (estimation pour 1913 et moyennes pour les autres années).**
Source : Annuaire statistique de l'Indochine 1913-1943.

Les courants d'échanges commerciaux où le riz était la denrée majeure étaient-ils solidement établis avant que les Français ne conquièrent le *Luc Tinh* (les Six provinces) ou l'historien Van den Eng a-t-il raison d'écrire que « 1860 peut être considéré comme un tournant dans l'économie mondiale du riz, c'est le moment où dans les pays du Sud-Est asiatique continental les exportations prennent leur essor. En 1880, le phénomène était si évident que le premier gouverneur civil français écrivait au ministre des Colonies : « Il est incontestable que la richesse s'est remarquablement répandue ; l'agriculteur, certain de vendre son riz à des prix lucratifs à Singapour, Hong Kong et à Java, a doublé, triplé ses cultures, il spécule sur les grains comme l'agriculteur européen ou

**9** Phan Huy Chu, *op. cit. vol. 1 : Zu dia chi* (Geographie).
**10** Li Tana, *Nguyen Cochinchina...* 1998.
**11** *Ibid.*

américain »[12]. Le même gouverneur escomptait que les exportations de riz passeraient à 360 000 tonnes en 1882 et à 518 000 t. en 1883. Il ajoutait que depuis le début de 1882, 4 000 jonques de haute mer et 380 bateaux à vapeur avaient fréquenté le port de Saigon[13]. Les exportations tendaient à la hausse (soit en milliers de tonnes) :

| 1900 | 1901 | 1902 | 1903 | 1904 | 1905 | 1906 | 1907 | 1908 | 1909 | 1910 |
|---|---|---|---|---|---|---|---|---|---|---|
| 915 | 912 | 1115 | 676 | 965 | 622 | 740 | 1428 | 1234 | 1095 | 1269 |

Cette expansion fut soutenue jusqu'en 1930 lorsque les exportations du continent sud-est asiatique stagnèrent puis reculèrent dans l'après seconde guerre mondiale. Dès les années 1860, la Cochinchine venait en deuxième position derrière la Birmanie et à partir de 1890, au troisième rang derrière le Siam[14].

Le surplus de riz disponible provenait du delta du Mékong où de grandes superficies sous-peuplées et en friche attiraient les colons asiatiques. Au-delà des bras du Mékong s'étendait un immense front pionnier : le Hâu Giang des Vietnamiens, autrement appelé le Transbassac, fut colonisé grâce au creusement de nombreux canaux. À partir de 1900, un programme d'établissement du réseau hydraulique bénéficia de sommes considérables prélevées sur le budget de la Cochinchine : les canaux furent creusés comme moyen de pénétration, de circulation et en même temps de drainage afin de permettre les cultures. De 1886 à 1930, 1 425 000 hectares de terre furent asséchés pour le coût de 235 millions de piastres. Les trois projets les plus importants furent achevés en 1908 et la réalisation du dernier débuta en 1930[15].

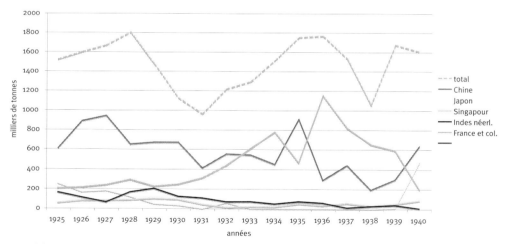

**Graphique 7. Exportations des riz et dérivés, 1925-1940.**
Source : Résumé statistique 1913-1940, op. cit.

**12** Le Myre de Vilers, *Les institutions civiles de la Cochinchine, 1879-1881*, 1908
**13** *Ibid.*
**14** P. Van Den Eng, "Production and Trade of Rice in Southeast Asia.1850-1940", working paper, ANU, Canberra, 1994.
**15** P. Brocheux, *op. cit.* 1995, p. 18-19.

La première loi foncière de Cochinchine, en 1882, fut très libérale en octroyant des lots de terre gratuitement au petit défricheur comme au demandeur de vastes concessions. Un Français pouvait faire une demande à partir de la France sans avoir à se rendre au Viet Nam ; le baron Rothiacob qui demanda une concession de 1 537 hectares dans la province de Rach Gia en 1901, sans jamais mettre les pieds en Indochine, fut un cas extrême, certes, mais non unique[16]. De nombreux autres candidats, Vietnamiens autant que Français devinrent concessionnaires de centaines ou de milliers d'hectares sans se rendre dans le delta et assez souvent sans entreprendre le défrichement ni la mise en valeur des lots concédés.

Ultérieurement, la politique du gouvernement colonial oscilla : en 1913, les lopins de plus de 50 ha furent mis aux enchères publiques ; en 1926, les concessions jusqu'à 300 ha redevinrent gratuites mais toutefois subordonnées à leur mise en culture dans un délai de 5 ans, sous peine de retourner au domaine public. Avant l'établissement d'un cadastre en Cochinchine, l'incertitude de la propriété foncière engendra de nombreux litiges et accaparements : les petits défricheurs analphabètes ou ignorants de la législation, éloignés des villes, furent souvent dépossédés et forcés de devenir les fermiers des propriétaires en titre[17].

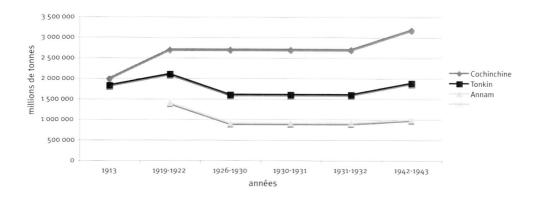

**Graphique 8. Production de riz dans les trois « pays » vietnamiens (estimations en 1913 et moyennes pour les autres années).**

Dans le delta du Mékong, la superficie en riziculture passa de 250 000 ha en 1868 à 2 303 000 en 1943, en majeure partie dans le Hâu Giang, les exportations furent la cause du grand bond qui eut lieu entre 1869 (52 000 ha) et 1929 (1 100 000 ha)[18]. Les rendements étaient faibles : 12 quintaux à l'hectare contre 15/16 en Thaïlande, 24 au Japon. Ils atteignirent un maximum de 19 qx en 1943 grâce aux efforts de l'Office du riz pour populariser les semences sélectionnées et l'usage des engrais chimiques.

**16** *Ibid.*, p. 105.
**17** *Ibid*, p. 23-47.
**18** J. Biard, *BSEI*, p. 326.

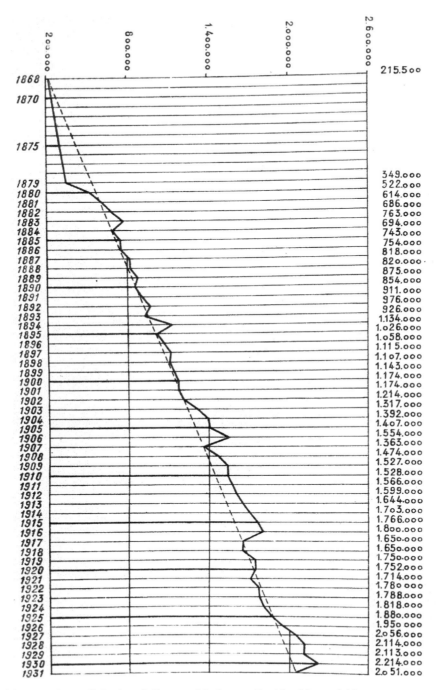

Graphique 9. Superficie des rizières cultivées en Cochinchine, 1868-1931.

Source : Yves Henry, *L'économie agricole de l'Indochine*, Hanoï, 1932.

La poussée de la production s'accéléra entre 1922 et 1928 lorsque 42 000 ha furent mis en culture en moyenne chaque année. Les exportations décuplèrent entre 1870 et 1928, de 130 000 tonnes à 1 797 000, et se stabilisèrent à 1 million de tonnes en 1933[19]. La majorité des sorties étaient destinées à Hong Kong : 39 % à 45 % de 1913 à 1932. De 1922 à 1926, la moyenne annuelle des ventes à l'extérieur atteignait 775 000 t. et 530 000 t. de 1933 à 1937. Cependant les fluctuations étaient fortes : 900 000 en 1935, 290 000 en 1936 et 440 000 en 1937[20].

Un événement significatif souligna la dépendance de l'économie coloniale et notamment de la riziculture vis-à-vis des débouchés extérieurs. En 1930, le gouvernement français décida de détacher la piastre indochinoise de l'étalon argent pour le rattacher au gold exchange standard, au risque de porter un coup aux liens très anciens qui unissaient le commerce du riz aux marchés chinois dont la monnaie restait attachée à l'étalon argent. Cette opération signifiait que le gouvernement français était plus soucieux de préserver les investissements métropolitains dans le caoutchouc et l'industrie minière que des intérêts des riziculteurs.

En 1930, le riz était la source principale des revenus de l'exportation, il représentait, en pourcentage du total des exportations :

| 1913 | 1921 | 1928 | 1930 |
| --- | --- | --- | --- |
| 61,7 | 74,5 | 69 | 60 |

La riziculture de Cochinchine était intégrée dans les structures financières et commerciales de l'économie coloniale. En 1931, à la veille de la grande récession, le riz était cultivé sur des grands domaines dont une partie (100 000 ha) était possédée par 120 individus et sociétés françaises (européennes) tandis que 153 000 ha étaient détenus par des citoyens français (Vietnamiens naturalisés). En 1929, les Français possédaient en moyenne 117 ha contre 6 ha détenus par les indigènes, Viet et Khmers[21].

Les moyennes dissimulaient de fortes variations, dans une seule des provinces, celle de Bac Lieu, sur les 61 116 ha de propriétés européennes, 37 409 relevaient de 74 exploitations de plus de 500 ha. Trois domaines dépassaient 1000 ha de superficie chacun, l'un d'eux s'étendait sur 5 200 ha[22]. Dans la province de Chaudoc, en 1937, 13 propriétaires français possédaient 13 000 ha[23].

Le régime de la propriété dans le delta du Mékong n'était pas radicalement différent de celui du Viet Nam impérial. Des latifundia existaient au début du XIX$^e$ siècle lorsque l'empereur Gialong récompensait ses partisans en leur octroyant des terres et lorsque les grandes familles s'emparèrent de grands espaces. L'historien Nguyên Dinh Dâu a étudié 1 634 registres cadastraux rédigés en 1836. Il relève qu'un propriétaire de la province de Gia Dinh possédait 920 hectares tandis qu'un de ses voisins possé-

---

**19** Y. Henry, *L'économie agricole de...*, 1931.
**20** *Ibid*, p. 326.
**21** *BEI* 1928.
**22** Ch. Robequain, *op. cit.* 1939, p. 214.
**23** Monographie dactylographiée de la province de Chaudoc 1937.

dait 3 parcelles totalisant 500 hectares. Certaines personnes détenaient 20 hectares tandis que la majorité des propriétaires fonciers avaient une superficie moyenne de 2,5 hectares[24]. Les Français introduisirent une série de lois qui ne changèrent pas le régime de la propriété foncière mais qui modifièrent la taille des domaines, le volume de la production et le rayonnement du commerce.

Dans le delta du Mékong, le géographe P. Gourou avait calculé que les petites propriétés représentaient 12,5 % de la surface totale, les propriétés moyennes 42,5 % et les grandes 45 % (1938). Les Français généralisèrent le fermage utilisé par les propriétaires indigènes et le système de commercialisaton que les Chinois avaient mis en place[25]. Plus de la moitié des propriétaires (*diên chu*) recrutaient des fermiers (*ta diên*) pour cultiver des parcelles de 5 à 10 hectares par famille de 5 personnes. Les tenanciers recevaient des avances en nature, rarement en espèces ; les emprunts pour les mariages, les funérailles ou les besoins quotidiens faisaient partie de la coutume et ils étaient considérés comme une sorte d'obligation. Une forme fréquente de prêt appliquée par les propriétaires était appelée prêt argent-paddy (*bac lua vay*), par lequel le fermier empruntait de l'argent au propriétaire et le remboursait en paddy. Jusqu'en 1931 le prix du riz avait augmenté de façon notable sauf pendant la première guerre mondiale comme l'illustrent les chiffres suivants du prix d'un quintal de riz blanc exprimé en piastres :

| 1899-1903 | 1904-1908 | 1909-1913 | 1914-1919 | 1918-1923 | 1924-1928 |
|---|---|---|---|---|---|
| 5,79 | 5,95 | 6,93 | 5,02 | 9,35 | 10,10 |

Cela signifiait que pendant cette période les cours du riz profitèrent au prêteur[26]. Théoriquement, le fermage variait selon la classification des sols, allant de 10 *gia* (4 quintaux) de paddy à 30 *gia* (12 quintaux). Toutefois, en pratique le fermier devait payer le loyer et rembourser les avances et s'acquitter de ses dettes avant de recevoir sa part de récolte. À cause de cela, cette part se trouvait réduite de 20-25 %.

Une caractéristique notable du paysage économique et social était le rôle crucial joué par les Chinois dans la collecte et le transport du riz en dehors du delta. Les Chinois avaient établi leur monopole longtemps avant l'occupation française de la Cochinchine. La situation était la même qu'au Siam où les Chinois tenaient les rênes du commerce avant le traité Bowring (1855)[27].

Selon un rapport du contre-amiral Lagrandière, « le commerce et l'agriculture sont plus étroitement liés dans la colonie que dans n'importe quel autre pays... Les Chinois avaient l'immense avantage sur les Européens de connaître les indigènes qui étaient habitués depuis longtemps à négocier avec eux. Ces Asiatiques ont des agents sur les marchés intérieurs. Il y a environ une centaine de Chinois établis dans chaque

---

**24** Nguyen Dinh Dau, *Tong ket nghien cuu dia ba Nam ky Luc tinh* (résultats d'une recherche sur les cadastres du Nam ky), 1994, p. 314.
**25** *Op. cit.*, Y. Henry (1931), P. Gourou (1942), P. Brocheux (1995).
**26** P. Brocheux, *op. cit.*, 1995, p. 74.
**27** Hong Lysa, *Thailand in the Nineteenth Century....*, 1984.

district, généralement en liaison avec les maisons de commerce de Saigon et même de Chine »[28].

Jusque dans les années 1930, le centre de traitement et du commerce du riz était situé exclusivement dans la ville chinoise de Cholon où la plupart si ce n'est tous les propriétaires de rizeries étaient des Chinois. Le réseau de canaux comme le paddy du delta y convergeait. Les Chinois possédaient 3 000 jonques fluviales et des vapeurs de 500 tonneaux pour la navigation côtière[29]. Leur réseau sophistiqué était si efficace que même au XX$^e$ siècle il était toujours opératoire bien que de nombreux Français et Vietnamiens aient tenté de les remplacer dans leur rôle d'intermédiaires[30]. On retrouvait les mêmes structures au Cambodge et au Siam[31].

À Cholon, les riziers contrôlaient le réseau en association avec un puissant syndicat des négociants du riz, au nombre de 80 en 1930. Ils n'étaient qu'une partie d'une vaste connection chinoise couvrant toute l'Asie du Sud-Est. La symbiose entre les producteurs et les grands commerçants était fondée sur le troc. Les boutiquiers chinois au niveau local opéraient pour les courtiers des commerçants ou riziers de Cholon. En 1930, ils étaient 24 dans la province de Can Tho, 24 dans celle de Soc Trang, 22 dans celle de Rach Gia et 18 dans la ville de Bac Lieu ; ils fournissaient des marchandises et de l'argent aux riziculteurs quand la récolte était encore sur pied pour s'en assurer la livraison. Les courtiers chinois envoyaient leurs acheteurs prospecter la campagne, évaluer la récolte et réaliser les achats de petites quantités. Lorsque les transactions concernaient 10 000 *gia* (1 *gia* = 40 litres) ou plus, le courtier lui-même intervenait. Il n'y avait pas de contrat écrit et les producteurs de riz engageaient leur récolte en échange de prêt à intérêt en espèces.

Une fois l'affaire conclue les Chinois rassemblaient les grains dans des greniers situés le long des canaux. En 1930, la capacité de ces entrepôts chinois du Transbassac était la suivante :

| Province | Rach Gia | Bac Lieu | Soc Trang | Can Tho | Long Xuyen |
|---|---|---|---|---|---|
| Tonnes | 8 180 | 6 760 | 7 240 | 14 360 | 14 040 |

Source : Y. Henry, 1931, p. 350-351.

Bien que les Chinois jouaient un rôle clé dans le financement de l'économie agricole ils n'étaient pas seuls. Quiconque, qu'il soit Vietnamien, Français ou banquier indien de la caste des Chettiar, avait de l'argent, le prêtait à un taux usuraire. En 1930, on recensait 400 Chettiar détenteurs d'un capital de 50 millions de roupies à Saigon[32]. Leur rôle crucial fut révélé par l'enquête de Feyssal de 1933 sur les propriétés vietnamiennes hypothéquées (voir le tableau 25, p. 140)

Outre leur propre source de capitaux en Chine et dans les autres communautés de l'Asie du Sud-Est, les Chinois empruntaient de l'argent pour des opérations d'en-

---

**28** Daté du 1.1.1864, Indo ancien fonds 236, CAOM.
**29** Tran Khanh, *op. cit.*, 1993, p. 71.
**30** Tsai Maw Kiew, *Les Chinois au Sud Vietnam*, Paris, Imprimerie nationale, 1968.
**31** J. Delvert, *Le paysan cambodgien*, 1994 et J.-C. Ingram, *Economic Change in...* 1971.
**32** R.A. Brown, *Capital and Entrepreneurship in Southeast Asia*, 1994.

vergure, ils s'adressaient principalement à la Banque franco-chinoise (qui attend encore son historien). L'histoire volumineuse de la Hong Kong and Shanghai Banking Corporation ne mentionne qu'un seul prêt important à des Chinois afin de financer une raffinerie de sucre en Cochinchine[33].

Dans les années 1920, la Banque de l'Indochine s'engagea elle-même dans les affaires immobilières. En 1923, elle fonda le Crédit foncier de l'Indochine et elle étendit ses activités dans les campagnes en créant le Crédit foncier agricole qui consentit des prêts aux riziculteurs et aux planteurs. La Banque de l'Indochine accepta de financer l'agriculture parce que le gouvernement garantissait les prêts et qu'elle pouvait réescompter les reconnaissances de dettes. C'est pourquoi la Banque de l'Indochine joua un rôle majeur dans l'inflation du crédit agricole à la fin de la décennie 1920.

La Banque d'Indochine s'impliqua également dans le crédit agricole par l'intermédiaire des Sociétés indigènes de crédit agricole mutuel (SICAM). La banque allouait des sommes d'argent à ces sociétés de crédit qui à leur tour fournissaient des prêts aux propriétaires et aux fermiers. Chaque province productrice de riz était dotée d'une SICAM ; des 37 978 propriétaires vietnamiens, 1 390 étaient membres des SICAM. Par conséquent ces sociétés dites mutuelles furent en fait créées par un accord entre le gouvernement et la Banque de l'Indochine.

Le taux de leurs prêts s'élevait à 12 % puis fut abaissé à 10 % tandis que le taux usuel était de 24 % par an mais il diminua jusqu'à 16 % en 1929, sans doute à cause de l'apparition d'une source de crédit moins chère. Par la force des choses, les SICAM financèrent les grands propriétaires mais les petits propriétaires et les fermiers restèrent dans la dépendance des formes anciennes de crédit. Il est vraisemblable que des prêts consentis à des taux plus bas ont permis à des grands propriétaires d'avoir une source supplémentaire pour pratiquer l'usure[34]. Le même type de relation entre détenteurs et demandeurs de crédit existait dans les campagnes siamoise et javanaise[35]. Dans le delta de l'Irrawaddy et la grande plaine siamoise de la Chao Phraya, les fermiers et les petits propriétaires manquaient aussi des capitaux nécessaires à l'amélioration technique de leurs exploitations. De leur côté les grands propriétaires souvent absentéistes avaient une mentalité de rentiers et préféraient obtenir des profits à court terme en prêtant de l'argent à des taux usuraires et en consommant de façon ostentatoire afin de rehausser leur statut social (achat de belles résidences, d'automobiles, de bateaux à moteur et plus rarement d'avions[36]).

Très peu de ces grands propriétaires s'occupèrent de moderniser leur domaine, ou de créer des industries ou encore de s'adonner au commerce en entrant en compétition avec les Chinois.

La structure sociale fondée sur ce régime d'exploitation foncière était caractérisée par une disparité socio-économique et une polarisation croissante de la richesse

---

**33** H.H. King, *The History of the Shanghaï and...*, 3 vol., 1988.
**34** P. Brocheux, *op. cit.*, 1995, p. 77-81.
**35** Chattiph Nartsuphat & Sutty Pasartset, *The Political Economy of Siam...*, 1981.
**36** P. Brocheux « Les grands dien chu de la Cochinchine... » in *Tradition et Révolution au Vietnam*, 1971, p. 146-163.

et de la pauvreté, génératrice de tension et d'antagonisme. Ceux-ci étaient généralement modérés par la relation de patron-clients renforcée par la religion comme l'a montré l'historienne Jayne Werner à propos du Caodaïsme. Mais au cours du temps, les partisans d'une révolution sociale utilisèrent ces tensions à leur profit et ce faisant, les aggravèrent. Les antagonismes politiques en Cochinchine mais aussi dans le reste du pays, se développèrent sur un terreau à la fois social et économique[37].

### Le secteur des plantations arboricoles

Les Français participaient à la production, à l'usinage et au commerce du riz mais ces activités restaient essentiellement aux mains des Asiatiques et bien ancrées dans le contexte asiatique. Par ailleurs, l'économie de plantations tournée vers l'exportation échappait au contrôle des Chinois et des Indochinois. Les Français mirent en place le système des plantations (essentiellement des plantes industrielles) dès les années 1870. Certes, les indigènes cultivaient depuis fort longtemps le théier, le tabac, la canne à sucre, le poivrier mais au niveau local et, à quelques exceptions près, à fin de consommation familiale. Les Français introduisirent deux nouvelles cultures, celles du café et surtout de l'hévéa ; lorsqu'ils se mirent à produire les cultures anciennes, ils le firent sur des grandes superficies en utilisant une nombreuse main-d'œuvre et en adoptant des techniques modernes. Ce fut **l'hévéaculture** qui plaça l'Indochine en tête des colonies françaises de plantations.

L'arbre à caoutchouc, *hevea brasiliensis*, parvint en Indochine via la Malaisie britannique et les Indes néerlandaises qui fournirent les premières semences et les méthodes les plus récentes, la sélection et la greffe (clônage). Les premiers planteurs français furent formés sur les plantations de Malaisie[38] et, pendant la période 1929-1932 décisive pour l'adoption des méthodes les plus récentes et pour l'essor de la productivité caoutchoutière, ce fut un expert hollandais du nom de G. Van den Pelt qui réorganisa les plus importantes plantations d'Indochine[39].

Les hévéas apparurent d'abord dans les environs de Saigon où des fonctionnaires coloniaux à la retraite et quelques riches Vietnamiens placèrent leur épargne. En 1911, 7 155 000 arbres à caoutchouc étaient plantés mais pas encore saignés. Comme ces plantations de terre grise étaient situées aux environs immédiats de la ville et dans des zones peuplées, une main-d'œuvre libre fut recrutée dans les villages des alentours[40].

Une deuxième étape fut franchie lorsque l'expansion des hévéas aborda la zone des terres rouges (sols de décomposition basaltique) très propices à cette culture, située à cheval sur la Cochinchine et le Cambodge. En 1927, toutes les terres rouges avaient été concédées à des sociétés de plantations ou des individus[41]. L'aire était couverte d'une forêt tropicale dense et d'accès difficile, sans routes ; la population clairsemée était composée d'ethnies non viet pratiquant la culture itinérante sur brû-

---

**37** J. Werner, *Peasants Politics and Religious Sectarianism*, New Haven, Yale University Press 1981.
**38** R. Chollet, *Planteurs en Indochine française*, Paris 1981.
**39** E. Baillaud, « Le caoutchouc », supplément aux *Cahiers coloniaux*, Marseille 1944, p. 575-578.
**40** *Bulletin de l'Association des planteurs de caoutchouc*, janvier 1911.
**41** De Montaigut, *La colonisation française dans l'est de la Cochinchine*, 1929 et Ch. Robequain, *op. cit.* 1939.

lis, la cueillette, la chasse et la pêche mais rétive à un travail de plantation si ce n'est pour le défrichement de la forêt. De sorte que le recrutement d'une main-d'œuvre permanente se posa comme la question principale et fut à l'origine du recrutement d'une main-d'œuvre sur contrat que l'on alla chercher au Tonkin et au nord de l'Annam.

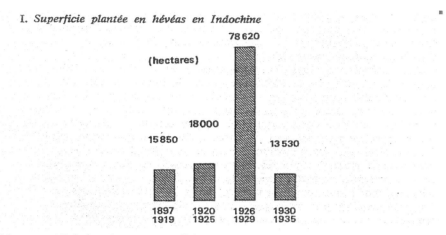

**Graphique 10. L'hévéaculture : superficie.**

Comme, de surcroît, il fallait attendre 6 à 7 années après leur plantation pour saigner les arbres afin de recueillir leur sève, les terres rouges n'étaient pas à la portée des petits et moyens concessionnaires. Ceux d'entre eux qui tentèrent l'aventure furent rapidement obligés de céder leurs concessions à de grandes sociétés. Celles-ci dépendaient de holdings financiers comme le groupe Rivaud-Hallet (la SOCFIN créée en 1909) déjà présent en Malaisie ou de grandes firmes industrielles comme Michelin. La grande crise économique accentua les regroupements ou les fusions, ainsi la Société indochinoise de commerce, d'agriculture et de finance (SICAF fondée en 1924 par la BIC) prit le contrôle de plusieurs sociétés qu'elle fusionna en la Société indochinoise des plantations d'hévéas (SIPH).

Après la « Grande guerre » 1914-1918, la demande mondiale de caoutchouc engendra une *rubber mania* chez les capitalistes français et une ruée des capitaux sur l'Indochine ainsi qu'une multiplication de projets ambitieux dont certains ne virent jamais leur réalisation ou se soldèrent par des échecs. Un des capitalistes français les plus impliqués dans les affaires indochinoises, Octave Homberg, était tellement enthousiaste qu'il écrivit au président américain Hoover pour inviter les businessmen américains à investir dans les plantations d'hévéas : Hoover ne répondit pas à sa lettre[42]. Ce qui n'empêcha pas 61 % des capitaux métropolitains d'être investis dans l'hévéaculture en 1927 et 69 % des investissements français en Indochine en 1943[43].

---

**42** O. Homberg, *Les coulisses de l'Histoire...*, 1938.
**43** (Yasuo Gonjo et M. Boucheret, *op. cit.*)

II. *Les exportations de caoutchouc de l'Indochine française*

| Années | Valeur (en francs) |
|---|---|
| 1930 | 62 700 000 |
| 1931 | 36 840 000 |
| 1932 | 27 500 000 |
| 1933 | 56 050 000 |
| 1934 | 94 000 000 |
| 1935 | 136 900 000 |
| 1936 | 244 900 000 |

Sources :

I. *Annuaire statistique de l'Indochine, 1934-1936*, p. 95.

II. Rapport sur la navigation et le mouvement commercial de l'Indochine, 1932. *Bulletin économique de l'Indochine, novembre-décembre 1936.*

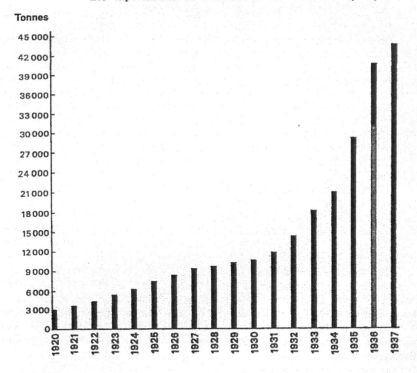

Sources :

Rapport sur la navigation et le mouvement commercial de l'Indochine (1932, p. 164-165).

A. BOURBON : *Le redressement économique de l'Indochine, 1934-1937*, Paris 1937, p. 272.

Graphique 10 (suite). L'hévéaculture : exportation.

La surface plantée en hévéas et la production de caoutchouc progressèrent rapidement :

|  | 1908 | 1920 | 1924 | 1940 |
|---|---|---|---|---|
| Superficie plantée, en hectares | 200 | 15 000 | 29 910 | 126 000 |

Ces chiffres concernent l'Indochine toute entière, la majeure partie de ces superficies s'étendait en Cochinchine. En 1927 où 127 146 hectares étaient plantés en hévéas la répartition était la suivante : 98 168 en Cochinchine, 27 266 au Cambodge, 1 678 en Annam, 33 au Laos et 1 ha seulement au Tonkin.

La part des terres rouges était de 55 %, celle des terres grises de 45 %. En 1940, 64 % des arbres portaient des greffons sélectionnés.

Les hévéaculteurs vietnamiens ne possédaient que 8 300 ha soit 6,6 % de la surface totale plantée[44]. Ces chiffres contrastent avec ceux de la Malaisie et des Indes néerlandaises où les exploitations indigènes ne cessèrent de s'étendre. Dans le premier de ces pays, les petits planteurs qui, en 1923, fournissaient 33 % de la production, atteignaient 51,7 % en 1934 après la levée des restrictions. En 1940, leur caoutchouc représentait 39,2 % du total[45]. Dans la deuxième colonie, en 1938, 60 % du caoutchouc provenaient des petits exploitants[46]. Personne ne s'est encore attaché à rechercher les causes de cette différence : régime agraire et/ou mentalité spéculative plus répandue chez les paysans malais, javanais et sumatranais ?

Les autres cultures de plantations pratiquées à une plus grande échelle qu'auparavant furent le thé, le café et le poivre. Les planteurs français connurent de nombreux déboires avant que ces cultures ne démarrent réellement, « 50 000 hectares de théiers et de caféiers furent abandonnés par les planteurs français entre 1926 et 1931, la superficie se stabilisa à 2 950 ha cultivés »[47].

Plante de jardin, le théier couvrait les sols en pente de la Moyenne région tonkinoise autour de Phutho ainsi que celles des plaines du centre Vietnam. En 1924, trois sociétés françaises obtinrent 1 300 ha sur les hauts plateaux du Kontum et du Darlac où s'installèrent des plantations dirigées par des Français secondés par des spécialistes javanais et employant une main-d'œuvre locale permanente de 200 à 400 travailleurs et une machinerie moderne. Vers 1932, la production commença à subir les effets de la surproduction mondiale (90 millions de kilos étaient stockés à Londres en 1935), en France même les thés de Ceylan (Sri Lanka) et des Indes faisaient concurrence aux thés d'Indochine. Dans la période 1935-1939, les superficies diminuèrent mais les exportations augmentèrent :

Superficie plantée en théiers au Tonkin (hectares) :

| 1935 | 1936 | 1937 | 1938 |
|---|---|---|---|
| 13 000 | 4 450 | 5 200 | 6 100 |

---

**44** E. Baillaud, *op. cit.*
**45** Lim Teck Ghee, *op. cit.*, p. 254.
**46** C. Dixon, *Southeast Asia in the World Economy...* 1994.
**47** Guinard, « La culture du thé en Indochine », *Archives de la recherche agronomique et pastorale au Vietnam* n° 20, 1953.

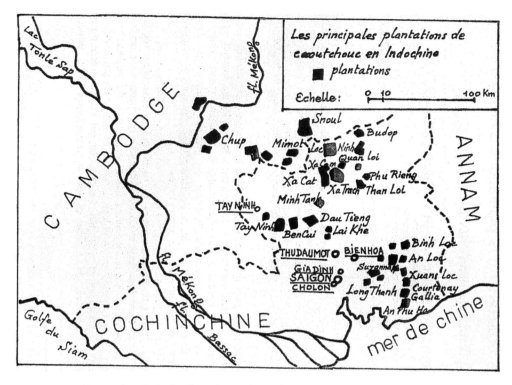

**Carte n° 9. Principales plantations de caoutchouc en Indochine**

D'après J.-J. Camus, *Les plantations de caoutchouc en Indochine. L'œuvre humaine et sociale*, Paris, 1949.

Lourdement endettées, les trois sociétés durent fusionner en 1933 et furent intégrées dans un holding financier dirigé par la Banque de l'Indochine (Procès-verbaux de la Société agricole du Kontum 1925-1935), réussissant à surmonter la récession. En 1945, dans la région centrale de Pleiku, Kontum, Darlac et du Haut Donnaï, les Français possédaient 3000 ha de plantations de thé, 1500 ha plantés en caféiers, 400 en abrasin et 100 en quinquina[48].

La présence de cette agro-industrie stimula la production artisanale indigène surtout entre 1936 et 1940 lorsque s'ouvrirent les marchés de la métropole et de l'empire pour compenser la récession ; Phutho et le centre Vietnam améliorèrent leur production de thé vert pour répondre à la demande des consommateurs de l'Afrique du Nord française[49]. En juin 1937, le gouverneur général Robin qui visitait des coopératives du centre, remarqua qu'un atelier coopératif du Quang Nam présentait du thé vert de façon attirante et avait trouvé place dans les débouchés nord-africains[50].

---

[48] Lhomme, « Technologie du thé », Institut agricole de l'Indochine, Hanoi, 1950.
[49] NF Indo 2280, CAOM.
[50] NF Indo 2280, CAOM.

De 1930 à 1945, les experts français constatent un essor en même temps qu'une amélioration du thé provenant des jardins indigènes, ils apprécient le thé « de très bonne qualité » sorti de la coopérative du Quang Nam qui, en 1940, regroupait 2 000 membres et fournissait des crédits pour améliorer la culture et qui contrôlait la qualité de la production[51].

L'évolution respective des importations et des exportations du thé est révélatrice des progrès accomplis :

**Tableau 10. Importations et exportations de thé, 1924-1940.**

(moyenne annuelle en tonnes)

| Années | Importations | Exportations |
|---|---|---|
| 1924-1930 | 2 131 | 946 |
| 1930-1938 | 887 | 1 122 |
| 1939 | 250 | 2 446/3 000 |
| 1940 | 200 | 2 556 |

Source : Guinard, p. 177.

La première plantation de café fut installée au Tonkin en 1888. En 1928, et pour la seule province du Thanh Hoa, le géographe Charles Robequain recensait 23 concessions françaises totalisant une superficie de 8 260 ha mais il notait aussi que 15 demandes de concessions foncières avaient été déposées pour l'obtention de 16 500 ha dont 8 000 pour le seul café. Si ces chiffres semblent trop élevés pour être vraisemblables, du moins suggèrent-ils des projets ou des spéculations ambitieuses dans la décennie 1920[52]. En 1930, la superficie totale plantée en Arabica s'étendait sur 10 000 ha (13 000 selon Robequain). Les planteurs de café produisaient 1 500 tonnes par an et en exportaient 1 000. En 1940, soit parce que les statistiques étaient plus exactes soit que les techniques étaient améliorées, 7 200 ha portaient une récolte de 2 900 tonnes dont 2 000 partaient outre-mer[53].

Le poivrier était cultivé dès le début du XIXe siècle par des planteurs chinois venus de l'île de Hainan et qui s'étaient établis à Ha Tien, sur l'île de Honchon et à Kampot (Cambodge). En 1892, 1 000 petits exploitants dont les rangs grossirent en 1925 pour atteindre 1 500 avec des Viet et des Khmers venus rejoindre les Chinois et emprunter leur méthode intensive de plantation. De rares concessionnaires français employaient des fermiers ou des journaliers hainanais[54].

---

**51** Agence FOM 918/21, CAOM.
**52** Ch. Robequain, 1929.
**53** J. Chatot, *La production du café en Indochine, situation actuelle*, Hanoi 1940.
**54** A. Chevalier « Le poivrier et sa culture en Indochine », *AEI* 1925 et A.Biard, « La culture du poivrier », *BEI* 1942.

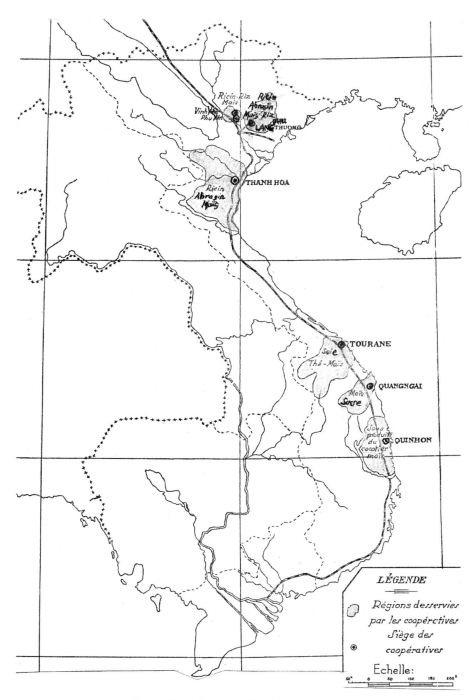

**Carte n° 10. Les coopératives agricoles**

Source : Rapport n° 34 (30-3-1937) de M. Bargues, inspecteur des colonies, au sujet de l'office de crédit agricole mutuel à Hanoï, fonds Affaires économiques/crédit, 126, CAOM.

Le tarif Méline donna un coup de fouet à la production en instituant des quotas à l'entrée des poivres en France mais en même temps en augmentant de moitié les droits de douanes levés sur la denrée. Les fluctuations du cours du poivre – chute des cours en 1916-1922 et remontée en 1925-1928 – se répercutaient sur les ventes[55]. La culture du poivre en Cochinchine ne se releva pas de l'exode des planteurs vers le Cambodge voisin où les Chinois étaient exempts de la capitation. Même la suppression des quotas et de la taxe douanière à l'entrée des poivres en France en 1928 ne renversa pas la situation. Néanmoins, dans les années 1930 les poivres, même ceux produits au Cambodge (90 %), étaient exportés vers la France par Saigon : entre 3 152 et 2 744 tonnes de 1933 à 1938 soit la moitié de la production annuelle.

Pendant la période coloniale, les plantations possédées par les Vietnamiens demeurèrent petites en superficie, leurs productions modestes en volume et en valeur, comparées à la branche agro-industrielle aux mains des Français. Néanmoins, à terme, les planteurs indigènes pénétrèrent dans le secteur que l'on croyait réservé aux seuls Européens. Une enquête sur la période 1937-1940 sur le plateau des Bolovens recensa 1 000 ha plantés en caféiers Arabica appartenant aux indigènes et très productifs « même s'ils n'utilisent pas les mêmes méthodes culturales que les Européens »[56].

## Industrialiser ou ne pas industrialiser ? les exploitations minières et les industries de transformation

### Le débat

Pour les Asiatiques subjugués par les impérialismes occidentaux au XIX$^e$ siècle, l'industrialisation (avec la vapeur, l'électricité et plus tard les hydrocarbures comme sources d'énergie, la mécanisation du travail) représentait à la fois l'instrument de la puissance étrangère, la garantie de l'indépendance et le signe de l'accession de leur pays au rang des nations modernes. Le Japon entra dans cette voie par la révolution Meiji (1868), la Chine et le Siam s'y engagèrent aussi mais avec moins de détermination et d'efficacité. Les monarques vietnamiens à partir de Minh Mang (1820-1840) firent preuve de curiosité envers les nouveautés scientifiques et techniques mais ils ne les adoptèrent pas de façon systématique.

Les Français, sans rétablir « l'Exclusif colonial », appliquèrent le protectionnisme de Méline (1892) qui visait à protéger les producteurs de céréales et les industriels français de la concurrence étrangère. À cette époque, les industriels français craignaient que l'industrialisation des colonies ne portât atteinte à leurs intérêts ; néanmoins, à partir des années 1920, certains industriels français se firent les avocats d'un industrialisation de la colonie. Trois facteurs peuvent expliquer ce changement d'attitude : les capitalistes français disposaient de fonds, entre la Grande guerre et la grande récession, les échanges mondiaux connurent une grande expansion et, ce qui était spécifique de l'Indochine, la puissance économique et militaire du Japon s'était

---

**55** Y. Henry, *op. cit.* 1931.
**56** J. Chatot, *op. cit.*

renforcée en Extrême-Orient après le premier conflit mondial. Elle apparut d'autant plus menaçante lorsque le Japon imposa ses Vingt et Une demandes à la Chine (en 1919), annexa la concession allemande de Jingdao, prélude à l'invasion de la Mandchourie.

En 1926, le gouverneur général A. Varenne citait A. Sarraut : « Nous ne pouvons pas éluder les grands problèmes soulevés par les progrès des peuples indigènes, nous devons compter avec la vitesse à laquelle le monde progressera dans sa coopération avec l'Europe qui, jusqu'à maintenant, a été le moteur de l'évolution ». Le financier O. Homberg associa l'économie et la politique à la manière de Sarraut et affirma : « nous devons nous débarrasser de l'idée périmée du refus d'industrialiser l'Indochine »[57]. A.-R. Fontaine, propriétaire des Distilleries de l'Indochine fut plus explicite : « il nous sera politiquement impossible de gouverner l'Indochine éternellement mais nous pourrons conserver nos positions économiques si nous avons une politique moins impérialiste. Nous devons nous rendre compte qu'il y a des idées profondes dans les esprits des Annamites. Nous devrions restaurer le royaume d'Annam dans sa grandeur d'autrefois et rajeunir sa bureaucratie »[58].

La vision industrialiste émergea vers 1925 et progressa lentement dans les années 1930 mais elle ne parvint pas à vaincre le conservatisme colonial. Ses arguments furent exposés dans plusieurs forums notamment dans un congrès de la très importante Union coloniale française présidée par P. Bernard en mars 1938. En réponse à l'invasion japonaise de la Chine en 1937, la conférence s'ouvrit par la réaffirmation que l'Indochine était une possession française et elle fut clôturée par la reconnaissance que l'industrialisation était un enjeu crucial mais l'opinion exprimée à cet égard resta modérée. Les intervenants s'en tinrent à dire que le problème démographique avec ses aspects économiques, sociaux et politiques étaient indissociables et qu'il appelait à développer des activités économiques industrialisantes[59]. Toutefois et afin d'éviter la création d'un prolétariat déraciné, il serait préférable d'établir un partenariat entre les firmes industrielles métropolitaines et les industries artisanales locales et de recruter une main-d'œuvre mi-urbaine et mi-rurale. Cette recommandation se référait à un système déjà mis en place sous la supervision de la Société cotonnière du Tonkin et il est significatif que le directeur de celle-ci, M. Dupré, participait au congrès. Lorsqu'en 1937, le gouverneur général Robin visite les coopératives de l'Annam, il prévoit l'expansion des industries artisanales locales en faveur desquelles il demande la suppression des taxes douanières métropolitaines afin d'ouvrir les débouchés à ses produits.

Les industriels cotonniers dont les liens avec J. Ferry et J. Méline avaient été très forts au temps de l'expansion coloniale, s'opposaient farouchement à l'industrialisation de l'Indochine. Dans la fin des années 1930 où grandirent les menaces de guerre ainsi que les troubles sociaux en France et en Indochine, les industrialistes se rallièrent aux protectionnistes en adoptant la « préférence impériale » : celle-ci ouvrait la

---

[57] *Les problèmes posés par le développement industriel de l'Indochine,* brochure de l'Union coloniale française, Paris 1938, p. 13-38.
[58] *Ibid.*
[59] J. Marseille, *op. cit.*, p. 211.

métropole à l'importation des produits coloniaux (le riz en l'occurrence) en même temps qu'elle réservait le marché indochinois aux textiles français[60].

### L'industrie minière

Avant même de s'engager dans la conquête du Tonkin, les Français avaient la conviction que le sous-sol de ce pays regorgeait de richesses minières. Dans les années 1880, lorsque J. Ferry était Premier ministre, le groupe de pression qui soutenait le négociant Dupuis adonné au commerce entre le Tonkin et la Chine du sud, distribuait aux politiciens français des cartes localisant de nombreux gîtes aurifères. Ces cartes ou plus exactement ces croquis avaient pour but d'attirer le gouvernement français à s'engager au Tonkin. Les consuls de France au Tonkin et en Annam installés après le Traité de 1874, faisaient état de nombreux gisements miniers au point de faire de ce pays un Eldorado. Leurs rapports participaient de la campagne de propagande poussant le gouvernement français à la conquête du pays.

La monographie du Thanh Hoa due au géographe Robequain parle d'anciens sites miniers exploités par les Chinois ; de 1908 à 1914, de nombreux prospecteurs français se ruèrent sur la province. En 1909 et 1910, 35 concessions minières furent officiellement enregistrées et plus de 30 dans les quatre premiers mois de 1911. Beaucoup de ces prospecteurs ne possédaient ni expérience ni capital, la plupart échouèrent dans leurs entreprises. Dans la même province, la mine d'argent de Dinhlu ferma en 1909, celle de fer en 1919. La mine de calamine qui employait 600 coolies et produisit 20 000 tonnes entre 1909 et 1925 fut fermée à cette date. Seul le gisement de phosphate encore en exploitation en 1926 lorsque le géographe faisait son enquête de terrain, produisait 25 800 tonnes.

Un deuxième rush minier eut lieu en 1925-1930 où l'apatite, le zinc, l'étain et le tungstène prirent la place de l'or. L'exploitation de ces quatre minerais débuta en 1920-1921 et atteignit respectivement 80 000, 1 600, 1 600 et 420 tonnes en 1939.

En 1948, une enquête aboutit au tableau suivant :

**Tableau 11. Principaux gisements miniers et leur production.**

| | | |
|---|---|---|
| Apatite | Tonkin | 100 millions t. fourniture de phosphates aux japonais pendant la 2ᵉ guerre mondiale |
| Or | Annam (Bongmieu) | *120/150 kilos d'or fin en 1939 |
| Fer | Tonkin (Taynguyen) | *150 000 t. |
| Zinc | Tonkin (Chodien) | * une fonderie à Quangyen produisant 6 000 t. |
| Manganèse | Nord Annam | |
| Molybdène | Sud Annam (Dran) | |
| Charbon | Tonkin (Hongay, Campha, Kebao, Maokhe) | * 2 615 000 t. en 1939 |

Source : Rapport général de la section « Mines » dans le supplément au *BEI*, novembre 1948.

[60] *BEI* 1938, n° 5.

Le fonctionnement de l'économie coloniale

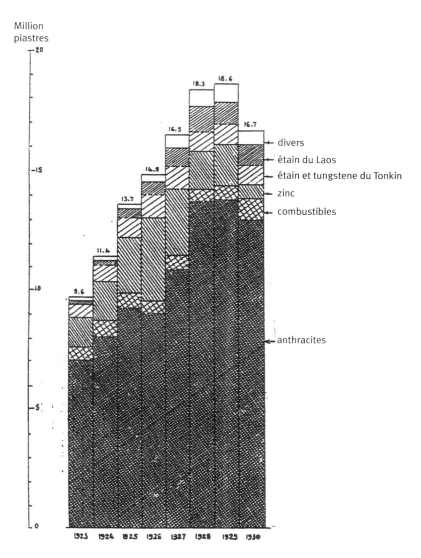

**Graphique 11. Valeur de la production minière en Indochine, 1923-1930.**
Source : *L'industrie minérale en Indochine*, Hanoï, 1931.

Lorsque les Français conquirent le Tonkin, le charbon était la principale source d'énergie ; ils exploitèrent l'anthracite local et espéraient découvrir du coke, du lignite et du charbon bitumineux. Les bassins charbonniers de Hongay, Dongtrieu étaient exploités par la Société française des charbonnages du Tonkin-SFCT (1888) et la Société des charbonnages de Dongtrieu (1916). La première de ces sociétés, la plus importante, était contrôlée par le Crédit industriel et commercial et la seconde par la Banque nationale de crédit, deux grands établissements bancaires métropolitains. La SFCT ouvrit ses chantiers à Hongay et Kebao sur 21 000 et 25 000 ha respectivement.

En 1934, elle absorba deux compagnies de moindre importance (la Société du domaine de l'île de Kebao et la Société des anthracites du Tonkin qui possédait 2 600 ha à Maokhe).

La SFCT devint une des plus importantes firmes françaises, qui augmenta progressivement son capital :

Tableau 12. Capital de la Société française des charbonnages du Tonkin, 1888-1950.

Montant du capital en million de francs.

|  | 1888 | 1920-22 | 1922-28 | 1928-36 | 1938 | 1938-39 | 1939-46 | 1946-50 |
|---|---|---|---|---|---|---|---|---|
| Capitaux | 4 | 8 | 16 | 38,9 | 48,4 | 85,7 | 100 | 200 |

(En 1952-1954 : le capital atteignait 1 575 millions). Cette augmentation de capital fut destinée entre autre à l'achat d'engins mécaniques américains les plus récents.
Source : *SFCT*, Rapport 1956 (BDIC Nanterre).

En 1939, la SFCT fournissait les deux tiers de la production indochinoise, elle employait 25 000 salariés viet et chinois encadrés par 255 Français et Vietnamiens.

Tableau 13. Croissance de l'extraction charbonnière au Tonkin, 1890-1915.

(en tonnes)

| | 1890 | 1895 | 1904 | 1905 | 1910 | 1915 |
|---|---|---|---|---|---|---|
| Production | 2000 | 68 000 | 194 000 | 243 000 | 348 000 | 540 000 |
| | 1920 | 1925 | 1930 | 1935 | 1939 | 1946 |
| Production | 555 000 | 910 000 | 1 250 000 | 1 060 000 | 1 087 000 | 237 000 |

Source : *ibid*.

Les deux principaux sites de Hongay et Campha agrandirent leurs ports, développèrent leur réseau ferroviaire, routier ainsi que la distribution de l'électricité jusqu'en 1940. L'exportation de charbon passa de 261 281 tonnes en 1899 à 1 718 000 t. en 1939, la consommation locale se limitant à 792 000 t., le Viet Nam était devenu le deuxième exportateur asiatique de charbon derrière la Mandchourie. Les débouchés principaux étaient le Japon et la Chine d'après le tableau suivant :

Tableau 14. Exportations du charbon tonkinois, 1926-1940.

(milliers de tonnes)

| Importateurs | 1926 | 1928 | 1936 | 1938 | 1939 | 1940 |
|---|---|---|---|---|---|---|
| Japon | 225 | | 576 | | | |
| Chine | 289 | | | | 560 | 616 |
| France | | | | | | 107 |

Source : *Ibid*.

### Les industries de transformation

Cette branche de l'industrie apparut dans les statistiques officielles en 1907 lorsque 87 sociétés furent recensées au Tonkin, totalisant un capital investi de 41,7 millions de francs-or. Bien que remarquable, cette croissance rencontra de fortes résistances de la part des industriels métropolitains qui redoutaient une baisse des importations de produits fabriqués en France. Néanmoins des industries légères d'équipement, de construction et d'entretien indispensables à la colonisation firent leur apparition très tôt. Par exemple, la cimenterie Portland entra en activité à Haiphong en 1899 et dès ses débuts, elle exporta de 20 à 80 % de sa production. Des petits chantiers de construction navale apparurent à Haiphong après que l'arsenal de la Marine nationale fût édifié à Saigon dès 1864. Dans les années 1930, après la mise en chantier de la voie ferrée du Transindochinois, les ateliers ferroviaires de Truong Thi (en Annam) employèrent de 200 à 2 000 ouvriers.

Les industries de consommation d'une envergure notable rassemblaient les brasseries et fabriques de glace, les raffineries de sucre et les huileries, les distilleries d'alcool et les manufactures de tabac.

L'alcool étant un monopole d'État, parce qu'une des principales sources de revenus fiscaux (avec le sel et l'opium), il passa successivement par trois régimes : l'affermage en 1903, la gestion directe par l'État et la liberté commerciale en 1934. Il fut distillé industriellement par la principale mais non l'unique entreprise française, la Société française des distilleries d'Indochine, qui domina le marché à partir de 1938. Elle bénéficia d'une préférence de l'État colonial car elle paya jusqu'à 10 500 000 francs d'impôts en 1937[61]. La SFDIC possédait les cinq plus grandes usines à côté desquelles on comptait une autre société de distillerie française et 52 asiatiques, en majorité chinoises.

Les Européens tentèrent de pénétrer très tôt dans l'usinage du riz, dès 1869, et ils furent les premiers à utiliser les machines à vapeur, mais en 1911, huit sur dix rizeries étaient encore chinoises. En 1936, celles-ci étaient au nombre de six contre deux françaises mais depuis 1922, de ces dernières sortaient 2 350 tonnes sur un total de 4 950 tonnes de riz traité[62].

Les **industries textiles** furent un des plus importants secteurs industriels indochinois. Très tôt de nombreuses tentatives eurent lieu en Cochinchine pour manufacturer le coton et la soie. Il y eut une expansion réelle de cette branche industrielle qui traversa de nombreuses vicissitudes avant de faire faillite à la veille de la grande dépression mondiale des années 1930. L'échec le plus retentissant fut celui de la cotonnière créée par un consortium monté par O. Homberg avec des industriels du textile métropolitain. Leur usine était équipée avec 200 machines à tisser et 10 000 broches et pourtant elle ne supporta pas la concurrence des filés de coton importés du Japon et de Pondichery (établissement français de l'Inde) ; en fait ce cas permit de dénoncer l'inefficacité du tarif Kircher (voir plus loin) mais il est très probable que la mauvaise gestion fut la cause de la faillite de 1929[63]. Si les industries textiles méridionales périclitèrent, celles du Tonkin prospérèrent et devinrent une branche solide.

Le pilier principal de cette industrie fut la Société cotonnière du Tonkin (SCT) fondée à Paris en 1898 par un groupe de financiers dont la personnalité centrale était

---

**61** *BEI* 1938, n° 5.
**62** « Étude sur l'industrie rizicole en Indochine », fonds Guernut 28, CAOM.
**63** Société cotonnière de Saïgon, Procès-verbaux des assemblées générales d'actionnaires 1926-1929.

Ulysse Pila, longtemps impliqué dans l'industrie de la soie à Lyon. Très tôt, Ulysse Pila s'était intéressé à l'Extrême-Orient où il s'était rendu, en Chine et en Indochine. Il fut un des principaux capitalistes qui finança la construction des docks du port naissant de Haiphong et celle du chemin de fer du Yunnan[64]. En 1900, la SCT installa sa première usine dans la ville de Namdinh, équipée de 25 000 broches, puis elle absorba les deux usines, celle de Bourgoin-Meiffre ouverte à Hanoi en 1891 et la Société cotonnière de l'Indochine fondée en 1899 à Haiphong. L'expansion de la SCT se poursuivit par la mise en service de sa propre centrale électrique et de deux usines à Namdinh en 1922 et 1937 tandis que celle de Phnom Penh, au Cambodge, était en activité à partir de 1927.

En 1941, rien qu'à Namdinh, la SCT employait 13 828 salariés permanents chinois et Viet. Ces fileurs, tisserands, teinturiers produisaient 13 500 tonnes de produits finis[65]. La matière première locale du Thanh Hoa et du Cambodge étant insuffisante, la Cotonnière de Namdinh importait 14 032 tonnes de coton de l'Inde britannique, d'Egypte et des Etats-Unis. Ces faits démontrent que le tarif Kircher qui avait fixé des quotas pour éviter l'invasion des filés de l'étranger et notamment du Japon, n'avait pas favorisé les importations de filés de la métropole comme on l'a souvent dit.

À la veille de la seconde guerre mondiale, la SCT devint une des plus puissantes entreprises françaises dans la péninsule Indochinoise. L'artisanat ou la manufacture viet et chinoise passait par son intermédiaire pour se procurer les filés de coton et en 1941, la Société avait une clientèle de 125 000 acheteurs [66]; elle avait le quasi-monopole d'achat du coton local et les artisans tisserands des villes et des campagnes devaient passer par elle pour acheter les trois quarts des filés de coton. La guerre et le blocus renforcèrent la position de la Société parce que le gouvernement général, gagné à l'économie dirigée par nécessité mais aussi conformément à l'idéologie du régime de Vichy, confia à la SCT le monopole des opérations d'achats et de ventes des textiles sur toute l'étendue de l'Indochine et non seulement au Tonkin.

La réussite de la SCT provenait des liens qu'une entreprise moderne avait tissés avec le monde de l'artisanat local, grâce aussi à une main-d'œuvre à bas coût de revient et avec un marché de consommateurs qui ne cessa de s'élargir. Ces trois facteurs n'existaient pas en Cochinchine alors que pendant des siècles, dans le nord du pays, un artisanat subvenait aux besoins domestiques tandis que certains villages s'étaient spécialisés pour l'exportation.

Dans *Les paysans du delta tonkinois*, le géographe P. Gourou avait souligné la nécessité vitale d'un artisanat rural distinct de la production domestique familiale ; c'est la combinaison de cet artisanat et de l'agriculture intensive qui permettait, d'après lui, au delta septentrional de supporter des densités démographiques très fortes. Une enquête de 1938 recensa 1 350 000 artisans répartis de façon à peu près égale entre la production alimentaire, des textiles, le travail du bois et la fabrication du papier. P. Gourou est précis quant au nombre de tisserands : 21 000 pour les cotonna-

---

**64** J.-F. Klein, *Un lyonnais en Extrême-orient. Ulysse Pila…* 1994 et surtout la thèse du même auteur : *Soyeux en Mer De Chine…, op. cit.*
**65** Agence FOM 208, CAOM.
**66** « L'industrie cotonnière en Indochine », *BEI* 1941/VI.

des dont 16 000 groupés en villages spécialisés et 7 500 pour les soies[67]. Le tissage était en majeure partie accompli par les femmes avec des métiers rudimentaires ; en 1940, seulement 4 % des métiers étaient modernes[68].

Des enquêtes postérieures, 1941 et 1942, estimaient la population des tisserands (tous textiles confondus) à 70 500 et 80 000[69]. L'énorme différence avec les chiffres de P. Gourou résultait soit de calculs erronés du Service des statistiques soit de l'arrêt des importations obligeant plus de monde à se mettre à la production mais cette dernière hypothèse suppose une importante disponibilité des matières premières.

Au début du XXe siècle, l'industrie reposait sur le coton planté dans le Thanh Hoa et sur la popularité grandissante du port des cotonnades, la soie étant encore le privilège de la classe riche. Rapidement les filés locaux devinrent insuffisants et les Chinois les importèrent du Japon, d'Europe et principalement de l'Inde. L'expansion se poursuivit pendant les années 1930 en dépit de la grande récession. Les provinces de Nam Dinh, Ha Dong et Thai Binh virent augmenter le nombre des tisserands. La majorité d'entre eux travaillaient à la campagne mais il y avait 134 ateliers urbains qui employaient 5 674 salariés. La production de filés passa de 4 366 tonnes en 1932 à 9 095 tonnes en 1940 ; les tissus connurent une aussi forte progression : de 991 tonnes en 1932 à 3 029 en 1940. Au total, les artisans urbains et ruraux produisaient les trois quarts des tissus indochinois et les usines modernes un quart seulement[70].

Pendant la guerre mondiale, la production déclina, un fait qui accompagne la multiplication du nombre des travailleurs constatée en 1941 et 1942. Cette dernière année vit la production de 1 071 tonnes de filés et 1 222 tonnes de tissus[71]. À la différence de ce qui se passa dans les Indes britanniques et contrairement aux craintes de P. Gourou et R. Dumont[72], la prééminence de la SCT ne provoqua pas la disparition de l'artisanat local et domestique qui eût causé des dégâts sociaux considérables dans un pays surpeuplé.

## Le commerce extérieur

Les auteurs de l'époque coloniale, P. Bernard, C. Robequain et P. Reny, ont analysé le commerce extérieur en termes de politique commerciale, de volume et de valeur exprimée en francs courants. Récemment, l'historienne I. Nordlund, en réexaminant la question, a converti les prix en franc-or de 1914 et confirmé les résultats de ces études classiques ; pour elle, la tendance générale de 1890 à 1914 était que les exportations l'emportaient sur les importations. Pendant cette période, le commerce de la colonie se diversifia graduellement bien que les exportations restèrent basées sur les denrées agricoles (riz mais aussi le maïs au cours du XXe siècle) et les matières

---

[67] BEI 1939/1.
[68] I. Nordlund, *Textile Production in Vietnam 1880-1940...* Thèse inédite, Copenhague, 1994.
[69] Vu Huy Phuc, *Tieu thu cong nghiep Viet Nam 1858-1945*, chap. IV, 1996.
[70] I. Nordlund, *op. cit.*, 1994 et aussi, "Interplay between Craft and Industry in a Vietnamese Province Nam Dinh 1900-1945", NIAS, Copenhague, 1990.
[71] *Ibid.*
[72] R. Dumont, *La culture du riz...*, 1935.

premières industrielles (charbon et autres minerais, caoutchouc). En 1939, le caoutchouc venait au second rang des exportations derrière le riz et le maïs[73].

Tableau 15. Importance relative des produits agricoles dans le commerce spécial de la colonie (%).

| Nature des produits | 1909-1914 | 1915-1919 | 1920-1929 | 1930-1934 | 1935-1938 |
|---|---|---|---|---|---|
| Riz | 58,7 | 63,3 | 66,4 | 53,6 | 43,6 |
| Maïs | 3,9 | 1,00 | 1,5 | 9,6 | 16,1 |
| Caoutchouc | 0,3 | 1,4 | 4,5 | 4,7 | 16,1 |
| Totaux | 62,9 | 70,7 | 68,4 | 67,9 | 75,8 |

Source : R. Cabanes, « L'effort agricole et la balance commerciale de l'Indochine au cours de la période 1909-1938 », BEI 1940/I, p. 10-11

Les importations, plus variées, comprenaient les textiles, les produits alimentaires, métallurgiques et chimiques, les machines industrielles et l'appareillage électrique. Elles crurent de 24 % en 1931 à 30 % en 1937. Certaines denrées de consommation courante étaient destinées aux consommateurs européens et à la couche supérieure de la société locale urbaine tandis que de Chine provenaient nourriture, boissons, objets utilitaires d'usage courant destinés à pourvoir aux besoins des classes populaires indigènes. Les exportations l'emportaient sur les importations :

Tableau 16. Exportations indochinoises en pourcentage des importations.

| 1914-1918 | 115 |
|---|---|
| 1915-1919 | 150 |
| 1920-1929 | 119 |
| 1930-1934 | 102 |
| 1935-1938 | 157 |

Source : *Ibid*.

La France et des pays asiatiques étaient les principaux partenaires commerciaux du Viet Nam. Les importations de la métropole étaient protégées par le tarif général français puis, à partir de 1897, par le tarif Méline qui avait mis fin au libéralisme économique du Second empire et marqué le retour de la France au protectionnisme en 1892. Saigon avait été déclaré port franc en 1864 par le contre-amiral Page jusqu'à l'application du Tarif général français en 1887, destiné à protéger les produits français importés en Cochinchine. À la suite de doléances de parlementaires français, la protection douanière était destinée essentiellement à favoriser les importations de France. Mais elle devait tenir compte de la matrice asiatique de l'économie indochinoise à laquelle les Français ne pouvaient arracher leur nouvelle possession sous peine d'appauvrir son économie. Le gouverneur général de Lanessan avait déjà observé les

---

[73] *BEI* 1940/I.

effets négatifs de l'application du tarif général : « en quelques jours, je pus constater par moi-même que le port de Haiphong avait été déserté »[74]. Le tarif Méline se révéla désastreux pour le commerce licite tandis qu'il stimulait la contrebande avec les provinces chinoises du Guanxi et du Yunnan. Dans les mois qui suivirent son application, le tarif Méline fut amendé pour ne plus s'appliquer qu'aux marchandises similaires à celles importées de la métropole. Néanmoins aux importations devaient correspondre des exportations et les marchandises devaient être transportées sous pavillon français, cette deuxième condition supposait d'ailleurs que la flotte française était suffisante pour répondre aux besoins du transport, ce qui n'était pas le cas.

Cependant, lorsque les productions de l'industrie japonaise envahirent les marchés asiatiques avec la pratique du dumping, les Français adoptèrent le tarif Kircher (du nom du directeur général des Douanes et Régies) en 1928 afin de restreindre les entrées de marchandises étrangères. Les ports francs de Hong Kong et Singapour furent peu affectés par le renforcement du protectionnisme indochinois et les partenaires mineurs comme les Philippines, les Indes néerlandaises et le Siam ne ripostèrent pas en créant des surtaxes sur les marchandises indochinoises, en revanche les deux principaux partenaires, la Chine et le Japon, réduisirent le niveau de leurs échanges avec l'Indochine française (voir les tableaux 9 et 10). Par la suite, le directeur de l'Agence économique de l'Indochine[75] demanda au gouvernement d'aménager le tarif afin de pouvoir reconquérir les débouchés chinois et japonais pour le riz et le charbon indochinois. Le tarif Kircher fut amendé et assorti, dans le cas de la Chine, d'avantages spécifiques pour la communauté chinoise de la colonie. En 1932, une convention commerciale franco-japonaise fut signée : les deux gouvernements abaissèrent les droits de douanes sur les marchandises échangées : c'est ainsi que les droits sur les cotonnades, les soieries et d'autres denrées très demandées par les consommateurs indochinois, furent diminués de 40 %. Certaines marchandises japonaises furent même exemptées. La Chine bénéficia de conventions analogues. Toutefois, si les échanges reprirent, ils n'atteignirent pas la même intensité ni la même valeur qu'auparavant et le tarif Kircher contribua à aggraver l'impact de la grande dépression mondiale (voir le chapitre 5) à moins que ce ne fut l'inverse[76].

### Tableau 17. Valeur des importations en Indochine, 1925-1938.

(million de piastres)

| Années | France et colonies | Chine | Hong Kong | Japon | Singapour | États-Unis |
|--------|-------------------|-------|-----------|-------|-----------|------------|
| 1925   | 80                | 12    | 24        | 4     | 6         | 5          |
| 1926   | 87                | 18    | 26        | 5     | 7         | 5          |
| 1927   | 104               | 18    | 38        | 5     | 10        | 6          |
| 1928   | 90                | 19    | 39        | 4     | 7         | 9          |
| 1929   | 113               | 13    | 36        | 4     | 8         | 12         |

---

**74** J.-M. de Lanessan, *op. cit.*, p. 585-591.
**75** Le Fol in *Revue du Pacifique* n° 3, 1935.
**76** P. Reny, *Le problème des relations commerciales entre l'Indochine et la France*, 1938.

| 1930 | 107 | 4  | 19 | 2 | 4  | 8  |
| 1931 | 69  | 3  | 15 | 2 | 3  | 5  |
| 1932 | 57  | 2  | 11 | 1 | 2  | 3  |
| 1933 | 52  | 4  | 9  | 2 | 4  | 3  |
| 1934 | 55  | 4  | 9  | 2 | 6  | 2  |
| 1935 | 53  | 7  | 7  | 3 | 6  | 2  |
| 1936 | 55  | 9  | 7  | 3 | 4  | 2  |
| 1937 | 89  | 11 | 14 | 5 | 6  | 5  |
| 1938 | 109 | 14 | 14 | 6 | 6  | 10 |
| 1939 | 141 | 12 | 17 | 4 | 10 | 10 |
| 1940 | 83  | 13 | 26 | 3 | 12 | 26 |

Source : *Résumé statistique relatif aux années 1913 à 1940*, Hanoï, 1940

**Tableau 18. Valeur des exportations d'Indochine, 1925-1940.**
(valeur en million de piastres).

| Années | France et colonies | Chine | Hong Kong | Japon | Singapour | États-Unis |
|---|---|---|---|---|---|---|
| 1925 | 51  | 20 | 56 | 30 | 15 | 3   |
| 1926 | 51  | 67 | 41 | 22 | 17 | 3   |
| 1927 | 49  | 36 | 73 | 23 | 25 | 3   |
| 1928 | 51  | 12 | 70 | 18 | 22 | 5   |
| 1929 | 53  | 16 | 73 | 13 | 24 | 3   |
| 1930 | 48  | 30 | 47 | 10 | 23 | 1   |
| 1931 | 37  | 9  | 30 | 5  | 11 | 1   |
| 1932 | 39  | 8  | 31 | 6  | 7  | 0,2 |
| 1933 | 51  | 4  | 24 | 5  | 8  | 0,8 |
| 1934 | 57  | 6  | 15 | 4  | 8  | 4   |
| 1935 | 49  | 20 | 23 | 5  | 10 | 6   |
| 1936 | 105 | 5  | 15 | 8  | 11 | 11  |
| 1937 | 135 | 14 | 29 | 11 | 20 | 18  |
| 1938 | 153 | 8  | 28 | 9  | 29 | 25  |
| 1939 | 120 | 17 | 31 | 15 | 36 | 42  |
| 1940 | 88  | 44 | 53 | 82 | 34 | 62  |

Source : *Ibid*.
Note : quatre facteurs influencent l'évolution des importations-exportations : le tarif Kircher, la grande dépression et les deux opérations monétaires : le rattachement de la piastre au gold exchange standard en 1931 et la dévaluation de la piastre en 1937 (succédant à son rattachement au franc français).

Finalement, les Français intéressés ou impliqués dans l'exploitation des colonies étaient d'accord sur un point : « la mise en valeur de la colonie » devait profiter aux Français d'abord, selon une parole du gouverneur P. Pasquier. La politique coloniale était dirigée de Paris par un ministère des Colonies souvent critiqué pour manque de cohérence et absence de continuité. Cette « autorité fragmentée »[77] devait tenir compte des puissants groupes de pression métropolitains. Par exemple, aucun gouvernement, pas même celui socialiste du Front populaire (1936-1937) ne fut capable de faire plier la Banque de l'Indochine : auparavant, en 1935, le radical-socialiste E. Daladier avait tenté en vain de réformer la BIC ; en 1946, P. Mendès France échoua lui aussi.

L'économie coloniale était pilotée de la métropole où étaient conçus les projets et programmes d'exploitation. Trente-sept sociétés fondées entre 1915 et 1925 avaient leurs sièges sociaux installés en métropole. En 1924, la valeur de leurs actions cotés à la Bourse de Paris, dépassait 1,3 milliards de francs. Les actions non cotées s'y ajoutaient pour une valeur de 207 527 500 francs : le total dépassait 1,6 milliard de francs. En tenant compte des variations de cotation en Bourse, un auteur estimait que la valeur réelle des investissements français en Indochine y compris les emprunts publics, excédait 3 milliards de francs, à la fin de 1924[78].

Selon la logique coloniale, les groupes d'intérêts français attendaient des profits de leurs investissements et les colons estimaient que leur labeur et leurs peines devaient être justement récompensés par des bénéfices. Bien qu'il ne soit pas possible d'évaluer le taux de profit de l'ensemble des investissements, nous disposons d'informations pour quelques-unes des sociétés capitalistes « indochinoises »[79].

**Tableau 19. Taux de profit de trois grandes sociétés françaises, 1906-1913.**

| Sociétés | 1906 | 1909 | 1913 |
|---|---|---|---|
| Charbonnages du Tonkin (SCT) | 60,2 | | 84,6 |
| BIC | | 37,2 | 56,5 |
| Distilleries IC | | 28,5 | 50,8 |

Source : J. Marseille, op. cit., p. 110-111.

Les pertes étaient rares pour les investisseurs de la métropole et l'historien J. Marseille estime que même lorsque les taux de profit tendaient à la baisse, les sociétés continuaient de verser à leurs actionnaires des dividendes raisonnables[80]. C'est ce qui ressort globalement du graphique dessiné par D. Hémery sur « les profits des grandes sociétés françaises en Indochine » (voir graphique 4, p. 45).

La métropole bénéficiait aussi des remboursements des emprunts contractés par la colonie ainsi que du rapatriement des salaires et des économies des fonctionnaires de l'administration coloniale et des salariés des firmes privées. La plupart d'entre eux n'investissaient pas leur épargne sur place et profitaient du taux de change de la piastre surévaluée par rapport au franc.

F.-H. Golay a tenté de mesurer le « colonial drain » entre 1934 et 1937 et, d'après lui, les rapatriements de fonds privés s'élevaient à 26 millions de dollars US chaque année, la circulation annuelle des intérêts et dividendes atteignait 35 millions de US$

---

**77** J. Marseille, op. cit., p. 303.
**78** Agence FOM 927, CAOM.
**79** J. Marseille, op. cit., p. 109-113.
**80** Ibid., p. 113.

et les retraites et pensions, 1 million US$. Ces chiffres sont faibles lorsqu'on les compare à ceux des deux premières catégories aux Indes néerlandaises qui atteignaient 71 millions US$ entre 1932 et 1938. Golay affirme qu'entre 1920 et 1930 et pour toutes les possessions coloniales de l'Asie du Sud-Est, les catégories en question représentaient 85 à 90 % du prélèvement colonial. Malheureusement, F.-H. Golay ne nous dit pas sur quelles données il fonde ses calculs ni avec quelle méthode il travaille[81].

L'esquisse du prélèvement effectué sur l'Indochine serait incomplète si l'on ne mentionne pas le transfert de fonds extraordinaires au profit du gouvernement métropolitain. Pendant la première guerre mondiale, par exemple, sur les 600 millions de francs levés dans l'empire français entre 1915 et 1920, au titre des emprunts de guerre, l'Indochine fournit 367 millions F. Les souscriptions aux bons de la défense nationale totalisèrent 13 816 117 F. En outre le Budget de l'Indochine avait pris à sa charge les dépenses des soldats et travailleurs indochinois en métropole : soldes, pensions, allocations familiales et coût de fonctionnement de l'Hôpital indochinois, soit au total, en 1917 et 1918 : 4 040 000 F.

Nous sommes moins informés sur les prélèvements en nature parce que le commerce ne fut pas réglementé jusqu'en 1916 lorsque le ministère de la Défense nationale contrôla les importations qui, cette année-là, totalisèrent 335 882 tonnes, en grande majorité du riz.

La contribution de l'Indochine à l'effort de guerre ne cessa pas avec la fin de la guerre car en 1926-1927, pour soutenir le franc affaibli, le gouvernement général de l'Indochine transféra 1 550 388 piastres de son Fonds de réserve, et il y ajouta tous les intérêts annuels du Fonds de réserve de la Cochinchine. Au total, la métropole reçut 11 004 824 francs[82].

## Y a-t-il eu une crise de l'économie dite traditionnelle ?

### Une économie locale vivace

À la veille de la conquête française, l'économie du Viet Nam n'était plus intégralement une économie de subsistance. Le surplus des récoltes de riz et les productions de l'artisanat étaient l'objet d'échanges : vente et souvent troc. Une économie d'échanges s'était développée dans quatre catégories d'institutions : foires, marchés de bourgs, villages spécialisés dans le commerce du delta tonkinois et marchés polyvalents (regroupant production, distribution et services) dans le sud du centre (Annam) et le sud proprement dit (Cochinchine). Un exemple significatif est la commune de Kiên My (province de Binh Dinh) – où naquirent les frères rebelles Tâyson – composée de sept villages qui portent encore les noms de buffles, haricots, vermicelles, cocons, canne à sucre et métallurgie, rappelant leurs activités originelles. Dans les provinces centrales du Quang Nam et du Quang Ngai[83], les paysans associaient aux

---

[81] F. Golay, "Southeast Asia: the Colonial Drain revisited", p. 368-387 in Cowan & Wolters (eds) *Southeast Asian History and Historiography*, Ithaca, 1976.
[82] « Contributions de l'Indochine à l'effort de guerre de la métropole 1920 » Agence FOM 271, CAOM (en 1927, 1 piastre = 12,80 francs ; en 1926 1 piastre = 17 francs).
[83] Phan Dai Doan, *Lang Viet Nam…*, (le village vietnamien. Questions économiques et sociales), t. II, 1992.

cultures vivrières le thé, la canne à sucre, la soie, le coprah. Dans la seule province tonkinoise de Ha Dong, qui regroupait 790 villages en 1937, 116 marchés dont 22 « grands marchés » se tenaient avec une périodicité de 6 à 12 par mois[84]. L'historien malaysien Lim Teck Ghee qualifie l'économie ainsi pratiquée « d'économie paysanne mixte de subsistance-commerce »[85].

Tout le territoire, ses ressources et ses productions étaient l'objet d'échanges intérieurs et extérieurs, à court terme et à long terme. L'économie dite traditionnelle comprenait trois sections : l'agriculture, essentiellement la riziculture inondée dans les plaines et l'exploitation des ressources forestières sur les reliefs élevés ainsi que la pêche maritime et fluviale[86].

Comme la population était nombreuse, comme l'équilibre population/ressources était fragile et souvent rompu, les Vietnamiens développèrent très tôt une agriculture intensive basée sur la riziculture à deux récoltes (5$^e$ et 10$^e$ mois) ou bien une seule récolte de riz associée à des cultures sèches. Les paysans produisaient également de nombreux objets d'artisanat nécessaires à leur vie quotidienne (poteries, nattes, outils agricoles, etc.). Ces activités engendraient un commerce intense avant l'arrivée des Français[87].

Cette économie indigène était orientée vers l'exportation et placée sous le signe de la recherche du profit. Ainsi, dans les années 1930 sur une production de 22 millions de quintaux de paddy tonkinois, 2 millions étaient exportés par le port de Haiphong même lorsqu'il y avait disette. Cela signifiait que la subsistance n'était plus le principal but des agriculteurs propriétaires.

Le géographe P. Gourou a décrit cette économie dans son ouvrage sur les paysans tonkinois. L'agriculture du delta du fleuve Rouge ressemblait à celle des plaines chinoises. Des petites parcelles étaient cultivées intensivement (200 jours de travail par hectare pour une récolte et 400 pour une double récolte) avec des outils très simples et des méthodes méticuleuses et des engrais naturels humains et végétaux comme l'azolle[88]. Les agronomes français qualifiaient cette agriculture de « savante » à défaut d'être scientifique.

Un administrateur français écrivit : « les Géorgiques vietnamiennes prennent forme tout autour de nous dans ces champs perpétuellement replantés, désherbés, ratissés, labourés, drainés, irrigués où le labeur agricole est sans aucun doute le plus prodigieux du monde »[89]. En année normale 1 600 000 hectares étaient plantés en riz. Dans les années 1930, 54 % de la surface cultivée (environ 800 000 hectares) portaient une double récolte, avec deux récoltes de riz sur les 9/10$^e$ de cette superficie une de riz et une de plantation sèche sur le 1/10$^e$ restant[90].

---

**84** Nguyen Duc Nghinh, "Cho nong thon" in *Nhan zan va nong thon Viet Nam thoi can dai (population et villages du Viet Nam à l'époque moderne*, p. 205. Vu Thi Minh Huong décrit la multiplication des foires provinciales et l'intensité des échanges au Tonkin dans l'entre-deux-guerres dans "Hội chợ các tỉnh Bắc Kỳ truoc nam 1945", NCLS 12 (343), 2004, p. 29-39. Voir aussi les ouvrages de F. Yvon-Tran cités dans la bibliographie.
**85** *Peasants and their Agricultural Economy...* 1977, p. 225-242.
**86** Li Tana, *Nguyen Cochinchina...*, 1998.
**87** Ch. Robequain, *op. cit.*, 1929.
**88** *Op. cit.*, 1940, p. 253.
**89** R. Bouvier, *Richesse et misère du delta tonkinois*, 1937, p. 7.
**90** P. Gourou, *op. cit.*, 1940, p. 253.

Dans le centre du pays, les sols et les climats (sécheresse mais aussi typhons fréquents) étaient beaucoup moins favorables à une production agricole soutenue. Néanmoins 246 000 hectares portaient une double récolte avec un rendement de 10 quintaux à l'hectare. Bien que les cultures complémentaires telles que le maïs, le thé et la canne à sucre n'étaient pas produites en grandes quantités, elles étaient cruciales pour les revenus monétaires qu'elles procuraient[91].

Le catalogue des produits présentés à la foire de Hanoi en 1925 dresse un inventaire des activités dites traditionnelles de l'Annam[92] : dans le Thanh Hoa – « la province royale » – « l'industrie de la soie est florissante, on apprécie à Thien Hoa des soies à ramage d'un heureux effet, à Xuan hoi des écharpes curieuses, des poteries primitives à Lochum des pierres taillées réputées, etc. ». À Chodoi, sur le Song Ca se tient « le plus important marché aux bois de la province (Nghe An) ». Dans la province du Ha Tinh « de splendides concessions (plantées en caféiers) sont mises en valeur par des Européens et des indigènes ». L'industrie de la soie est des plus florissantes au Cua Tung (Quang Tri) ; il en est de même dans les régions de Tourane et de Quy Nhon[93].

Dans la monographie de la province du Thanh Hoa (1929) le géographe Charles Robequain décrit trois secteurs de l'économie paysanne traditionnelle. Dans les plaines, la riziculture était l'activité majeure, l'artisanat lui était complémentaire. Ainsi la plupart des villages avaient des économies mixtes où la production agricole et non agricole n'était pas toujours séparée. Robequain estimait que 25 000 personnes pratiquaient l'artisanat presque à temps complet. Cependant, il supposait que l'on pouvait augmenter le chiffre jusqu'à 100 000 personnes sans que toutes fussent impliquées à temps complet : le partage des tâches et le travail à temps partiel existaient à l'intérieur des familles, les femmes filaient et tissaient pendant que les maris et les fils étaient maçons, charpentiers et tireurs de pousse.

La concurrence des marchandises importées de l'étranger provoqua-t-elle le déclin de l'artisanat du Thanh Hoa ? Mis à part la filature du coton, Robequain décrit des activités implantées depuis longtemps et prospères comme la fameuse poterie du Thanh Hoa, la vannerie à laquelle se consacraient de façon permanente 3 000 familles, le tissage de la soie (1 200 métiers), les tailleurs de pierre, les charpentiers, les tresseurs et les teinturiers de nattes.

Un commerce actif empruntait les fleuves Song Ma et Song Chu. Les produits forestiers comme le bambou, le charbon de bois, la laque, le benjoin, la cannelle, le *cu nau* (plante tinctoriale), les cornes de cerf, l'ivoire et l'herbe à éléphant étaient exportés au Tonkin et jusqu'à Hong Kong. En même temps le riz, la saumure de poisson, le poisson, les outils et les textiles remontaient la rivière en sens contraire. Il y avait de très nombreux marchés temporaires ou permanents. Quand les habitants des hautes terres, en majorité des Muong, parlaient vietnamien on disait qu'ils parlaient « la langue du marché »[94]. Des foules de gens se rencontraient pour acheter et vendre,

---

**91** *Ibid.*
**92** J.-L. Fontana, *L'Annam. Ses provinces. Ses ressources*, Hanoï, 1925, p. 10.
**93** *Ibid.*
**94** Ch. Robequain, *op. cit.*, p. 523.

« une multiplicité incroyable de petites transactions » s'étonnait Robequain. Celui-ci était conduit à se demander ce « que signifie cette spécialisation sophistiquée, cette division du travail dans une économie rudimentaire »[95]. Car pour un Européen la division du travail ne pouvait exister que dans une économie moderne.

Le système économique existant ne semblait pas subir un déclin sérieux du fait des nouveaux moyens de transport. À partir de 1905 le chemin de fer était utilisé pour livrer le bétail aux marchés urbains, et les autocars eurent la faveur de la population quand ils firent leur apparition en 1921. Cependant, le transport fluvial demeurait intense dans la période où Robequain fit son travail de terrain dans la province vers 1925 : 300 sampans de 4 à 5 tonnes étaient enregistrés au service des douanes.

Après la grande dépression de 1931 et le retour en Annam de l'empereur Bao Dai animé d'idées de réformes, les autorités administratives se soucièrent de renforcer et de moderniser les activités économiques de l'Annam considéré comme « attardé ». L'ordonnance royale du 11 mars 1935 créa le Département d'économie rurale en charge de mettre à jour l'économie mais également d'améliorer les sort des populations rurales. Une École pratique d'industrie (formations au travail du fer, du bois, de la maçonnerie), fut ouverte à Huê en 1936-1937 et des cours de formation professionnelle commencèrent en 1937. L'Annam ne se contenta plus de participer aux foires de Hanoi mais elle organisa elle-même ses foires. La première de celles-ci se tint dans la ville de Thanh Hoa en novembre 1935 avec 147 stands, 48 distinctions honorifiques y furent décernées. En mars 1936, la foire de Huê attribua 205 récompenses (médailles d'or, d'argent et de bronze), 90 000 piastres de chiffre d'affaires y furent réalisées. 96 600 fut le bilan de la foire de 1937 qui recensa 110 000 entrées, et distribua 191 médailles ; l'innovation de cette année-là fut le concours littéraire en *quoc ngu* portant sur les questions économiques d'actualité : 205 candidats y participèrent. Un concours de musique et chants annamites introduisit une touche culturelle dans cette manifestation spécifiquement économique. La même année, se tint la foire provinciale du Quang Ngai (71 000 entrées, 25 000 piastres de chiffres d'affaires, 47 diplômes et médailles). En 1938, Huê organise sa troisième foire qui accueille 103 000 participants et visiteurs. La même année s'ouvre la foire de Faïfoo (aujourd'hui Hôi An) qui fait 30 000 piastres de chiffres d'affaires. Une étude du commerce intérieur du Tonkin décrit la même densité des marchés villageois, la fréquence grandissante des foires-expositions, l'augmentation du nombre de patentes des commerçants citadins de Hanoi et l'intensité croissante de la la circulation des marchandises entre 1900 et 1940[96]. Ces manifestations ont-elles été renouvelées après 1938 ? Nous n'en avons pas trace mais elles ne furent pas des opérations-vitrines parce que, parallèlement, 112 marchés ruraux furent réorganisés et 4 offices de « colonisation annamite » (des provinces de Nghe An, Quang Binh, Quang Tri et Khanh Hoa) furent ouvertes, ils étaient destinés à allotir 1 *mâu* de terre cultivable et 5 *sào* de terre d'habitation à des familles de 4/5 personnes dans l'arrière-pays[97]. Nous ne possédons pas de bilan de cette initiative. Cependant, la documentation rassemblée par la commission d'en-

---
**95** *Ibid.*, p. 462.
**96** Vu Thi Minh Huong, *Le commerce intérieur du Tonkin au XIXᵉ et XXᵉ siècle*, mémoire de DEA, Université Paris 7, 1997.
**97** Rapports annuels de l'activité du Ministère de l'économie rurale de l'Annam, 1936-1938 (BNF Paris).

quête parlementaire en Indochine, dite Mission Guernut (du nom de son président), supplée très partiellement à cette absence. Selon l'enquête n° 3 (fonds Guernut//96, CAOM), les migrations des plaines côtières de l'Annam vers les hauts plateaux, dans les années 1936-1938, avaient abouti à l'installation de 22 000 Annamites à Ankhe et Kontum. Les Missions catholiques avaient initié ce mouvement migratoire entre 1850 et 1900. À partir des années 1935, lorsque les restrictions à l'implantation annamite sur les hauts plateaux furent levées (elles avaient été établies pour préserver l'espace social des ethnies dites moï et pour éviter les frictions inter-ethniques), les déplacements auraient concerné 1 000 personnes par an dans les années 1935.

Si les hautes terres furent longtemps le terrain d'activité des commerçants annamites, elles furent progressivement colonisées par des agriculteurs arboriculteurs. Ainsi, en 1938, sur le plateau de Pleiku, des paysans en provenance des provinces de Binh Dinh et du Phu Yen et en majorité catholiques, avaient fondé de « gros villages prospères » ; ils pratiquaient la riziculture inondée et plantaient des caféiers, des théiers et des arbres fruitiers. Plus au sud, dans la province du haut Dongnai, en 1938, il y avait cinq cantons et 26 villages (plus 11 hameaux de l'agglomération de Dalat) peuplés d'Annamites au milieu d'une population moï et à côté de concessions françaises.

Alors qu'en 1916, on dénombrait 887 Kinh à Dalat, ils étaient 6 591 en 1937. Ils travaillaient sur les plantations françaises, dans les travaux et services publics mais de nombreux maraîchers et horticulteurs ravitaillaient Saigon en légumes et fleurs. Cette production alla en croissant (en tonnes) :

| 1930 | 1934 | 1937 |
|---|---|---|
| 283 | 638 | 1 200<br>90 tonnes de fleurs |

La colonisation viet des hautes terres, domaine de la forêt et du paludisme, démentit le stéréotype du Viet refusant d'émigrer hors des plaines et de son village.

### La place et le rôle des Chinois dans l'économie indigène

On ne peut parler d'économie « traditionnelle » sans rencontrer les Chinois. De 1925 à 1939, 5 000 à 48 000 Chinois furent enregistrés au port de Saigon, en 1940, le Service d'immigration de la Cochinchine en enregistra 380 000 mais estima qu'il y avait 100 000 immigrants clandestins[98].

Tous ces chiffres ne sont pas fiables parce qu'ils confondaient souvent les arrivants de Chine, les Chinois nés en Indochine et même les Sino-vietnamiens. Cependant Robequain retint les chiffres suivants :

| 1912 | 1926 | 1931 | 1936 |
|---|---|---|---|
| 293 000 | 400 000 | 410 000 | 317 000* |

* 171 000 en Cochinchine, 35 000 au Tonkin et 11 000 en Annam.
Source : Ch. Robequain, op. cit., 1939, p. 42.

---

**98** Tsai Maw Kieuw, *Les Chinois au Sud Vietnam*, 1968, p. 40-41.

## Le fonctionnement de l'économie coloniale

Dans le Thanh Hoa, les Chinois étaient omniprésents dans le commerce et les Vietnamiens n'étaient le plus souvent que leurs courtiers et détaillants. Leur rôle remonte très loin dans le temps dans toute l'Asie du Sud-Est, pourtant certains auteurs mettent en doute leur présence avant la conquête française. Quoi qu'il en soit, les Chinois commanditaient (parfois en partenariat) l'exportation des produits de l'artisanat, de la forêt et de la pêche. Dans le Thanh Hoa, leurs jonques étaient plus sûres et plus efficaces que les radeaux indigènes qui ne pouvaient s'aventurer loin des côtes[99].

L'économie mixte indigène pourvoyait aux besoins de la population locale principalement du delta tonkinois et une part non négligeable de la production faisait l'objet d'échanges avec la Chine. En 1890, le gouverneur général de l'Indochine chargea un fonctionnaire d'installer un observatoire à la frontière du Tonkin et de la province chinoise du Guanxi : entre autres observations, ce fonctionnaire nota que la majeure partie de la badiane ou anis étoilé récoltée autour de Langson était l'objet d'une contrebande active et prenait le chemin de Longzhou, que la plupart des filés et tissus portant le label de Manchester, Bombay et Jamshedpour entraient au Tonkin par Hong Kong[100].

Les *Rapports économiques du Résident supérieur du Tonkin au Gouverneur général*[101] contiennent de très nombreuses informations sur les Chinois. « Dans le delta du Fleuve rouge, les négociants chinois qui se livrent au commerce du riz se répandent dans la province de Thai Binh et expédient le riz vers Haïphong par chaloupes à vapeur ou par jonques » (Rapport de novembre 1907) et « les marchés frontaliers du territoire de Cao Bang sont très fréquentés par les Chinois qui essaient d'acheter le riz de la nouvelle récolte » (*ibid.*).

En novembre 1907, la majeure partie de la badiane de Lang Son passa en contrebande en Chine à cause des prix d'achats plus élevés. En 1908, la même observation est faite : en effet les Chinois payaient 220 piastres le kg contre 180 sur les marchés locaux ; en 1911, les Chinois offraient 280 piastres le kg (rapports 1909-1912). Soit dit en passant on remarque que, à la fin des années 1970, lorsqu'éclate le conflit sino-vietnamien, les Vietnamiens accusaient les Chinois d'avoir détourné la badiane de leurs usines en offrant des prix plus élevés.

Dans le delta, dans la province de Phat Ziem trois manufactures chinoises et une vietnamienne employaient mille salariés pour tresser et teindre les nattes qu'ils exportaient vers Hong-Kong et Canton sous l'étiquette « made in China » (rapports 1909-1910). La production moyenne dans la période 1910-1916 atteignait 3 640 tonnes par an. Avant 1929, Hong Kong était préféré à Haiphong dans la mesure où les nattes n'étaient pas frappées d'une taxe à l'exportation (8 à 10 % *ad valorem*). Par conséquent sur les 2 747 tonnes produites cette année là, 1 453 tonnes furent exportées par Hong Kong[102].

---

**99** Ch. Robequain, *op. cit.*, 1929, p. 403-404.
**100** F. Malleret, *Le commerce du Tonkin avec la province chinoise du Guanxi*, Marseille, 1892, p. 37-39
**101** Fonds Resuper Tonkin 1B43, CAOM.
**102** « L'industrie nattière au Tonkin », Agence FOM 207/177, CAOM.

Afin de contourner le protectionnisme colonial, les Chinois allaient jusqu'à délocaliser certaines productions. Dès 1900, les potiers chinois transférèrent leurs ateliers de Moncai sur le territoire tonkinois. Là et en 1938 la main-d'œuvre chinoise était forte de 2 000 travailleurs répartis entre 9 manufactures. Et ils produisirent 20 000 tonnes en 1930 et 18 000 tonnes en 1938. Ils s'arrangèrent pour obtenir un monopole de vente par l'intermédiaire d'une seule société commerciale.

En Cochinchine, les Chinois se consacraient au négoce, à l'artisanat mais aussi à l'agriculture qu'ils pratiquèrent, dès le XVIIIe siècle, dans la région de Bienhoa, Mytho et dans le delta du Mékong. Un administrateur français qui fut un des premiers à voyager dans le delta observait que de nombreux Chinois de Fujian et de Hainan y étaient établis. Les gens de Fujian étaient riziculteurs ou maraîchers tandis que les Hainanais troquaient les cotonnades, le sucre et le bétel contre le riz. Les gens du Fujian ainsi que les Teochiu cultivaient les arbres fruitiers, les cocotiers et les aréquiers dans les zones de dunes et des rives fluviales[103].

### Les industries indigènes ont-elles décliné ?

L'expansion de l'économie coloniale d'exportation se poursuivit en même temps qu'une très forte croissance démographique. Les deux dynamiques n'étaient pas complémentaires, elles avaient des effets négatifs sur la société. À travers le Vietnam les industries et l'artisanat furent florissants sous la forme familiale et du petit capitalisme. Sous réserve d'études plus approfondies les industries indigènes n'ont pas périclité sous la domination française. À vrai dire elles se sont développées et quelques branches furent soutenues par les autorités françaises, particulièrement dans les années 1930[104]. Ces initiatives cherchaient à résoudre des problèmes sociaux croissants. Il s'agissait également de lutter contre l'hégémonie chinoise et d'inverser l'orientation intérieure du commerce lorsque la grande dépression conduisit les Français à réserver les débouchés métropolitains aux produits de leur colonie[105]. Les importateurs métropolitains saisirent l'opportunité d'acquérir des produits artisanaux indochinois plutôt que chinois. L'Agence économique de l'Indochine fit connaître les productions indochinoises par le biais de la publicité et de leur présentation dans les foires commerciales de Hanoi, de Saigon, Marseille, Paris et San Francisco[106].

Ces activités soit individuellement soit en conjonction avec de nouvelles productions et de nouveaux services liés aux structures capitalistes, amortirent les effets des changements. Cependant les conditions du sous-développement existaient et elles provoquèrent des disfonctionnements à court et long terme dans l'économie traditionnelle. Dans le nord du pays la paupérisation augmenta pendant la période coloniale. En 1928, 211 kilos de paddy étaient disponibles par tête et par an alors que les

---

**103** « Note sur la population de Rachgia et du huyên de Camau par M. Benoist » in *Excursions et Reconnaissances* n° 1, Saïgon 1879, p. 33-34, cet auteur avoue qu'il est difficile de distinguer les Chinois des Sino-viet ou des Sino-khmers.
**104** Vu Huy Phuc, *Tieu thu cong nghiep* …1996
**105** *Ibid.*
**106** Agence FOM 207/177, CAOM.

agronomes estimaient que 337 kilos par tête étaient nécessaires pour subsister[107]. Le delta du fleuve Rouge avait 7 millions d'habitants mais ne pouvait en nourrir que 5 700 000. La sous-nutrition était chronique après les récoltes. Voici une description du régime d'un paysan dans le delta tonkinois : « à l'aube, il mange un ou deux bols de riz (100 ou 200 gr.), des patates douces ou de la bouillie de maïs. Il n'a qu'un seul vrai repas à midi composé de riz mélangé au maïs, à la patate douce, des mini-crabes de rivière dans la saumure, du nuoc mam et quelques légumes. Le poisson est exceptionnel, la viande est très rare. Dans la soirée il mange un peu de riz, plus souvent du manioc et des légumes »[108].

En 1939, le Dr Heckenroth, inspecteur de la santé publique, mena une enquête dans cinq villages de la périphérie de Hanoi qui confirma les estimations de Botreau-Roussel quant au régime alimentaire des plus pauvres. Nombreux étaient ceux qui avaient le niveau alimentaire le plus bas, sans viande, ni poisson ni même de nuoc mam. Deux des cinq villages étaient à l'aise et leurs habitants avaient un bon régime alimentaire. Les fonctionnaires civils, les boutiquiers et les travailleurs industriels échappaient au dénuement. Par ailleurs, les villageois pauvres avaient seulement un repas par jour et leurs enfants souffraient de malnutrition. Le docteur prévoyait un exode vers Hanoi et s'inquiétait de l'avenir dans le contexte de la guerre[109].

En dépit des importations de riz de Cochinchine et de l'augmentation de la production et de la consommation de maïs, la précarité de ravitaillement alimentaire était une menace permanente parce que la logique mercantile avait fait du Tonkin l'exportateur d'autant de riz qu'il en importait soit 30 000 tonnes par an. Par conséquent à la veille de la deuxième guerre mondiale, 80 % de la population du Tonkin ne consommaient qu'un seul repas par jour. La vie quotidienne était très dure pour la plupart des paysans qui étaient malnutris et dépendaient des riches paysans et des propriétaires fonciers. En outre les ruraux devaient aussi supporter la tyrannie des notables villageois conservateurs et archaïques[110]. Cependant il ne faut pas perdre de vue le mélange d'oppression et de protection exercé par les puissants du village.

Le comportement mercantile renforçait les tentations d'accaparer la terre et d'exercer le pouvoir, mais cette évolution était antérieure à l'arrivée des Français. Bien qu'il ne soit pas du tout facile de mesurer l'importance des classes supérieures rurales, nous pouvons supposer qu'avec l'émiettement de la propriété foncière et le manque de capital, l'usure a créé une structure pyramidale de la société. La pénurie permanente des revenus engendrait la concurrence pour leur acquisition, par conséquent elle déterminait chez les dominants un comportement dur envers ceux qui dépendaient d'eux : fermiers, chômeurs, débiteurs, les trois catégories ne faisant souvent qu'une.

---

**107** M. Devisme et Y. Henry, *Documents de démographie et de riziculture*, Hanoi, 1928.
**108** Botreau-Roussel, « Note sur l'alimentation du paysan du delta tonkinois et les améliorations qu'il est possible de lui apporter », *BIIEH* V.1/1942, p. 59-66.
**109** Cité par Trinh Van Thao, *L'école français en Indochine*, 1995, p. 114-115.
**110** Nguyen Van Huyen, « Recherches sur la commune annamite », conférence à l'IIEH, Hanoi, 1939.

### Les pêcheries

La pêche était une activité capitale pour la subsistance de la population indigène, la mer et les fleuves compensaient l'absence ou l'insuffisance de protéines animales dans le régime alimentaire. Des produits essentiels étaient dérivés de la pêche : le *nuoc mam* ou saumure de poisson, le *mam* ou pâte de poisson au Viet Nam et le *prahoc*, pâte de poisson au Cambodge. En 1881, 421 pêcheries maritimes, 2 290 entreprises de pêche fluviale étaient enregistrées en Cochinchine[111]. À la même époque, plusieurs observateurs rapportent l'intensité et la relative sophistication de la pêche fluviale dans la basse péninsule, du traitement des prises (saurrissage et saumure) ainsi que des échanges auxquels elle donne lieu. Par exemple, de grosses jonques-viviers transportaient le poisson fraîchement pêché à Saigon et Cholon et le poisson séché était expédié vers Singapour[112].

Bien que la pêche fut d'une importance primordiale (1922 : le service océanographique des pêches est créé ; en 1929, l'Institut océanographique d'Indochine est fondé à Nhatrang), les techniques ne changèrent pas, elle était pratiquée avec des outils rudimentaires comme celles décrites par Robequain dans le Thanh Hoa (voir plus haut) et dans une enquête intéressante due à l'initiative du gouverneur de la Cochinchine en 1920 (Circulaire n° 81, 24 juin 1920)[113]. Le gouverneur voulait améliorer l'efficacité et le sort des pêcheurs du delta du Mékong. L'enquête révéla qu'au long des 250 km de côte de la mer de Chine méridionale et des 150 km sur le golfe du Siam, les engins de pêche étaient primitifs : les jonques de pêche de 6 tonnes non pontées ne pouvaient s'éloigner à plus de 4 kilomètres des rivages, leur voilure faite de nattes tressées se déchirait fréquemment. Un autre rapport confirmait l'importance économique des pêcheries pour la subsistance et le commerce de la population. Dans la seule province de Bac Lieu, une moyenne de 200 tonnes de poissons et de 115 tonnes de crevettes était séchée et respectivement 150 tonnes et 90 tonnes étaient acheminées vers Saigon-Cholon et Singapour. Dans cette province 333 pêcheurs viet et chinois (Trieu chau ou Teochiu) étaient des professionnels, leur flotte comprenaient 224 bateaux de mer et 700 de rivière. Lorsque les moissons agricoles étaient achevées, la plupart des agriculteurs partaient pêcher. Dans le seul district de Camau, 50 propriétaires de jonques employaient 150 pêcheurs, tous dépendaient de commanditaires chinois qui fournissaient les fonds et par conséquent la marge de leurs profits était étroite.

Un décret du gouverneur général de l'Indochine du 28 juin 1922 institua une prime pour quiconque participerait à la pêche avec un chalutier à moteur de 200 tonnes mais personne ne répondit à l'offre : aucun capitaliste français ou chinois n'était prêt à investir dans la modernisation des pêcheries. Il est significatif que le gouvernement colonial ne créa un Bureau des pêches du Viet Nam qu'en 1950 (en pleine guerre d'Indochine) alors que l'Institut océanographique de l'Indochine situé à Nhatrang, avait débuté ses activités de recherche en 1922.

---

111 A. Bouinais et A. Paulus, *La Cochinchine française en 1881*, Saïgon 1882, p. 406.
112 N. Cook, "Waterworld: Chinese and Vietnamese on the riverine Water Frontier from Camau to Tonlé sap (1850-1884) » in *Water Frontier, op. cit.* p. 139-159.
113 « Dossier sur la pêche en Cochinchine. 1920-1923 », ANVN Luu tru 2.

Cependant les caractères traditionnels, retardataires aux yeux des Français, de la pêche en Indochine n'empêchèrent pas celle-ci de livrer une importante production au commerce. Sur la côte du centre Viet Nam, à Nhatrang, où les Chinois en étaient commanditaires, la majeure partie des prises de pêche était séchée ou conservée en saumure puis expédiée vers les marchés proches mais aussi vers Saigon-Cholon et plus loin vers Hong Kong et Phnom Penh. Par conséquent, il y avait une permanence des pêcheries chinoises sur tout le littoral du Vietnam puisque, dans les années 1910, 600 à 700 jonques payaient un droit de pêche aux postes des douanes indochinoises de l'île de Cat Ba. Les pêcheurs utilisaient la seine et le chalut, leurs prises atteignaient de 20 000 à 25 000 tonnes par an et étaient expédiées jusqu'aux Indes néerlandaises[114].

Charles Robequain avait observé que les techniques de pêche rudimentaires des Vietnamiens du Thanh Hoa laissaient le champ libre aux jonques chinoises venues de l'île de Hainan. Dans la province de Quang Yen qui jouxtait la province chinoise du Guanxi, un rapport administratif de 1932 brossait un tableau similaire d'une pêche en deux volets : « plusieurs centaines d'habitants pêchent du côté de Hongay et vendent leurs prises à Haiphong, les indigènes se livrent à la petite pêche côtière et fluviale pour alimenter les marchés intérieurs [ tandis que] la grande pêche du golfe du Tonkin est entre les mains des Chinois de Pakhoï. À Cathay, plusieurs centaines de jonques chinoises viennent dans nos eaux, la plupart y font fortune en approvisionnant les saumuriers et en fabriquant des engrais avec les déchets »[115].

**Les forêts**

L'exploitation des forêts devait avoir des conséquences à long terme.

Les premiers Européens qui arrivèrent en Indochine furent impressionnés par les grande forêts comme la mangrove du delta du Mékong et les forêts tropicales des hautes terres du centre et du nord du pays sans compter celles du Cambodge et du Laos.

Les populations locales exploitaient « l'or vert » depuis des siècles pour leur habitat et leur subsistance mais aussi pour alimenter leurs échanges avec les commerçants chinois et vietnamiens. Les forêts pourvoyaient un éventail très ouvert de produits tels que le gibier, les plumes d'oiseaux, l'ivoire, le bois d'aigle, les plantes médicinales, la laque, la cire et le charbon de bois. La plante majeure de cette civilisation du végétal étant le bambou aux usages multiples. En outre les rois vietnamiens encourageaient leurs sujets à déforester afin de coloniser les terres, si bien qu'en certains endroits comme l'embouchure de la rivière de Saigon, lorsque les Français s'y établirent, la mangrove était sur le point de disparaître.

Dans le Thanh Hoa, Robequain nota qu'en bordure de la plaine « toutes les collines étaient dénudées depuis longtemps »[116] ; dans la province de Hoa Binh « les forêts

---

**114** L. Guilbert, « La pêche dans le golfe du Tonkin », BEI n° 118, 1916, p. 133-143 et « Études sur les techniques de pêche au Vietnam », enquête publiée dans Document XIII/II, 1956, Institut océanographique de Nhatrang.
**115** Resuper FN 01376, CAOM. Ce rapport répète ce que le gouverneur général écrivait au ministre des Colonies en 1921, fonds affaires économiques 123, CAOM.
**116** Ch. Robequain, op. cit. 1929, p. 523.

étaient exploitées de façon intensive, si nous n'y prenons garde, elle disparaîtront complètement »[117].

Quand les Français décrétèrent que les forêts faisaient partie du Domaine public, ils fondèrent un service gouvernemental et promulguèrent des lois et des règlements forestiers : Service forestier de l'Indochine (1901), Inspection générale de l'agriculture et des forêts (1925), Code forestier (1931). Les autorités avaient deux buts contradictoires : d'une part elles désiraient protéger les forêts afin de maintenir l'équilibre entre population et ressources mais d'autre part les besoins du Budget colonial requéraient l'exploitation de ces forêts. Des zones forestières furent ainsi protégées et certaines reboisées tandis que par ailleurs et pour ne prendre qu'un seul exemple, entre 1908 et 1940, 13 millions d'hectares furent concédés aux planteurs d'hévéas, sans oublier des milliers d'hectares concédés aux exploitations minières et aux manufactures d'allumettes.

F. Thomas a clairement analysé la législation forestière avec ses ressorts et ses finalités contradictoires qui débouchèrent pratiquement sur le laisser-faire. La politique forestière coloniale et son application laissaient percer ses préoccupations écologiques mais elle indiquait déjà l'opposition entre la logique du développement et la préoccupation d'un développement durable qui s'impose dans le XXIe siècle débutant[118].

Cependant les plantations ne détruisirent pas le couvert végétal mais remplacèrent l'originel par un autre, la dévastation des forêts indochinoises fut le résultat de l'exploitation du bois en grumes et de la fabrication du charbon indispensable à la vie quotidienne des populations de l'Indochine mais aussi de toute l'Asie du Sud-Est. Nous retrouvons les Chinois dans ces deux types d'activités sylvestres.

Les Français n'eurent-ils aucun souci de préservation des milieux naturels ou des écosystèmes ? En 1937, le 7e congrès d'agriculture tropicale et subtropicale se tint à Paris, il fut suivi d'une conférence internationale pour la protection de la nature en Asie et en Afrique qui tint ses assises à Londres en mai 1939. Certains participants aux deux congrès tirèrent le signal d'alarme sur les dangers de la déforestation. Le gouvernement français et les experts étaient conscients de l'urgence des problèmes qui se posaient outre-mer mais aucune mesure ne fut prise lorsqu'éclata le second conflit mondial.

Pourquoi la réponse tarda-t-elle ? La France s'approvisionnait principalement en Afrique équatoriale où le Congo et le Gabon étaient ses fournisseurs en bois tropicaux. En outre les forêts d'Indochine couvraient encore de vastes surfaces – pour le seul Viet Nam, en 1939, la forêt recouvrait 40 à 50 % de la superficie du territoire – et elles paraissaient inépuisables.

La politique forestière des Français en Indochine est une illustration pour ainsi dire parfaite du conflit entre deux modes d'exploitation des ressources naturelles. D'un côté, la majeure partie du domaine forestier était le théâtre de la culture sur

---

**117** Rapport économique du Resuper au Gougal, *op. cit.*, 1908 et M. Buchy, « L'histoire forestière de l'Indochine. 1850-1954. Perspectives de recherche », *RFHOM* n° 299, 1993.
**118** F. Thomas, *Histoire du régime et des services forestiers français en Indochine de 1862 à 1945*, Hanoï, 1999 et M. Cleary, "Managing the Forest in Colonial Indochina c.1900-1940", *MAS* n° 39/2, 2005, p. 257-283.

brûlis itinérante pratiquée par des ethnies non viet. De l'autre, les forestiers français adeptes de l'École de Nancy, tentèrent de mettre fin ou du moins de limiter de façon stricte ce qu'ils considéraient comme un mode de vie « primitif », gaspilleur de ressources naturelles, mettant en danger les sols mais également incompatible avec une croissance démographique très forte[119].

### Conclusion

La situation de l'économie « traditionnelle » nécessitait des réformes drastiques. Les mesures seulement économiques et techniques ne pouvaient remédier à son blocage ou à son retard. Mais peut-on parler de crise de l'économie « traditionnelle » ? Si nous signifions par là le démantèlement et le déclin, la réponse est négative parce que les Français ne subordonnèrent pas les cultures vivrières à celles des plantations agro-industrielles comme les Hollandais le firent à Java au XIX$^e$ siècle avec le système dit Van den Bosch. Ils n'inondèrent pas le marché de produits industriels de la métropole ou d'autres pays étrangers qui ruinèrent les artisanats locaux et réduisirent la population à la famine.

L'économie indigène était déjà en symbiose avec celle de ses voisins asiatiques par l'intermédiaire des Chinois et même sous leur contrôle. Aussi s'adapta-t-elle sans douleur au nouveau régime économique dans le cadre d'un condominium franco-chinois où, certes, les Français étaient hégémoniques, mais non les maîtres absolus.

---

[119] Même si certains d'entre eux reconnaissaient la rationalité de l'agriculture itinérante sur brûlis et la difficulté d'y mettre fin sans mettre en danger un mode de vie très ancien ; cela expliquerait l'opposition de P. Gourou et R. Dumont au ray (ecobuage ou essartage, par extension champ essarté) car les deux hommes ont travaillé dans le delta surpeuplé. Voir F. Thomas « Protection des forêts et environnementalisme colonial. Le cas de l'Indochine française. 1860-1945 », *RHMC* n° 1, 2009.

Chapitre quatre
# Les changements de la société

L'action transformatrice du régime colonial fit évoluer la société d'une manière qui parut soudaine à certains mais lente et graduelle à d'autres. En fait, le rythme et la magnitude des changements différaient selon les trois pays vietnamiens et les cinq pays de l'Union indochinoise. Il n'est pas nécessaire d'être un partisan du déterminisme pour reconnaître que les changements de l'économie entraînent une recomposition de la société en distribuant de nouveaux rôles et en modifiant la hiérarchie en fonction de critères comme l'argent et/ou la spécialisation professionnelle. Notre attention portera essentiellement sur les agents économiques.

## « Être ou ne pas être », les entrepreneurs asiatiques sous la domination coloniale française

Le précédent chapitre a révélé que non seulement les Français gouvernaient l'Indochine mais aussi que les capitalistes français, fermement soutenus par l'État français, détenaient des positions de force dans les secteurs clés de l'économie. Ils étaient même présents en tant que producteurs et négociants dans l'économie rizicole que l'on pouvait croire l'apanage des Asiatiques. En outre et contrairement à la Malaisie britannique et aux Indes néerlandaises qui étaient ouvertes aux investissements américains, belges et français, l'Indochine française était une chasse gardée. Les Indochinois et autres Asiatiques ne trouvaient leur place que dans quelques branches économiques où la suprématie française ne s'exerçait pas. En réalité, si les Chinois parvenaient à maintenir voire à étendre leurs rôles traditionnels, à travers une concurrence parfois dure avec les Français, les Vietnamiens souffraient beaucoup de cette double concurrence.

### Les Chinois

Nous avons déjà rencontré les Chinois sur la *frontier* méridionale mais dans le cours du XIX$^e$ siècle, la dynastie des Nguyên leur avaient octroyé les concessions minières et le droit d'exploiter celles-ci. De même, les Chinois avaient la haute main sur le commerce extérieur ; le mandarin Bao Qing, inspecteur de la province chinoise du Guanxi, note dans son journal « Aujourd'hui, le grand commerce de l'Annam est entièrement entre les mains des marchands chinois des ports du Fujian et du Guandong »[1]. Cette dépendance plaçait la monarchie vietnamienne en état de vulnérabilité au moment même où elle affrontait l'intervention française. En 1865, la cour impériale de Huê concédait la production et le commerce de l'opium aux Chinois en échange de grosses sommes d'argent. Le roi du Siam voisin, lui aussi, affermait les jeux, les alcools, l'opium et la loterie aux Chinois qui, de la sorte, fournissaient 43 à 50 % des revenus royaux entre 1894 et 1902[2].

Certes, les concessions d'exploitation minière procuraient des royalties au monarque vietnamien mais en même temps leur production était drainée vers la Chine. Après 1873, même la frappe des monnaies fut transférée à Macao où 320 ouvriers de six ateliers frappaient quotidiennement 700 000 pièces à destination du Dai Nam[3]. Cette situation favorisait la frappe de fausse monnaie et son écoulement ainsi que l'accaparement de l'argent et de l'or par les marchands et les spéculateurs chinois. Le gouvernement de Huê était impuissant à mettre fin à ces pratiques.

Dans le sud de la péninsule, les Français acceptèrent l'immigration chinoise après qu'ils eurent occupé ce qui allait devenir la Cochinchine française. En 1864, le contre-amiral de La Grandière se félicitait de la présence des Chinois « ce peuple ingénieux et entreprenant » : si le Chinois ne s'enracine pas dans le pays « j'espère – écrivait l'amiral – remédier à cet état de chose et fixer les familles chinoises dans le pays en constituant pour ces Asiatiques, la propriété sur des bases solides… Si l'expérience réussit nous devrons nous attendre à voir la prospérité de la colonie prendre un essor surprenant »[4]. Cette présence des Chinois n'était pas limitée à la ville de Cholon ; en 1879, l'administrateur Benoist notait leur présence assez considérable dans l'arrondissement de Rach Gia-Ca Mau où les originaires de Fujian sont cultivateurs et jardiniers, ceux de Haïnan sont petits commerçants itinérants sur pirogues (ils échangent des étoffes, du sucre, du bétel contre du riz). Les Chinois des *giongs* (dunes) plantent des arbres fruitiers, des cocotiers et des aréquiers. « Les sino-annamites et sino-khmer – sont très nombreux »[5].

Un quart de siècle plus tard, le gouverneur de la Cochinchine, considérant que les Chinois étaient un facteur de stabilité politique, écrivait dans son rapport annuel « Cholon [la ville chinoise, jumelle de Saigon] est un gage trop riche pour ne pas nous

---

**1** L'empereur chinois Tao Kouang envoya Bao Qing au Vietnam en 1840-1841. Le journal de l'envoyé *Yuenan Jilue* ou *Yuenan guo fengzi jilue* fut traduit et publié en Français dans la revue *Toung Pao* série 2, vol. IV, 1903. Voir aussi « trois regards chinois sur le Vietnam des années 1880-1890 » de Claudine Lombard-Salmon in *Récits de voyage des Asiatiques. Genres, mentalités, conceptions de l'espace*, EFEO Paris, 1996.
**2** Hong Lysa, *op. cit.*, p. 128.
**3** Nguyen The Anh, *op. cit.*, 1992 ; voir aussi la mise au point la plus récente par T.J. Engelbert, "The Chinese in Vietnam(Hoa). Data Sources and Historical Overview" in *Quantitative Economic History of…* p. 365-408.
**4** Rapport du 1er.1.1864 sur « Le commerce de la Basse Cochinchine », Indo ancien fonds, CAOM. Pour la période antérieure, voir Nguyen The Anh, « L'immigration chinoise et la colonisation du delta du Mékong » in *Vietnam Review* n° 1/1996, p. 154-177.
**5** *Excursions et Reconnaissances* n° 1, décembre 1879, p. 33-34.

# Les changements de la société

garantir sinon son aide dans une situation compliquée du moins son abstention plus ou moins sincère… Il est un fait indéniable c'est que le Chinois commerçant à l'étranger ne se préoccupe que des bénéfices qu'il réalise et ne s'intéresse nullement à la politique du pays où il trouve son champ d'action »[6].

En cela, les Français suivaient l'exemple des Britanniques en Malaisie. Dès 1865, le Bureau de l'immigration accueillit favorablement les arrivants chinois mais le fait ne fut pas limité à la Cochinchine. Par exemple dans la province septentrionale du Thanh Hoa, il n'y avait que 25 Cantonais, 18 Trieu Chau et 17 Fujienais en 1887, une décennie plus tard, il y avait 290 Chinois, les originaires du Fujian étaient épiciers et les autres commerçaient le coton et l'opium. En 1926, Charles Robequain dénombrait 400 Chinois dont 106 détenaient des licences de commerçants ; la plupart des Cantonais et des Trieu Chau étaient des intermédiaires travaillant pour les négociants de Hong Kong ; ils collectaient, pour le compte de ceux-ci, les colorants, les cornes de cerfs et la cannelle des montagnes et la soie, le coton, le riz et le maïs de la plaine[7]. Les Chinois bénéficièrent de la liberté de se livrer au négoce après que la Chine et la France eurent signé la convention commerciale de Tientsin le 24 avril 1886. Les Chinois pouvaient acquérir des propriétés et participer aux adjudications de travaux publics, ainsi construisirent-ils la poste centrale de Cholon. L'accord de Nankin du 16 mars 1930, étendit le droit des Chinois à participer aux échanges commerciaux internationaux et ils devinrent des concurrents sérieux dans le commerce du riz et de l'opium.

Au début du XXe siècle, le gouvernement général créa les monopoles fiscaux de la production et la vente du sel, de l'alcool et de l'opium dont les rentrées lui assuraient la majorité du budget général de l'Indochine. Ces marchés lucratifs furent l'objet d'une concurrence acharnée entre les Chinois et les Français. La production et la distribution des alcools en Cochinchine en fut le meilleur exemple. Selon un rapport officiel « de 1862 à 1903, les distillateurs chinois de Cochinchine empêchèrent avec succès que l'alccol ne fut soumis au système fiscal et les gouverneurs n'osèrent pas imposer leur volonté à ces puissants Asiatiques…. »[8]. En 1903, lorsque le régime du monopole fut introduit en Cochinchine après l'avoir été au Tonkin et en Annam, la Société des Distilleries françaises d'Indochine (SFDIC) acquit 33 distilleries chinoises et doubla ainsi sa capacité productrice. De 1905 à 1913, lorsque les Douanes et Régies rétablirent la régie directe, les Chinois refusèrent à nouveau de vendre leur alcool au prix fixé par les D&R. À cette époque, 28 % des achats des D&R provenaient des maisons chinoises contre 60 % de la SFDIC. La régie directe fut abolie sous la pression des Chinois qui désiraient recouvrer leur droit à produire et à vendre. La SFDIC riposta en faisant un procès au gouvernement et en recrutant ses revendeurs parmi les Vietnamiens. Entre 1860 et 1882, les Français tentèrent en vain de supplanter les Chinois dans le commerce de l'opium.

Dans les années 1920, la SFDIC se plaçait en tête des distillateurs d'alcools, suivi par la distillerie française Mazet et le Chinois Vang Hiêp n'arrivait qu'en troisième

---

**6** Rapport annuel, Indo GGI 64314, CAOM.
**7** Ch. Robequain, *op. cit.*, 1929.
**8** Agence FOM 208, CAOM.

position. Mais en dépit de sa position dominante, la SFDIC ne fit pas disparaître les distillateurs chinois et vietnamiens qui conservèrent leurs positions dans les provinces comme en témoignent les chiffres suivants de leur production annuelle (en milliers de litres d'alcool)[9].

| Bienhoa | Giadinh | Chaudoc | Lonxuyen | Cantho | Sadec | Vinhlong | Soctrang |
|---|---|---|---|---|---|---|---|
| 140 | 90 | 25 | 517 | 731 | 603 | 500 | 901 |

La concurrence chinoise s'exerçait aussi dans l'usinage et le commerce du riz ; à la fin du XIXe siècle, un propriétaire anglais d'une rizerie de Saïgon admettait l'obligation pour les Européens de travailler en « symbiose antagoniste » avec les Chinois[10]. En 1925, les deux plus grandes entreprises de traitement du riz de Cholon étaient des sociétés françaises : la Société des rizeries d'Extrême-Orient possédait quatre usines et la SFDIC avait deux rizeries ; en outre jusqu'en 1931, des sociétés françaises continuèrent de faire leur apparition et la Société des rizeries d'Extrême-Orient avait d'ores et déjà assis sa suprématie : elle employait 750 salariés et produisait 3 350 tonnes de riz blanc par jour, c'est-à-dire 52 % du riz traité en Cochinchine. Toutefois et simultanément, les rizeries chinoises et vietnamiennes (qui traitaient en moyenne 25 à 40 tonnes de paddy par jour) se multiplièrent[11].

S'adaptant aux réalités commerciales, toutes les entreprises françaises traitaient avec la clientèle asiatique par l'intermédiaire des compradores (du portugais *comprar*) chinois. Dès les premiers temps de leur installation en Cochinchine « les négociants français dépendent des intermédiaires chinois pour écouler leurs marchandises importées... Les Chinois ont établi une liaison postale directe qui relie Saigon à Canton et qui leur donne l'avantage sur les Européens en les informant des cours du riz sur le grand marché de Hong Kong »[12].

Les positions économiques des Chinois restèrent solides et leurs activités économiques intenses en dépit des vicissitudes comme les émeutes anti-chinoises de Haiphong en 1927 (un événement à vrai dire exceptionnel) et la grande dépression économique de 1931-1934 dans toute la péninsule. Le journaliste-essayiste vietnamien Dao Trinh Nhat publia un tableau comparé des capitaux investis par les Chinois et les Français, sans malheureusement citer ses sources :

**9** NF Indo 77, CAOM.
**10** M. Osborne, *The French Presence in Cochinchina...*, 1970.
**11** NF Indo 78, CAOM.
**12** Bouinais et Paulus, *op. cit.*, 1884, p. 484.

## Tableau 20. Les capitaux français et chinois en Indochine, ca 1920.

(millions de francs)

| Secteurs | Montants des capitaux français | Volume des capitaux chinois | % des c. français | % des c. chinois |
|---|---|---|---|---|
| Agriculture | 13 | 6 | 70 | 30 |
| Industries | 72 | 24 | 76 | 24 |
| Commerce | 41 | 66 | 38 | 62 |
| Total | 126 | 96 | | |

Le tableau indique la part respective des Français et des Chinois mais il ne tient pas compte que les sources des capitaux chinois ne sont pas connues comme le sont celles des investissements français[13]. En outre, une partie probablement importante des ressources chinoises ne sont certainement pas comptabilisées. Un auteur qui a étudié la période 1950-1968 émet l'hypothèse que les fonds chinois provenaient de la Banque franco-chinoise et aussi, écrit-il, de banques chinoises mais il se réfère à des banques qui n'étaient pas en activité pendant la période coloniale. L'histoire de la *Hong Kong & Shanghai Banking Corporation*[14] ne mentionne que des prêts consentis à une raffinerie de sucre appartenant à des Chinois et qui fit perdre pas mal d'argent à la banque. Les principaux clients de la HKSBC se révèlent être des industriels soyeux français de Lyon parmi lesquels Ulysse Pila ainsi que la grande société commerciale bordelaise Denis frères et les missions catholiques de Cochinchine. On attend encore une histoire de la Banque franco-chinoise pour savoir si sa clientèle était composée majoritairement de Chinois engagés dans les activités économiques. En revanche, nous savons que de nombreux Chinois étaient débiteurs de la Banque de l'Indochine parce qu'ils furent soumis à une forte pression de leur créancier pendant la grande crise économique du début des années 1930[15].

Tsai Maw Kieuw attribue les succès économiques des Chinois à leurs méthodes de mobilisation des capitaux et à leur organisation professionnelle en réseaux à la fois larges et souples leur conférant une supériorité sur leurs concurrents. Le système des tontines, une forme d'auto-financement, repose sur la solidarité en même temps que sur la confiance mutuelle. Petits et grands entrepreneurs y ont recours pour rassembler des fonds[16].

Les immigrants chinois étaient encadrés dans des congrégations ou *bang* qui fonctionnèrent de 1889 à 1946 mais dont l'institution remontait à l'empereur Gia Long au début du XIXe siècle. Les chefs de congrégations (*bang truong*) étaient responsables des membres de leur *bang* devant les autorités. Les *bang* étaient fondés sur les dialectes, en Indochine, ils étaient au nombre de cinq : cantonais, trieu châu (teo-chieu ou Zhao zhou), fujian (Foukien), haïnanais et hakka. L'importance économique de chaque groupe n'était pas proportionnelle à leur nombre : en Cochinchine, les Cantonais étaient les plus nombreux, 45 % de la population chinoise en 1950. Les

---

**13** *The luc khac tru va...* (La puissance chinoise...) 1924, p. 19.
**14** F.H.H King, *op. cit.* 1988.
**15** M. Meuleau, *op. cit.*, p. 377-379.
**16** *Op. cit.*, p. 151.

Triêu Châu était moitié moins nombreux qu'en Thaïlande et au Cambodge où il représentaient 60 % de la communauté chinoise mais leurs relations familiales dans toute l'Asie du Sud-Est leur assuraient un rôle régional incontesté. Les originaires de Fujian n'étaient que 8 % des Chinois de la Cochinchine mais ils dominaient le marché du riz, ce qui leur assurait la prééminence dans l'économie méridionale[17].

Tsai Maw Kuey a dessiné la répartition des activités économiques de chaque *bang*[18] :

| Cantonais | Restaurants, épiceries et bazars |
|---|---|
| Triêu Châu | Culture et commerce du thé, traitement et commerce du poissons dans le golfe du Siam et sur le lac cambodgien du Tonlé Sap, fabrique et commerce de la saumure de poisson (*nuoc mam*), plantes médicinales, transports routiers au sud Vietnam et au Cambodge |
| Fujianais | Commerce du riz, boutiquiers de villages (souvent mariés avec des femmes vietnamiennes ou cambodgiennes), ferrailleurs |
| Hakka | Herboristes et médicastres, fabricants de produits alimentaires (nouilles et pains), artisans du cuir et des textiles, céramique (et dans les années 1960, matières plastiques) |
| Haïnanais | Cafés, restaurants (cuisine occidentale) |

Un *bang* chinois fondait et gérait également des œuvres sociales comme les écoles, les hôpitaux et les temples et entretenait la vie sociale des familles et des clans. Ces œuvres étaient financées par les revenus de biens immobiliers que chaque congrégation possédait.

De l'immigration chinoise émergèrent plusieurs hommes d'affaires très riches comme les *towkay* de Malaisie et des Indes néerlandaises. La Cochinchine vit la réussite de Hui Bon Hoa qui, de vendeur de cacahuètes dans les rues, accéda au rang de millionnaire ; Quach Dam qui fit construire le grand marché de Binh Tây pour ses compatriotes de Cholon ; Triêu Tuong qui organisait les jeux dans le « Grand monde » de Cholon contre versement journalier de « un million de piastres » au fisc et qui fit construire un quartier entier appelé An Dông. Tous ceux qui acquirent la notoriété par la richesse avaient l'obligation d'être les bienfaiteurs de la communauté à laquelle ils appartenaient[19].

---

**QUACH DAM (1863-1927)**

Originaire du Fujian, il appartenait à la congrégation Trieu Chau. Il immigra en Indochine avec son oncle. D'abord coolie (portefaix puis vidangeur) il devint marchand itinérant collecteur de bouteilles vides, de peaux de buffle, etc., il s'enrichit en quelques années et devint propriétaire de quatre décortiqueries de riz, de plusieurs jonques fluviales et de quatre vapeurs maritimes. Devenu un riche négociant il exportait du riz qu'il faisait collecter dans le delta du Mékong et il importait du sucre jus-

→

---

**17** *Ibid.*, p. 91-105.
**18** *Ibid.*, p. 37.
**19** *Ibid.*, p. 37.

> qu'à son achat de la sucrerie de Hiep Hoa à un industriel français qui avait fait faillite. Il devint alors fabriquant et vendeur de sucre. Il commerçait principalement avec Singapour. Il savait spéculer sur l'immobilier mais aussi sur les cours du riz en jouant à la baisse puis à la hausse. Cependant, en se portant garant des emprunts bancaires de ses compatriotes, il fut ruiné et ses biens saisis au moment où il décèda, à la veille de la Grande dépression. Auparavant, il avait acheté un terrain marécageux à quelques centimes le mètre carré, il l'offrit à la ville pour y faire bâtir le marché de Binh Tây. Ses excellentes relations avec l'administration coloniale lui valut la Légion d'Honneur qu'il reçut des mains du gouverneur Cognacq en 1925.
>
> *(Je remercie Philippe Langlet de m'avoir fourni ces informations biographiques)*

### Les Vietnamiens

Les auteurs marxisants déprécièrent la bourgeoisie entrepreneuriale vietnamienne en la qualifiant de « rachitique ». En effet, la montée d'une telle classe sociale au sein d'une société soumise à un condominium économique exercé par les Français et les Chinois, était problématique. Dès 1900, des méridionaux investirent les revenus de leurs domaines fonciers sur le même terrain que les Chinois plutôt que de défier la suprématie économique française. Ce fut le cas de Trân Chanh Chiêu plus connu sous le nom de Gilbert Chiêu (1867-1919). Au départ, Chiêu était instituteur dans une province du delta du Mékong ; devenu un riche propriétaire foncier, il hypothéqua ses rizières pour fonder des sociétés de commerce, des hôtels et une savonnerie. Comme il était rédacteur dans deux journaux, nous pouvons suivre l'exposé de ses idées : Chiêu était un nationaliste inspiré par le Japon du Meiji qui venait de battre la Russie des tsars en 1904-1905. Il attaquait la domination économique des Chinois et des banquiers indiens de la caste des chettiars en exhortant ses compatriotes à s'unir pour poursuivre des objectifs économiques plutôt que d'entrer dans l'administration coloniale où ils n'occupaient que des fonctions subalternes. Il s'inspirait du Meiji où l'État prenait les initiatives et s'impliquait dans le processus de modernisation. Au cours d'un voyage à Kong Kong, il s'aboucha avec le lettré résistant Phan Boi Châu qui vivait en exil au Japon d'où il encourageait des jeunes compatriotes à venir le rejoindre. Bien qu'étant lui même citoyen français, Chiêu se convertit à l'idéal d'indépendance de son pays, il exprima ses idées dans la presse et fut condamné en 1908 sous l'inculpation de « menées anti-françaises »[20]. Les activités de Gilbert Chiêu s'inscrivaient dans un mouvement à l'échelle nationale, qui mobilisa une partie de l'élite vietnamienne dans la modernisation économique et culturelle. Ce mouvement appelé Minh Tân ou Zuy Tân s'inspirait essentiellement de l'exemple du Japon du Meiji mais il se référait également au mouvement réformiste chinois et directement à l'Europe, à la France en particulier. En 1905, 1907, 1908, des missions de mandarins furent dépêchées en France où ses membres firent connaissance avec le système économique et l'enseignement français, notamment avec l'enseignement technique et professionnel.

---

**20** P. Brocheux, « Note sur Gilbert Chieu 1867-1919, citoyen français et patriote vietnamien », *AA* n° 11, 1992.

*Les groupes dialectaux chinois en 1950*

(Source : C. William Skinner)

| Groupes | Vietnam | % | Cambodge et Laos | % |
|---|---|---|---|---|
| Kouangtong | 337.500 | 45 | 50.000 | 20 |
| Tch'aotchéou | 225.000 | 30 | 150.000 | 60 |
| Hakka | 75.000 | 10 | 10.000 | 4 |
| Foukien | 60.000 | 8 | 15.500 | 7 |
| Hainan | 30.000 | 4 | 10.000 | 4 |

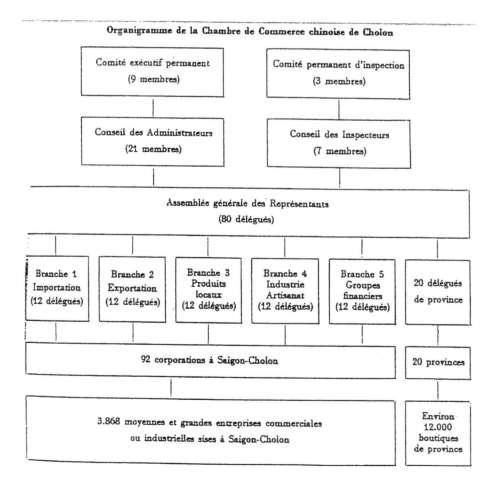

Organigramme de la Chambre de Commerce chinoise de Cholon

**Les Chinois au Sud-Vietnam 1950.**

Extrait de Tsai Maw Kiew, *op. cit.*

L'opinion de Chiêu sur l'hégémonie étrangère dans l'économie du pays était partagée par un grand nombre de ses compatriotes notamment des septentrionaux (appelés Tonkinois à l'époque). Par exemple, Nghiêm Xuân Quang, un mandarin de Langson, démissionna et fonda une société de commerce, le Quang Hop Ich, à Hanoi. Lui aussi estimait que trop de marchandises étaient importées dans le pays et commercialisées par les Chinois qui « empochent tout notre argent ». Pris d'émulation, de nombreux lettrés créèrent des sociétés d'artisanat et de commerce à Thai Binh, à Vinh, etc.[21].

Ces initiatives faisaient partie d'un mouvement général de création de sociétés artisanales et commerciales (*hop thuong, ho buôn, thuong quan*) que le révolutionnaire patriote Phan Boi Châu et le lettré réformateur Huynh Thuc Khang (1876-1947) encouragèrent. Un certain nombre d'entre elles virent le jour au Tonkin et dans la province centrale du Quang Nam qui possédait une tradition de liaisons commerciales actives avec l'extérieur du pays. Ces sociétés avaient pour but de commercialiser directement la production locale afin de se passer des intermédiaires chinois. Elles soutenaient financièrement l'envoi d'étudiants au Japon[22].

Les autorités coloniales fermaient ces entreprises dès qu'elles les soupçonnaient d'être des couvertures légales ou d'être liées à des activités nationalistes. Pourtant, toutes les sociétés commerciales et artisanales n'étaient pas destinées à drainer des fonds pour le mouvement indépendantiste même si, dans l'esprit de ses promoteurs, elles étaient une façon d'affirmer la capacité de création et de gestion économique des Vietnamiens. Un bel exemple de cette intention est représentée par une société qui existait encore en 1975, le Công ty Liên Thanh : en 1906, trois secrétaires de la résidence de France de la province centrale de Binh Thuan, décidèrent de fonder une société de fabrication du nuoc mam à Phan Thiet, port de pêche renommé pour cette production de base de l'alimentation de la population. Le résident de France soutint l'initiative et prit même des parts dans la société dont il fit présenter les produits à la foire-exposition de Hanoi. Par la suite, en 1922, la société participa à la foire-exposition de Marseille où elle fit connaître des produits artisanaux indochinois. La manufacture de nuoc mam Liên Thanh soumit la saumure qu'elle fabriquait au laboratoire d'analyses de l'Institut Pasteur de Saigon qui lui décerna le label « qualité supérieure ». Lien Thanh fut une des rares entreprises locales qui résista avec succès aux tentatives d'hommes d'affaires français pour s'approprier ses techniques[23].

Dans les années 1920, une nouvelle génération de promoteurs économiques apparut. Un Cochinchinois du nom de Nguyên Phu Khai fut un des plus actifs : après des études en France, il revint au pays et ouvrit une rizerie à Mytho en 1915. La même année, l'agronome Bui Quang Chiêu fondait une SARL de filature et tissage de soie, au capital de 53 000 $, dans le delta du Mékong afin de mettre fin au monopole du commerce de la soie grège détenu par les Malais de Chau Doc qui en exportaient en Thaïlande jusqu'à 10 tonnes par an. Il échoua dans cette tentative. En 1919, Khai lança une campagne de boycott des marchandises chinoises dans le journal qu'il

---

**21** *Dang co tung bao*, 1.8.1907 cité par Pham Xanh in *Nghien cuu Viet Nam...*, p. 205-207.
**22** Nguyen Van Xuan, *Phong trao Zuy tan* (le mouvement modernisation), 1970.
**23** Ho Ta Khanh, *Cong su Cong ty Lien Thanh*, Paris, 1984.

venait de créer. Quelques années plus tard, il fondait la Société commerciale annamite, suivie presque aussitôt d'une Banque annamite et de l'organisation d'un Congrès économique de la Cochinchine[24].

Si ces initiatives ne furent pas toutes couronnées de succès, elles n'en furent pas moins des exemples à suivre et une incitation à persévérer dans cette voie. Elles portèrent leurs fruits dans les années 1920 où l'essor économique de l'Indochine engendra de nombreuses entreprises indigènes. Les Cochinchinois Lê Phat An et Lê Phat Vinh créèrent une usine de soieries et des boutiques de vente au détail de sa production. Truong Van Bên (le fait qu'il était le petit-fils d'un immigrant Trieu Chau indique la difficulté de l'identification ethnique) mit en marche une fabrique de savons qui resta en activité jusqu'en 1975 ; parallèlement, il y eut une floraison d'imprimeries comme celle de Nguyên Van Cua, de rizeries, de briqueteries mécaniques, de compagnies d'autocars et de transport par camions, de garages-ateliers de réparations automobiles, de manufactures de nuoc mam à l'instar de Liên Thanh[25]. Ce mouvement est accompagné d'une nouvelle campagne de boycott des produits chinois en 1925-1926. Cette effervescence conduisit le gouverneur de la Cochinchine à constater en 1919 qu'« un intéressant mouvement d'émancipation économique était en cours dans la population indigène ». La grande dépression des années 1930 marqua un coup d'arrêt à cette progression et les entreprises qui survécurent, comme la savonnerie Truong Van Ben et la saumurerie Liên Thanh, furent peu nombreuses.

Les Vietnamiens du nord furent aussi entreprenants que leurs compatriotes méridionaux. La plus durable des entreprises fut celle de Bach Thai Buoi (1874-1932) qui établit une société de transport fluvial et maritime (avec une flotille de 25 bateaux et 20 chalands) ainsi qu'un chantier de constructions et de réparations navales à Haiphong ; ce patron employait jusqu'à 1 400 salariés ; cette réussite lui valut le surnom de *chua song*, « le seigneur des fleuves »[26]. Lorsque le 7 septembre 1919, un bateau de 500 tonnes sortit de ses chantiers de Haiphong, Bach Thai Buoi apparut comme le symbole d'une « bourgeoisie capitaliste nationale » émergente mais aussi comme le chef de file du mouvement « éditions l'industrie » et le concurrent le plus sérieux dans la « lutte économique contre les Chinois ». Bach Thai Buoi étendit ses activités à l'imprimerie, à la presse (il fonda le journal *Khai hoa*, « civiliser », publié de 1921 à 1928), au traitement du riz ; après avoir fait faillite en 1929, il alla même jusqu'à acquérir et exploiter une mine de charbon.

Un autre industriel, Nguyên Son Ha (1894-1980) fabriquait des peintures ; il devint assez riche pour faire don de 105 taëls d'or lorsque le gouvernement Hô Chi Minh lança la « journée de l'or » en 1946[27].

Les Français voyaient d'un bon œil les Vietnamiens s'engager dans les activités économiques dans la mesure où celles-ci pouvaient les détourner des préoccupations et engagements politiques. La mise en avant et les encouragements dans ce sens ne manquèrent pas. En 1926, la *Revue financière indochinoise* cita deux exemples qu'elle

---

**24** P. Brocheux, « Élite, bourgeoisie ou la difficulté d'être... » in *Saigon 1925-1945*, p. 142, Paris, 1992.
**25** *Ibid.*, p. 141.
**26** Pham Xanh, « *Bach Thai Buoi, nha...* » et Pham Hong Tung in NCLS 5(361), 2006, p. 55-61.
**27** XN n° 5/VIII, 1994.

jugeait dignes d'être mentionnés : au Tonkin, celui de Nguyên Van Tan qui avait rassemblé des petits ateliers en un établissement industriel enregistré comme société anonyme : la *Manufacture de porcelaines industrielles de l'Indochine* ; celle-ci fondée en 1923 avec un capital de 100 000 piastres, employait 275 ouvriers et un ingénieur. En Annam, Bui Huy Tin fonda la Société d'irrigation du Quang Nam qui utilisait des pompes électriques pour irriguer les rizières. La *Revue* fit l'éloge de Tin qui démontrait « la capacité des indigènes à moderniser l'agriculture ». En Cochinchine, un journal français notait qu'« il y avait une revitalisation dans les industries modernes ou traditionnelles et que les Annamites désiraient adopter des méthodes et des techniques européennes. C'est pourquoi... certaines industries dirigées par des Annamites supportent la comparaison avec celles des Français »[28].

Cependant, beaucoup d'entreprises vietnamiennes firent faillite et alimentèrent l'opinion selon laquelle les Annamites auraient une incapacité atavique de diriger des entreprises modernes. Une étude statistique nous dévoilerait peut-être que le nombre de leurs faillites était inférieur à celles des entreprises européennes. Comment les contemporains expliquaient-ils ces échecs ? Certains Français l'imputèrent à un atavisme racial, d'autres proposèrent une interprétation culturaliste, telle fut l'opinion d'un professeur français de l'Université de Hanoi. Ce professeur d'Économie soulignait le poids de la conception hiérarchique confucéenne qui orientait les Vietnamiens vers les fonctions intellectuelles et bureaucratiques[29]. Ce comportement hérité de la société traditionnelle avait été renforcé par l'enseignement français visant à former des fonctionnaires, des juristes et des médecins plutôt que leur inculquer l'audace et l'esprit d'aventure ainsi que les talents d'entrepreneurs.

Une analyse lexicographique des manuels scolaires publiés entre 1925 et 1930 et en usage dans l'enseignement colonial, met en relief les valeurs traditionalistes qu'ils véhiculaient. Outre le respect dû aux supérieurs et aux aînés et la nécessité de la cohésion familiale, les enseignements mettaient l'accent sur l'harmonie en relation avec une économie rurale et communautaire en voie de disparition[30]. À cette époque, nombreux étaient ceux qui considéraient cette insistance comme un défaut du système d'enseignement français, parmi eux, Gilbert Chiêu, Nguyên Phu Khai et Paul Bernard, pour ne citer que les plus connus. Ces critiques dénonçaient aussi le comportement des grands propriétaires fonciers qui préféraient pratiquer le prêt usuraire et les dépenses ostentatoires aux investissements productifs. Lorsqu'en 1927, les latifundiaires cochinchinois créèrent une banque, la Société annamite de crédit, leur but était, du moins dans un premier temps, de fournir des prêts pour l'achat de voitures automobiles[31].

Une autre raison avancée, plus en relation avec la situation réelle et donc plus pertinente, était l'étroitesse de la marge d'action des Vietnamiens dans une sphère économique où les Français et les Chinois campaient sur des positions quasi inexpu-

---

**28** La *Presse coloniale* du 7 octobre 1931.
**29** G. Khérian, « L'homo oeconomicus indochinois et le problème de l'intervention de la puissance publique » in *Annales de Droit et des sciences économiques* n° 7, Paris, 1937.
**30** Cité par Trinh Van Thao, *op. cit.* 1995, p. 167-180.
**31** P. Brocheux, « Les dien chu de la Cochinchine occidentale » in *Tradition et révolution au Vietnam*, 1971. La banque annamite finança la Compagnie d'assurances automobiles de Saïgon.

gnables. Les Vietnamiens s'engageaient dans une voie où ils n'avaient pas droit à l'erreur en cas de conjoncture économique difficile : la faiblesse des capitaux disponibles, les risques mal calculés, une mauvaise gestion, transformaient vite une situation fragile en un désastre. Les aléas encourageaient les Vietnamiens à la prudence et à l'expectative ; ils les conduisaient à se cantonner dans les activités agricoles et para-agricoles qui elles les maintenaient dans la dépendance symbiotique avec les Chinois. Ce fait n'était pas propre à la Cochinchine puisque le géographe Robequain l'avait observé dans le Thanh Hoa où les indigènes servaient d'intermédiaires mais en tant qu'auxiliaires des négociants chinois avant que les Français ne s'y installent[32].

Tant et si bien que pendant la Grande dépression des années 1930, les Vietnamiens ne purent saisir l'occasion pour prendre la place des Chinois. Par exemple, en 1944, les Français sont engagés pour 86 % et les Chinois pour 14 % dans le commerce d'exportation du riz, les Vietnamiens en sont toujours absents[33]. La crise intervint à un moment où elle coupa l'élan des années 1920, or ce facteur ne peut être ignoré par ceux qui s'interrogent sur l'échec global de la bourgeoisie vietnamienne. La multiplication des initiatives économiques de celle-ci reposait sur un endettement généralisé et la rendait particulièrement vulnérable. Cependant, les colons riziculteurs, les planteurs et industriels français de moyenne catégorie furent logés à la même enseigne tandis que seules les grandes sociétés bénéficièrent de l'appui gouvernemental. Néanmoins les Vietnamiens imputaient la fragilité de leurs entreprises à l'absence d'un État national. Un fait significatif a lieu en 1946, lorsque la constitution est discutée à l'Assemblée nationale de la République démocratique : l'industriel Nguyen Son Ha qui est aussi député, s'indigne qu'aucun article ne garantisse la liberté d'entreprise aux Vietnamiens alors que la constitution établit que les firmes françaises peuvent poursuivre leurs activités. Le président Ho Chi Minh assure au député que non seulement les Vietnamiens sont libres de créer et de gérer des entreprises économiques et financières mais en outre ils seront encouragés et aidés par le nouvel État[34].

Après le passage de la récession économique, on observe un regain d'initiatives de la part des Vietnamiens. De 1938 à 1941, des journaux en *quoc ngu* appellent les Vietnamiens à entrer dans le champ des activités économiques en investissant leur épargne dans des entreprises industrielles et commerciales. Le mot d'ordre affiché est *chan hung cong nghe* (industrialiser), le fait est contemporain du débat qui s'est instauré dans les milieux d'affaires coloniaux français. Ces exhortations s'inscrivent dans une vision que l'on qualifie de nationaliste. À l'instar du Mahatma Gandhi qui appelait les Indiens à développer les productions locales, un Vietnamien écrit : « si l'on veut relever les bases de l'industrie du pays, il faut avant tout aimer son pays » ; mais produire ne suffit pas, il faut vendre et pour cela il convient de « réunir les trois parties du pays afin d'y développer les échanges intérieurs » ; la référence au marché national est ici clairement exprimée et l'emploi volontaire du nom Viet Nam est en lui même significatif ; il faut également « diminuer les dépenses somptuaires pour aug-

---

**32** Ch. Robequain, *op. cit.*, 1929.
**33** *Répertoire des sociétés 1944*.
**34** Témoignage recueilli par Dang Phong, *Lich su Kinh te...* p. 161.

menter nos capacités financières »³⁵. Un autre journal appelait les « Annamites à acheter Annamite »³⁶. En 1941, la tendance s'accentue lorsque les relations entre la colonie et sa métropole sont interrompues par le blocus maritime.

Même la Société annamite de crédit se félicite de la diminution de « l'esprit chacun pour soi », « nos compatriotes se débarrassent petit à petit de cet esprit et pensent de plus en plus à la dignité annamite. L'évolution fait tache d'huile. Elle est encore faible dans la masse mais dans la classe élevée elle est assez accentuée. Souhaitons qu'elle s'étende de jour en jour et qu'elle donne à nous tous les idées fortes de patrie, de discipline et de responsabilité sans lesquelles un pays ne saurait vivre dans l'honneur, un homme dans la dignité »³⁷.

Le patron d'un atelier de fabrication de cyclo-pousse de Saigon profite de la conjoncture installée par la rupture des communications avec la France pour lancer un appel à ses compatriotes détenteurs de capitaux : « c'est l'occasion ou jamais de mettre en pratique le mot d'ordre *yeu nuoc thuong zan* (aimer son pays aimer son peuple)³⁸.

**Tableau 21. Entreprises vietnamiennes fondées dans la décennie 1920 au Tonkin et Nord Annam.**

Extrait de *Viet Nam. Nhung su kien Lich su*, t. I, 1919-1945, Hanoi, 2002.

| Année | Entreprise | Capital (en piastres) | Nombre de salariés |
|---|---|---|---|
| 1920 | Ateliers de constructions mécaniques Cay, Ninh et Cⁱᵉ, à Hanoi | 24 000 | 100 dont la moitié Chinois |
| 1920 | Nguyen Huu Thu, propriétaire de chantier naval et entrepreneur en bâtiment fonde le journal *Thuc Nghiep zan bao* (information économique, commerciale et agricole) à Hanoi. Parution jusqu'en 1935 | | |
| 1920 | Atelier de construction mécanique et rizerie Kwan dai Long | | 310 |
| 1920 | Nha may gach Giem (briqueterie et tuilerie) | 100 000 | 120 |
| 1921 | Hung Ky et Cⁱᵉ (matériaux de construction) | 50 000 | 300 |
| 1921 | Bac Thai Buoi fonde le journal *Khai hoa Nhut bao* (fermé en 1927) | | |
| 1922 | Nguyen Ba Chinh fonde Cong ty san xuat do su (céramique et porcelaine) Il possède une carrière et une manufacture | 130 000 | 200 en 1925 |
| 1923 | Manufactures et porcelaines industrielles | | |

---

**35** *Cong Thuong Bao* n° 4, 15.4.1938. Dans son N° 5 du 30.4.1938, ce journal publié à Thanh Hoa, annonce que le *tong doc* (gouverneur) Nguyen Y, ingénieur chimiste retour de France, a fondé le Bureau économique de la province.
**36** *Viet Nam Thuong mai Ky nghe* (Journal de défense des intérêts, du commerce et de l'industrie indochinois), publié à Saigon, n° 5 du 25.12.1938.
**37** Assemblée générale ordinaire 25.9.1941.
**38** Dans le journal qu'il édite, intitulé *Phu Tho Cong thuong* (Phu tho industriel et commercial), 6.11.1941. La même page porte une phrase du chef de l'État français Philippe Pétain : « patrons et ouvriers unissez-vous ! ».

| 1924 | Phan Kim Bang, Bach Thai Buoi, Le Thi Toan et Nguyen Huu Thu se lancent dans l'exploitation du charbon 3000 à 6000 t. par an mais leurs mines sont rachetées par les grandes sociétés françaises | | |
|---|---|---|---|
| 1928 | La Société commerciale et industrielle de l'Annam-Tonkin est fondée à Vinh : alcools, produits locaux, bois précieux, fabrication du nuoc mam du Nghe An | 100 250 (82 980 en 1934) | |
| 1930 | Société des transports automobiles Pham Van Chi | 5 000 | 50 |

À la veille du 9 mars 1945, l'administration avait recensé 28 coopératives agricoles (5 au Tonkin, 10 en Annam et 13 en Cochinchine) 13 coopératives artisanales (respectivement 4, 2 et 7), 16 coopératives de pêche (2,4, 10), 5 de consommation (1 au Tonkin, 4 en Cochinchine). Elles disparurent pendant la guerre d'Indochine. (Source : Centre de documentation sociale de Saïgon, 1964).

## Une société à prépondérance rurale mais en cours de changement

La magnitude et le rythme des changements ont varié dans les trois pays vietnamiens.

La Cochinchine est le premier de ces pays à connaître des transformations majeures. Son premier gouverneur civil (1879), Le Myre de Vilers décrivit avec lucidité les conséquences sociales et morales de l'extension de l'agriculture commerciale : « La liberté du commerce a constitué un facteur nouveau de l'organisation de la communauté annamite et de sa société. Ses effets qui n'étaient pas évidents au départ, commencent à se manifester et il apparaît qu'ils doivent conduire, dans un avenir assez proche à une modification complète des relations entre propriétaires fonciers et la main-d'œuvre… Aussi longtemps que les propriétaires âgés sont encore vivants, ils préservent les traditions de leurs pères. Beaucoup d'entre eux sont morts et leurs fils et petits-fils n'observent plus les coutumes patriarcales traditionnelles. Ils exercent leurs droits mais négligent leurs obligations. Si nous n'y prenons garde, d'ici une dizaine d'années, la majorité de la population annamite sera réduite à la condition de prolétariat agricole »[39]. Quelques décennies plus tard, le géographe Robequain souligne le même phénomène dans l'Annam et le Tonkin, il écrit que la perte des terres mènera à la « détribalisation » ou brisera la cohésion sociale[40].

Ces observations se rapportent à une représentation du village vietnamien qui est, à la limite, idyllique voire mythique : la communauté villageoise est un havre d'harmonie et de paix. En réalité, le village était gouverné par une oligarchie gérontocratique pour le bénéfice des hommes dits « inscrits ». Cependant, les privilèges et les abus de cette oligarchie étaient contrebalancés par les liens de familles et de patro-

---

**39** *Les institutions civiles de la Cochinchine, 1879-1881*, Paris, 1908, p. 140.
**40** Ch. Robequain, *op. cit.*, 1929, p. 97.

nage qui trouvaient leurs justifications idéologiques dans le confucianisme et le bouddhisme.

Un équilibre social relatif en résultait, dont la base matérielle était la répartition des terres communales entre les inscrits selon un calendrier de rotation triennale. Ce régime assurait à chaque famille un moyen de subsistance car, théoriquement, chacune d'entre elles avait droit à une part (*khau phân*) des terres communales. Les veuves, les orphelins, les hommes mobilisés dans l'armée et même, à l'époque coloniale, les coolies partis travailler dans les plantations méridionales, étaient en droit de revendiquer un *khau phân*.

Dans les terres surpeuplées du nord (Tonkin et nord Annam), les terres communales étaient rares tandis que partout, l'attribution de ces lopins permettait aux notables de jouer de leur pouvoir pour favoriser leur parentèle, leur clientèle ou leurs alliés. Il est douteux que le régime ait fonctionné en accord avec la théorie. Au XIX$^e$ siècle déjà, il était très altéré et engendrait de nombreux conflits. En 1931, les dysfonctionnements du régime des communaux et les inégalités qui l'entachaient furent dénoncées pendant le soulèvement populaire du Nghê Tinh (nord Annam). Plus tard en 1937, lorsque le secrétaire d'État Justin Godart est en mission d'inspection au Tonkin, il entend des paysans se plaindre que les terres communales de leur village n'ont pas été redistribuées depuis une vingtaine d'années.

Néanmoins, la superficie des communaux était encore importante en Annam mais en Cochinchine, l'économie tournée de bonne heure vers l'exportation et la monétarisation avait conduit des communes à vendre leurs terres ou à les mettre en adjudication. Les grands propriétaires et les riches paysans désireux de maximiser leurs revenus en espèces ou en nature, exerçaient une pression plus forte sur leurs fermiers ou leurs débiteurs (souvent confondus) en prélevant plus de la moitié de la récolte[41]. Une combinaison de facteurs plaçait les paysans dans une précarité extrême. Les désastres naturels comme les inondations, les sécheresses et les typhons (surtout dans le centre et le nord du Vietnam) maintenaient des petits paysans dans l'endettement permanent. La combinaison des risques objectifs (aléas climatiques et fluctuations économiques) et des échecs personnels plaçait une majorité de ruraux dans une situation où la frontière entre pauvreté et misère s'effaçait vite, où on passait directement de la frugalité à la famine. Un rapport de 1939 estimait qu'un grand nombre de ruraux du Tonkin ne faisait qu'un seul repas par jour, composé de riz et de maïs, la viande étant une exception »[42]. Le sociologue J.C. Scott se référant à l'historien R.H. Tawney, en dessine une image exacte : « la situation de la population rurale est celle d'un homme qui se tient en permanence dans l'eau jusqu'au cou de sorte que la moindre vague suffit à le noyer »[43].

Les normes de la santé révélaient le niveau de l'arriération des campagnes. En 1915, le directeur du Service de la santé publique d'Indochine écrivait : « parler de l'hygiène dans les campagnes c'est dire qu'elle est ignorée des ruraux y compris des riches, sans parler des milliers d'indigents au Tonkin et dans le nord Annam. Avant

---

**41** Y. Henry (1931), P. Gourou (1934 et 1940), P. Brocheux (1995), *op. cit.*
**42** Agence FOM 238, CAOM.
**43** J.C. Scott, *The Moral Economy of...*, p. 1-2.

tout, nous devons être capable de sauver ces hommes du froid et de la famine mortelle »[44]. Selon le Dr Génin, les villes avaient des hôpitaux et des dispensaires : en 1941, il y avait 875 hôpitaux d'importance variée qui pouvaient accueillir 24 075 patients. La Cochinchine était la mieux équipée ; cependant, et comparé au chiffre de la population, le réseau sanitaire et médical représentait une amélioration mineure. En 1939, l'extension de la vaccination ne parvenait pas à réduire le nombre de décès par maladie. Le paludisme à lui seul tua 19 000 personnes cette année-là[45].

Dans le Vietnam méridional, la condition paysanne était meilleure. La couche moyenne des paysans représentait 42,5 % de la catégorie (selon le géographe Pierre Gourou) et elle était identifiée par l'image « un toit de tuiles et un jacquier ». Elle bénéficia certainement du boom économique des années 1920 si l'on en croit l'écrivain Nguyên Hiên Lê, Tonkinois d'origine mais qui, employé au Service d'hydraulique agricole, se déplaçait fréquemment dans le delta du Mékong : « Dans les années 1928-1929, le prix du paddy était élevé, les jonques sillonnaient les cours d'eau dans tous les sens avec des cargaisons de marchandises, des cosmétiques aux cravates, des machines à coudre aux gramophones... sur dix maisons, quatre retentissaient du cliquetis des machines à coudre Singer. La prospérité était à son maximum... aussi pauvres fussent-ils, les ruraux mangeaient du riz et du poisson et même du *mam* [pâte-condiment de poisson ou de crevettes] durant toute l'année et non des patates et du maïs comme la population tonkinoise... »[46].

Mais, même en Cochinchine, les autres couches moins favorisées de la population, les ruraux sans terre ou dont le lopin était insuffisant pour nourrir une famille nombreuse, devaient migrer d'une province à l'autre en suivant le calendrier des travaux agricoles pour trouver du travail ; comme la morte saison durait six mois, il leur fallait se rendre dans les agglomérations urbaines pour gagner leur riz comme hommes de peine (coolies)[47]. Ceux des Viet ainsi que de nombreux *Khmer Krom* ou « Khmers d'en bas » (terme qui désigne les Cambodgiens de Cochinchine) qui n'avaient que les miettes de la prospérité et parfois rien du tout, demeuraient ou tombaient dans la dépendance des latifundiaires, dans une situation proche du peonage. Ceux qui refusaient cette condition n'avaient d'autre ressource que de s'installer dans les marais et la mangrove où ils défrichaient des parcelles, pêchaient et chassaient. Ceux-là n'utilisaient pas de produits manufacturés comme les allumettes, les lampes à pétrole. Au lieu de cela, ils s'éclairaient avec des torches de résineux, mangeaient des rats et des serpents, des crabes, des escargots et des grenouilles. Ils n'avaient pour vêtements que des pagnes ou des sacs de jute.

---

**44** PA 28, p. 52 du rapport, CAOM.
**45** *Ibid.*, p. 2.
**46** Nguyen Hien Le, *7 ngay trong Dong Thap Muoi* (7 jours dans la Plaine des joncs), p. 106 et 33.
**47** *Ibid.*

## Le nouveau monde du travail

Les gisements miniers, les grandes plantations, les chantiers forestiers, les manufactures urbaines requéraient une main-d'œuvre puisée dans le Tonkin et le nord Annam surpeuplé. Un Tonkinois recruté pour une plantation d'hévéas de Cochinchine se souvient : « nous provenions tous de familles paysannes des provinces de Ha Nam, Nam Dinh, Thai Binh. Nous ne possédions pas un arpent de rizière ni même un centime »[48]. Cet homme n'était pas une exception. Les migrations de l'arrière-pays vers les villes de Haïphong, Nam Dinh et Vinh étaient un phénomène courant dès qu'apparurent les ports et les usines. Les chantiers d'exploitation forestière, les mines d'étain et d'argent du Laos attiraient aussi des migrants viet. Le transport des travailleurs vers les plantations de Cochinchine et du Cambodge fut organisé de façon progressive, systématique et sur une échelle importante.

Au début du XX$^e$ siècle, les Français projetèrent de recruter de la main-d'œuvre chinoise à l'exemple des Britanniques en Malaisie et des Hollandais à Sumatra ; ils se tournèrent aussi vers la main-d'œuvre javanaise pour le sud de la péninsule mais à partir de 1914, le gouvernement des Indes néerlandaises interdit l'émigration. Les Français se rendirent à l'évidence que la main-d'œuvre viet offrait l'avantage d'être sur place et donc plus facilement mobilisable ; et puis elle était moins coûteuse (en 1911, elle était, selon les catégories, de 10,50 à 25,30 $ moins chère) et supposée plus docile. Dans la décennie 1920, le flux migratoire intra-indochinois nord-sud s'établit en surmontant trois obstacles principaux. Le premier était l'attachement psycho-sociologique du rural à la communauté villageoise, de façon concrète aux tombeaux de ses ancêtres, au lopin de terre si exiguë fut-il et également à la sécurité relative assurée par la solidarité de groupe et par l'institution du *khâu phan*. Le second provenait des autorités administratives de la province soucieuses de disposer d'une main-d'œuvre pour les travaux d'intérêt public comme les routes et les digues, ainsi que pour les entreprises locales. Les résidents de province invoquaient les réglements sanitaires et bureaucratiques pour entraver le recrutement sur une grande échelle. Enfin, les coûts de transport étaient élevés jusqu'à ce que la liaison ferroviaire fut assurée par l'achèvement du Transindochinois en 1937.

Jusqu'à cette date, les coolies étaient transportés par bateaux dans des conditions similaires à celle décrites par Joseph Conrad dans *Typhoon* c'est-à-dire dans des cales surpeuplées et insalubres que l'écrivain dénomme *pigpens* (porcheries). Au moment de leur expansion des années 1920, les grandes plantations employèrent de la main-d'œuvre contractuelle recrutée pour trois ans. Le régime ne fut sérieusement réglementé qu'à partir de la création de l'Inspection générale de la main-d'œuvre (1928) et la réglementation de la main-d'œuvre promulguée en 1937. Les travailleurs étaient embauchés par des agences privées qui traitaient avec des *cai*, souvent recruteurs en même temps que chefs d'équipe ou contremaîtres. Ceux-ci pouvaient exploiter durement leurs équipes comme ils pouvaient les protéger contre les employeurs

---

**48** Tran Tu Binh, *Phu Rieng do* (Phurieng la rouge), Hanoï, 1971, p. 23.

voire se montrer solidaires de leurs hommes dans les mouvements revendicatifs[49]. Le régime contractuel conduisit à de tels abus qu'en 1937, le gouvernement français recommanda son abolition[50]. En fait la grande crise mondiale ralentit notablement le recrutement qui fut tari à la veille de la seconde guerre mondiale. En 1945, il n'y avait plus de main-d'œuvre contractuelle sur les grands domaines de l'Indochine.

La répartition de la main-d'œuvre viet dans toute la péninsule brisa le monopole détenu par la main-d'œuvre chinoise. Entre 1925 et 1930, l'économie coloniale fit naître un monde ouvrier qui rassemblait les travailleurs urbains, ceux des transports, des plantations et ceux des industries artisanales. Les statistiques dont nous disposons ne sont pas comparables dans la mesure où elles ne concernent pas les mêmes catégories selon les dates où elles sont établies. En 1929, les entreprises à propriété et gestion française employaient 53 240 salariés dans les mines, 81 188 sur les plantations et 86 624 dans les manufactures et les sociétés commerciales. Le total de 221 052[51] devient 307 958 en 1940-1941 sans inclure les plantations et le commerce mais les travailleurs du secteur minier et divers autres (sauf les industries chimiques) sont 81 188, ceux de la branche artisanale : 219 052[52].

Excepté ceux et celles qui avaient un emploi stable dans les grandes villes, les travailleurs conservaient des liens étroits avec la communauté rurale effectuant ainsi des rotations saisonnières. On peut dire que de nombreux travailleurs avaient un pied dans la rizière et l'autre dans l'usine ; en 1937, le directeur de l'exploitation charbonnière de Hongay regrettait que « chaque année à partir du 15 mai, un tiers de nos mineurs quitte la mine pour moissonner le riz du 5$^e$ mois »[53]. On retrouvait le même va-et-vient dans les plantations d'hévéas des terres grises (par opposition aux terres rouges) de Cochinchine qui employaient une main-d'œuvre libre (et non contractuelle) provenant des environs densément peuplés et cultivés.

Ce monde du travail nouveau avait un caractère distinctif : il était composé majoritairement de travailleurs non spécialisés et non qualifiés. Ces derniers étaient encore peu nombreux parce que l'enseignement professionnel était peu développé. En 1922-1923, il y avait moins de 1 000 élèves inscrits dans les cinq « écoles pratiques d'industries » qui formaient les mécaniciens, les ouvriers du bois et les électriciens[54]. Mais les grandes entreprises assuraient l'apprentissage de leur personnel, c'était le cas des ateliers du chemin de fer de Truong Thi (nord Annam) qui emploient 550 ouvriers en 1930 et l'arsenal de la marine française à Saigon. À partir de 1945, nombre de ces ouvriers participèrent à la résistance anti-française notamment dans les ateliers d'armements du maquis[55].

---

**49** P. Brocheux, « Le prolétariat des plantations d'hévéas 1927-1937 » in *le Mouvement social* n° 90, 1975, p. 55-86.
**50** Rapport confidentiel du Goucoch au Gougal 1937 (Archives personnelles du gouverneur Pagès).
**51** Goudal, *Problèmes du travail...*, 1937.
**52** Rapport de l'Inspection générale des mines et de l'industrie du Tonkin, Hanoï, 1941.
**53** Lettre du directeur des Charbonnages de Dong Trieu au Resuper, 28.4.1933, in Resuper Tonkin M11/71972, ANVN Luu tru 2. La société employait 3 200 coolies.
**54** Trinh Van Thao, *op. cit.* 1995, p. 129.
**55** *Lich su quan gioi Nambo, 1945-1954* (Histoire de l'industrie d'armement du Nam Bo), NXBQDNZ, Hanoi, 1991.

Dans le Vietnam septentrional, dans les mines et les usines deux catégories de travailleurs (*tho*) étaient identifiés d'après leurs vêtements : les manœuvres portaient des *cu nau* (teints en brun) et ceux qui avaient un certain degré de spécialisation portaient le bleu de travail (*ao xanh*)[56]. Dans certaines manufactures cette dualité recouvrait une dualité ethnique, les *tho ao xanh* étaient chinois et les *tho cu nau* étaient viet. Il n'était pas facile d'accéder à la catégorie des *ao xanh* : un militant communiste qui, dans sa jeunesse, désirait être embauché par les ateliers ferroviaires de Truong Thi, dut verser un droit d'entrée au chef d'atelier[57].

En 1929, des rapports internes du parti communiste indochinois évoquent cette division catégorielle et la propagande du parti appelle à la solidarité de tout le prolétariat pour la surmonter[58].

Le sort des travailleurs a évolué dans le temps et selon les lieux de travail. Sur les plantations, principalement celles des hévéas, la période de défrichement de la forêt et des premières plantations fut extrêmement dure à supporter pour les travailleurs à cause des très longues journées de travail (12 à 15 heures) en milieu impaludé, de la malnutrition, des mauvais traitements infligés par l'encadrement, des fuites et des suicides. Ce n'est que dans les années 1930, que le sort matériel (logement, nourriture, soins médicaux) s'améliora[59].

Les sociétés firent appel à l'Institut Pasteur pour améliorer les conditions sanitaires, surtout en luttant contre le paludisme, afin d'assurer « une meilleure santé physique et garantir une productivité régulière de la main-d'œuvre »[60] ; il en résulta un déclin de la mortalité dans les plantations méridionales :

|   | 1927 | 1929 | 1931 | 1935 |
|---|---|---|---|---|
| % | 5,40 | 2,83 | 2,09 | 1,48 |

Source : R. Mingot et Dr J. Canet, 1937, p. 34.

Cette œuvre sanitaire faisait partie du projet d'exploitation scientifique de l'empire. Cependant, la condition morale restait marquée par les comportements brutaux et arbitraires de *cai* et de surveillants (amendes et mauvais traitements corporels).

Le contrat de travail dans ces plantations prévoyait le transport, le logement et la fourniture d'une ration de riz ainsi que la perception d'un pécule qui était remis au travailleur en fin de contrat. En dehors de la composante en nature, le travailleur recevait un salaire en espèces pour la nourriture, les besoins vestimentaires et les dépenses telles que les mariages et les funérailles. L'épargne semble avoir été une réalité, nous en avons un exemple avec les travailleurs des plantations de la province

---

**56** Thi Sanh, *Lich su Phong trao Cong nhan Mo Quang ninh* (Histoire du mouvement ouvrier du bassin houiller du Quang Ninh), 1974, p. 297 et Dinh Van Duc *Con duong song* (Le chemin de la vie) in *Chi mot con duong* (Il n'y a qu'une seule voie), Hanoï 1974, p. 46-48.
**57** Dinh Van Duc, *ibid*.
**58** Thi Sanh, *op. cit.*, p. 297-299 et Slotfom III, 49/6, CAOM (documents du PCI capturés par la Sûreté indochinoise).
**59** Tran Tu Binh, *op. cit.*, p. 85.
**60** R. Mingot et Dr Jean Canet, *L'hévéaculture en Indochine. La main-d'œuvre*, brochure de l'Institut du caoutchouc, Saïgon, 1937, p. 14.

de Bienhoa qui, en 1936, virèrent la somme de 25 106 $ 50 à leurs familles restées au Tonkin[61]. Les salaires des travailleurs contractuels furent stabilisés pendant la grande crise au contraire des travailleurs libres qui subirent les licenciements et les baisses de leur rémunération.

Les sociétés n'augmentèrent pas les salaires des contractuels mais elles ne purent procéder à une baisse qu'en 1937, une fois la crise économique passée (en centimes de piastre) :

|  | 1911 | 1925-1927 | 1932 | 1935 | 1937 |
|---|---|---|---|---|---|
| Hommes | 0,35 | 0,40 | 0,30 | 0,27 | 0,32 |
| Femmes | – | 0,30 | 0,23 | 0,20 | 0,25 |

Source : APCI et BSPCI de 1911 à 1937.

Cette politique de baisse salariale fut à l'origine de grèves de 1932 à 1937.

Nous ne disposons pas d'études systématiques des salaires et des prix mais nous avons quelques repères qui nous permettent d'aller au-delà des moyennes consignés dans les statistiques officielles. Par exemple, l'Enquête sur la population ouvrière et les salaires à Nam Dinh (Tonkin) en 1928 révèle une diversité de catégories et de situations qui contredit les stéréotypes misérabilistes et montre une relative différenciation des salaires.

Tableau 22. Les salaires des travailleurs de Nam Dinh en 1928 (en piastres).

| Entreprises | Main-d'œuvre | Hommes | Femmes | Horaires journaliers | Salaires journaliers ou aux pièces |
|---|---|---|---|---|---|
| Soc. Franco-annamite pour l'industrie de la soie | 835 | Mensualisés : 15 secrétaires comptables (12 à 80 $) 16 surveillants (10 à 80 $) 2 électriciens (15 et 40 $) 9 mécaniciens (15 à 80 $) | 622 0, 12 à 0,35 $ | 12 h | 78 coolies payés à la journée 0,30 et 0,40 $ 93 tisseurs payés à la tâche 0,50 $/jour |
| Soc. Indo d'électricité | 78 | 12 à 35 $/jour | | 8 heures | à la journée |
| Distillerie de la SFDIC | 270 | 256 : 0,60 à 1,10 $ coolies : 0,28 à 0,40 $ | 15 à 0,17 à 0,19 $ | 10 h | idem |
| Entreprise d'embouteillage et de Transport des alcools indigènes de la Société anonyme. des transports marit. et fluv. Indo. | 227 | 155 cai et gardiens de 18 à 15 $ par mois OS : 7 à 15 $ Patron, pilote et matelots de la chaloupe : 30 à 9 $ | 72 de 0,18 à 0,20 $ par jour | 10 h | Cai, gardiens et mécaniciens au mois Emballeurs, charpentiers à la journée Fabricants et transporteurs de caisses à la tâche |

Source : ANVN, Luu tru 1, Hanoï, fonds province de Namdinh, M 113181.

---

[61] P. Brocheux, « Le prolétariat… », *op. cit.* p. 74.

Les bas salaires des travailleurs manuels urbains les obligeaient à se loger à la périphérie des villes dans des habitations de paillotes ou en bois à raison d'une famille de cinq, six personnes dans une pièce unique. Ces quartiers surpeuplés étaient des bouillons de culture pour la tuberculose et les maladies vénériennes, la criminalité et la prostitution. En 1930, une enquête effectuée par des militants communistes décrivait des quartiers prolétariens de Hanoi affectés par l'alcoolisme, l'opiomanie et les jeux[62].

## Conclusion

Les capitalistes français avaient introduit en Indochine une économie financée et pilotée de l'extérieur, employant une main-d'œuvre bon marché et s'attribuant la majorité des profits. Ce processus a engendré un monde de travailleurs familiarisés avec les méthodes de production et d'échanges modernes mais il n'a pas fait naître un capitalisme indigène. En d'autres termes il n'y a pas eu d'émergence d'une classe vigoureuse d'entrepreneurs nationaux à cause d'une hégémonie partagée entre Français et Chinois, même si les Français détenaient la part du lion. Mais les Français n'ont fait que superposer l'économie coloniale sur un socle d'économie indigène où une agriculture vivrière savante et intensive s'articulait sur un artisanat productif qui irriguait des réseaux d'échanges ramifiés au niveau local, provincial et régional. L'État français a joué un rôle déterminant dans la mise en place et le fonctionnement des structures nouvelles, en coopération avec les groupes d'intérêts privés ou en les soutenant. L'économie coloniale pouvait servir de modèle de développement ou du moins inspirer celle qui lui succéderait éventuellement.

---

**62** Slotfom III, 49/6, CAOM, *op. cit.* (documents capturés).

Chapitre cinq
# La crise du système colonial

Alors que le régime colonial en Indochine paraissait atteindre son apogée, les premiers symptômes de dysfonctionnement se manifestèrent sous deux formes : l'effervescence politique à partir de 1925-1926 et la grande récession économique de 1931. Ils formaient ensemble une crise globale du système colonial qui semblait conforter la théorie communiste de la chute imminente du système capitaliste mondial. Au début de la décennie 1930, les deux crises coïncidèrent. Celle de l'économie s'installa en même temps que la répression de toutes les tendances émergentes du mouvement indépendantiste vietnamien, et en particulier du Parti communiste indochinois qui venait de faire une entrée fracassante sur la scène politique.

Toutefois, il n'y eut pas de relation causale entre les deux crises parce que les troubles politiques précédèrent la crise économique. La sortie de celle-ci coïncida avec un regain des revendications des travailleurs en même temps que de l'activisme politique qui ne cessa qu'avec le déclenchement de la deuxième guerre mondiale. Celle-ci renouvela la répression coloniale du mouvement indépendantiste et instaura l'occupation japonaise de la péninsule Indochinoise. À son tour, la présence japonaise entraîna l'économie locale dans le conflit militaire mondial et mit fin à la domination coloniale française.

## La grande crise de l'économie mondiale en Indochine

Les pays d'Indochine étant intégrés dans l'économie mondiale et dépendants d'une métropole capitaliste, ils ne pouvaient échapper à la dépression qui frappa le monde occidental. Bien que l'on se réfère à la date de 1929 comme celle de la grande crise, celle-ci se propagea progressivement : l'Indochine comme la France en fut le théâtre plus tardivement que les États-Unis et l'Allemagne.

En Indochine, deux secteurs connurent des remous avant le « Vendredi noir » de Wall Street : l'hévéaculture et le commerce chinois. Entre 1925 et 1928, les cours mondiaux du caoutchouc passèrent de 73 cents à 22 cents (du dollar américain) la livre anglaise (453,59 grammes), ils s'effondrèrent à 3 cents en 1932. Entre 1925 et 1932, les prix mondiaux « déclinèrent de 92 % tandis que la consommation mondiale du produit ne diminuait que de 20 % et les exportations de 6 % seulement »[1].

Par ailleurs, en 1929, faillites et liquidations judiciaires se multiplièrent chez les commerçants chinois de Saigon-Cholon, surendettés :

| 1927 | 1928 | 1929 | 1930 | 1931 |
|---|---|---|---|---|
| 52 | 91 | 118 | 118 | 126 |

Source : *Rapport* de M. Boisson, inspecteur des colonies 1930[2].

À l'époque, ces faits apparurent comme isolés avec leurs causes spécifiques : la surproduction, le surendettement mais non comme les signaux avant-coureurs d'une récession généralisée.

### La grande crise atteint l'Indochine

Ce fut à l'automne 1930 lorsque l'économie rizicole fut touchée que tout le pays sombra dans la récession. Le sens en fut donné par l'effondrement des cours du riz vers le milieu de l'année 1930 :

Tableau 23. Prix du quintal de riz, en piastres, à Saigon, 1929-1934.

|  | 1929 | 1930 | 1931 | 1932 | 1933 | 1934 |
|---|---|---|---|---|---|---|
| Riz blanc n°1 | 11,58 | 11,34 | 6,72 | 5,49 | 4,07 | 3,26 |
| paddy | 7,11 | 6,90 | 3,86 | 3,10 | 2,29 | 1,88 |

Source : *Statistique générale de l'Indochine. Résumé statistique relatif aux années 1913 à 1940*, Hanoï, 1941.

Le riz était à la fois un aliment et une marchandise : il entrait, parfois intégralement, dans le montant des fermages, des loyers ainsi que des salaires. Chaque variation dans le commerce du riz se répercutait directement ou indirectement dans la vie des Indochinois et elle avait de graves conséquences en Cochinchine qui était la productrice majeure et la principale exportatrice de cette denrée. Par conséquent, la colonie et particulièrement le delta du Mékong était le talon d'Achille de l'économie indochinoise[3] ; dès octobre 1931, le gouverneur constatait que les Chinois de la ville de Cantho, « la capitale du delta », avaient célébré le Double Dix (10 octobre 1911), la fête nationale chinoise, de façon maussade, sans défilé aux flambeaux ni pétards ni feu d'artifice, un symptôme local mais significatif de la crise ambiante[4].

Néanmoins plusieurs mois passèrent avant que les autorités et la population ne se rendissent compte qu'il ne s'agissait pas d'un malaise passager mais d'une réelle récession. Après tout, 1930 avait été une année d'euphorie, elle avait vu l'inauguration officielle du canal Rach Gia-Ha Tiên, l'ouverture à Can Tho de la première

---

1 M. Murray, *op. cit.*, p. 263.
2 NF Indo 284, CAOM.
3 P. Brocheux, *The Mekong Delta*... chap. 6.
4 Rapports politiques mensuels du Goucoch 1930-1932, NF Indo 2647, CAOM.

succursale de la Banque de l'Indochine et la presse consacra une large place à la mise en marche de la première briqueterie mécanique de Cochinchine. Ces événements étaient les signes d'une économie en plein essor, la promesse d'un brillant avenir. Jusqu'en mai 1930, la Banque de l'Indochine partageait cette illusion en continuant de consentir des prêts aux propriétaires fonciers et aux négociants pourtant déjà en proie aux difficultés.

Dans la réalité, les principales exportations ne connurent pas de chute brutale. Dans le cas du maïs, qui était assuré d'un écoulement sur le marché de la métropole protégé de la concurrence étrangère, on constate que la surface cultivée augmenta de 25 %, passant de 75 000 hectares en 1932 à 100 000 ha en 1933[5]. Le tableau suivant indique la même trajectoire excepté pour le sucre :

**Tableau 24. Les principales exportations d'Indochine, 1928-1934.**

(en milliers de tonnes)

|  | 1928 | 1929 | 1930 | 1931 | 1932 | 1933 | 1934 |
|---|---|---|---|---|---|---|---|
| Riz | 1798 | 1472 | 1122 | 960 | 1214 | 1289 | 1513 |
| Caoutchouc | 9,8 | 10,3 | 10,5 | 11,9 | 14,6 | 18,7 | 20,5 |
| Maïs | 128 | 141 | 122 | 96 | 176 | 298 | 471 |
| Sucre | 2 | 1,6 | 0 | 0 | 0 | 0,3 | 0,7 |
| Charbon | 1067 | 1351 | 1324 | 1272 | 1162 | 1263 | 1179 |

Source : *résumé statistique, op. cit.*

Au total, la chute des cours ne concerna que le volume des produits exportés pendant l'année 1931. Les ventes de caoutchouc ont même progressé sans ralentissement à cause de la mise en saignée des arbres plantés 6 ans auparavant et aussi grâce au soutien du gouvernement qui ne se démentit jamais.

### Le talon d'Achille de l'économie indochinoise

Les années 1920 sont celles de l'afflux des capitaux en Indochine et les banques ne furent pas avares de prêts, allant jusqu'à solliciter les emprunteurs. Les prêts et les opérations spéculatives se multiplièrent et rendirent les capitalistes métropolitains méfiants ; leur inquiétude fut renforcée lorsqu'en décembre 1930, la Société française financière et coloniale (propriétaire de 19 entreprises en Indochine et présidée par Octave Homberg) fut sauvée *in extremis* de la banqueroute par l'intervention de grandes banques comme celle de l'Indochine, pressées par l'État d'intervenir. Cette affaire discrédita les affaires coloniales, de 1927 à 1931, l'indice annuel moyen de la valeur des actions indochinoises chuta de 100 à 34.

Le tableau 25 porteur de la superficie des terres hypothéquées et de la liste des créanciers au 31 décembre 1931 met en lumière l'ampleur de l'endettement en même temps que la diversité des sources de prêts et les différences régionales[6].

---

**5** J. B. Condliffe (edit.), *World Economic Survey 1931-1932*, 1932.
**6** Yasuo Gonjo, *op. cit.*, p. 342.

## Tableau 25. Superficies de terres hypothéquées et les créanciers le 31 décembre 1931.

| Créanciers | Cochinchine | Tonkin | Annam | Cambodge | Total | % |
|---|---|---|---|---|---|---|
| Crédit foncier agricole Indo | 4 583 160 | 230 | 46 923 | 51 715 | 4 911 798 | 12.9 |
| Cie foncière Indo | 1 237 480 | 177 | 35,5 | n.a. | 1 499 980 | 3.8 |
| Banque de l'Indochine | 2 434 240 | 490 36 | 53,5 | 87,08 | 3 065 180 | 8.0 |
| Banque franco-chinoise | 903 342 | 5 | | 20 | 928 342 | 2.4 |
| Soc. annamite de crédit | 85 043 | | | 5 | 90 043 | 0.2 |
| Société Union immobilière | 30 | | | | 30 | 0.1 |
| Société foncière saigonnaise | 226 000 | | | | 26 | 0.6 |
| Société financière fr. et col. | 25 | | | | 25 | 0.1 |
| Soc. foncière sud-indochinoise | 5 | | | | 5 | – |
| Banque de Saigon | 50 | | | 5 | 55 | 0.1 |
| Banques étrangères | 200 | | | | 200 | 0.5 |
| Caisse crédit agricole mutuel | 4 741 939 | | | 12,7 | 4 754 639 | 12.5 |
| Indiens (Chettiars) | 9 617 557 | 3 | | 107,8 | 9 728 | 25.5 |
| Vietnamiens | 9 573 517 | 513 136 | 24,8 | 69 668 | 10 181 121 | 26.7 |
| Chinois | 177,27 | | | 4,5 | 181,77 | 0.5 |
| Français | 1 433 246 | 241 253 | | 110 | 1 784 969 | 4.7 |
| Fournisseurs | 286 246 | 167 176 | 30,5 | 15 613 | 499 535 | 1.3 |
| | | | | | | |
| TOTAL | 35 609 510 | 1 826 925 | 191 223 | 489 076 | 38 116 734 | 100 |
| | | | | | | |
| Superficie hypothéquée | 427 327 HA | 31 562 HA | 10 582 HA | 3 861 HA | 464 332 HA | |

Lorsque la dépression frappa l'Indochine, les provinces exportatrices de riz du delta méridional étaient endettées d'une façon que l'on peut qualifier de chronique. Tandis que le taux moyen de terres hypothéquées du delta augmenta de 18 %, il atteignit 27 % dans la province de Bac Lieu et 31 % dans celle de Can Tho, sans compter les dettes personnels et les dettes saisonnières pour les moissons. La crise révéla l'existence d'une hiérarchie de l'endettement qui liait de nombreux propriétaires fonciers aux *chettiars* ou à la Banque de l'Indochine. Les prêteurs indiens avaient le droit de poursuivre leurs débiteurs et de saisir les propriétés hypothéquées. Et de fait, les *chettiars* s'emparèrent de 22 000 ha tandis qu'en 1934, la crise étant passée, la BIC ou plus exactement sa filiale, le Crédit hypothécaire indochinois (CHI), se retrouva propriétaire de 18 000 ha de rizières[7]. Cependant le gouverneur de la Cochinchine déclara des chiffres plus élevés soit 132 494 ha qui passèrent de leurs détenteurs aux *chettiars*

---

[7] P. De Feyssal, *L'endettement agraire en Cochinchine*, …, 1933. Tableau reproduit dans Yasuo Gonjo, *op. cit.*, p. 342.

et au CHI[8]. Comparés au 2 millions d'hectares de rizières officiellement enregistrés au rôle foncier, ces chiffres cités apparaissent faibles, 2 à 6 % du total.

En ces temps difficiles, l'hévéaculture apparut comme l'enfant chérie du capitalisme métropolitain et, de façon immédiate, elle reçut le soutien privilégié de l'État. Dès 1928, trois ans avant que n'éclatât la crise rizicole, lorsque les cours mondiaux du caoutchouc s'effondrèrent, le gouvernement colonial fut « la béquille du capitalisme ». André Diethelm, alors directeur des Finances du gouvernement général (plus tard ministre du général de Gaulle), confirma le fait le 22 janvier 1931[9] en reconnaissant que le gouvernement percevait une part des revenus des grandes sociétés. En effet, celles-ci reçurent des subventions du gouvernement qu'elles remboursaient avec des actions avec dividendes. Cette forme d'intervention renforça les intérêts communs des capitalistes et de l'État. L'exposé de Diethelm concernait précisément la Société Michelin qui versait au Budget général 0,75 % ad valorem du prix d'exportation du caoutchouc. Mais la SOCFIN (Société financière du caoutchouc) du groupe Hallet-Rivaud dont les plantations d'Indochine produisaient plus du tiers du tonnage de caoutchouc fut également un des principaux bénéficiaires des subventions gouvernementales[10]. Le délégué du directeur des Finances de l'Indochine justifiait l'appui gouvernemental d'une manière on ne peut plus franche et claire : « l'effondrement des affaires de caoutchouc indochinoises, qui seules (avec les entreprises minières du nord de l'Indochine), ont su attirer d'importants capitaux français à la colonie, aurait consacré la faillite de la colonisation européenne en ce pays. Perspective qu'il fallait refuser d'envisager pour ses conséquences désastreuses au moment surtout où les splendeurs de l'Exposition coloniale allaient présenter aux nations rassemblées la synthèse du magnifique effort des colons français depuis 100 années[11] ».

En 1931-1932, le bilan établissait que le montant des prêts et primes consentis par le gouvernement aux planteurs de caoutchouc atteignait 139 millions de francs alors que les taxes à l'exportation du caoutchouc ne totalisait que 12 377 550 francs. De 1931 à 1934, les planteurs reçurent de l'État plus de 90 170 000 F. sous forme de prêts et 96 140 000 F. de primes[12].

Pendant la même période, après des demandes répétées des associations de producteurs, le gouvernement général (GG) vint en aide aux planteurs de café, poivre et thé de diverses façons : par des primes à l'exportation du thé et du sisal, les réductions d'impôts sur les exploitations minières (environ 80 % pour le zinc et 60 % pour l'étain) ainsi qu'un dégrèvement de 40 % sur les taxes à l'exportation du riz. Le GG créa également les fonds de compensation pour le caoutchouc, le café, sans compter les offices du riz et du crédit rural[13].

---

**8** Discours du Goucoch au Conseil colonial, Saïgon, 1934.
**9** Déclaration de Diethelm in Fonds Concessions 48, dossier Société des plantations des terres rouges, CAOM. Sur l'intervention de l'État français, voir P. Brocheux, "the State and the 1930's Depression in French Indochina" in P. Boomgardt and I. Brown (edit.), *Weathering the Storm...*, p. 251-270.
**10** William Clarence-Smith in colloquium, Milano 1994 "Private Enterprise during Economic Crises...", p. 13.
**11** M. Boucheret, *op. cit.* p. 17.
**12** E. Baillaud, *op. cit.* 1944.
**13** Rapport de Blanchard de la Brosse à l'Institut international de Lisbonne, avril 1934.

## Les effets intérieurs de la crise

Celle-ci qui apparut en 1930 et prit fin en 1934, renforça l'emprise du capitalisme français sur l'économie indochinoise au détriment du petit colonat français et de la couche moyenne des propriétaires fonciers, des riches agriculteurs vietnamiens et des commerçants chinois qui avaient une assiette financière fragile. Le sauvetage de ces catégories n'apparut pas prioritaire aux yeux du gouvernement colonial. Toutefois, elle ne ne mit pas fin à l'hégémonie du négoce chinois dans le grenier à riz méridional.

La dépression s'étendit en fonction du degré d'intégration dans l'économie d'exportation. Les secteurs agricoles du Tonkin et de l'Annam ne souffrirent pas au même degré que celui de la Cochinchine. Cependant, de 1930 à 1937, la balance commerciale du Tonkin accusa un déficit à cause de la baisse des exportations du riz et du maïs[14] : « Annuellement, le Tonkin exportait 200 000 tonnes de riz, en 1932, il n'en exporta que 25 000 tonnes » *(Vœux de la délégation du Tonkin...)*. Au Tonkin même, les conséquences de la crise ne furent pas les mêmes partout, par exemple dans la province de Hà Nam les grands propriétaires fonciers furent les premiers à souffrir de la crise « mais curieusement les pauvres et les petits agriculteurs ne furent pas immédiatement touchés parce le riz était bon marché et il n'y avait pas de disette alimentaire » (*Lettre du tuân phu chef de province au résident supérieur*, 15 octobre 1934). Les propriétaires fonciers durent vendre leur surplus de riz à bas prix mais ils ne purent réduire leurs dépenses sous peine d'atteinte à leur statut social et furent obligés de vendre leurs rizières (*Lettre du tri-huyên chef de district au tuân phu*). Un autre *tri-huyên*, celui de Binh Luc, relatait que « la misère était atténuée parce qu'un bon paysan annamite ne refuse pas un bol de riz à un parent pauvre qui le lui demande. En outre, chaque jour et dans chaque nuit obscure et froide on peut voir des hommes et des enfants pêcher avec des instruments rustiques dans chaque étang ou rivière du village. Des femmes et des fillettes s'immergent dans les eaux boueuses pour capturer des crevettes, des grenouilles, des crabes, des escargots, en bref tout ce qui se mange »[15].

La dépression s'étendit dans les gisements miniers et les agglomérations urbaines du Tonkin et elle provoqua une baisse de la production et de nombreux licenciements de la main-d'œuvre ; le gouverneur général Pierre Pasquier en fit mention dans un discours et, par ailleurs, les faits furent rapportés dans une publication officielle :

**Tableau 26. La dépression au Tonkin, 1929-1933.**

|  | 1929 | 1930 | 1931 | 1932 | 1933 |
|---|---|---|---|---|---|
| Valeur production charbon | 18,5 millions piastres($) | 16 millions | 13 millions | 11,8 millions | 10 millions |
| Tonnage de charbon | 1 972 000 | 1 955 000 | 1 726 000 | 1 714 000 | 1 591 000 |
| Tonnage de zinc | 47 000 | 38 000 | 16 000 | 18 000 | 8 000 |

**14** *Rapport sur la situation... Tonkin 1929-1939*, Hanoï 1940.
**15** Les trois lettres sont dans Resuper Tonkin L⁴ 74973, ANVN Luu tru 1.

| Tonnage de phosphates | 17 700 | 26 565 | 3 858 | 6 500 | — |
| --- | --- | --- | --- | --- | --- |
| Licenciements | | 24000 mineurs | | 25 000 Vietnamiens | |
| Travailleurs Revenus des plantations du sud | | | 8 223 | 10 921 | |

Sources : Discours de P. Pasquier du 2 décembre 1932 ; *Rapport sur la situation économique et financière du Tonkin 1930-1934* et *Résumé statistique 1913-1940*, op. cit.

Au Tonkin, et selon les mêmes sources, le port de Haiphong offrit un tableau similaire à celui de Saigon-Cholon (voir graphique 12 des entrées et sorties du port). La population de la ville tomba de 168 000 à 73 000 habitants. Les deux tiers de sa population viet repartit à la campagne et, en 1934, plus de la moitié des immeubles possédés par le Crédit foncier indochinois était vide. La moitié de l'importante communauté chinoise retourna en Chine ou se cacha pour échapper au fisc ou aux créanciers[16]. On peut supposer que l'exode urbain des Vietnamiens n'améliora pas les conditions de vie dans le delta surpeuplé.

La situation fut plus critique en Cochinchine. Les rapports des administrateurs mentionnent le ralentissement de production ou la fermeture de nombreuses rizeries, scieries, briqueteries, fabriques de saumure dont les salariés sont mis au chômage. De nombreux commerçants rendent leurs licences et les marchés sont souvent peu fréquentés. Par exemple, en 1932, dans le chef-lieu de la province de My Tho, la Société des dragages d'Indochine réduit sa main-d'œuvre de 300 employés à 191, l'usine d'électricité congédie 18 travailleurs et une imprimerie diminue de moitié le nombre de ses employés. La moitié des 100 rizeries de la ville arrêtent leur production. Sur les 59 briqueteries et scieries, seulement 15 fonctionnent[17]. Le tableau est le même dans d'autres provinces de la Cochinchine. Dans la Cochinchine orientale, le secteur des plantations, la Société agricole du Song Ray (1 648 hectares d'hévéas) réduisit le nombre des salariés indigènes de 1 398 (en 1929) à 1 130 (en 1930) et finalement à 330 en 1931[18].

La chute des prix des denrées alimentaires profita-t-elle à toute la population ? Certainement pas dans le sud du pays parce que dans les campagnes les salaires étaient totalement ou partiellement payés en paddy, en particulier aux journaliers agricoles et aux travailleurs saisonniers comme les repiqueurs de riz et les moissonneurs. Ceux-ci étaient rémunérés avec une quantité inchangée d'un riz qu'ils revendaient moins cher. Dans le delta du Mékong, le travail d'un moissonneur était payé un *gia* (40 litres) de paddy par *công* (0,13 ha) en 1929 ; or, en 1932, il percevait la même quantité qui ne valait plus que 20 ou 30 cents au lieu d'1,20 $ le *gia*. La

**16** Rapport à l'Assemblée générale du Crédit foncier du 5.7.1935, CAOM Rap. 148. À Hanoi, les bénéfices nets de la société commerciale vietnamienne Quan Hung Long accusent une chute de 26 109 $17 en 1928-1929, 25 275,23 en 1929-1930 à 2 596,11 en 1930-1931 puis à 508, 71 en 1931-1932, BNF, 4Wz 6610.
**17** Rapport économique 2e semestre 1932, NF Indo 826, CAOM.
**18** Procès-verbaux des assemblées générales 1929-1931, BNF 4Wz 6619.

Histoire économique du Viet Nam. 1850-2007

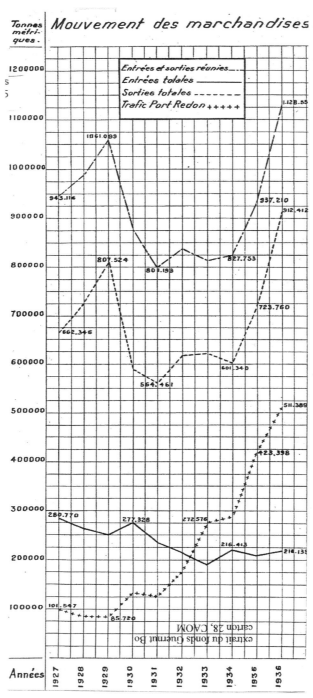

Graphique 12. Le mouvement des marchandises du port de Haiphong, 1927-1936.
Extrait du fonds Guernut Bo, carton 28, CAOM.

plupart des travaux de la morte saison ayant cessé et n'offrant plus de complément, aussi modique fut-il, les travailleurs en étaient réduits à accepter des salaires dérisoires[19]. Les fermiers dépendaient de leurs propriétaires et par conséquent ils ressentaient les difficultés de ceux-ci ; la main-d'œuvre permanente subissait le même sort car les salaires annuels passèrent de 120 $ avant la récession à 60 ou 80 $ en 1932[20].

Les citadins bénéficièrent-ils de la baisse des prix sur les marchés ?

Tableau 27. Indices du coût de la vie, 1925-1940.

| | HANOI | | | | | | SAIGON | | | | | |
|---|---|---|---|---|---|---|---|---|---|---|---|---|
| | Européens | | classe moyenne Viet. | | Ouvriers Viet. | | Européens | | classe moyenne Viet. | | Ouvriers Viet. | |
| années | ind.gal | aliment. | gal | aliment. | gal | aliment. | gal | aliment.2 | gal | aliment.3 | gal | aliment.4 |
| 1925 | 100 | 100 | 100 | 100 | 100 | 100 | 100 | 100 | 100 | 100 | 100 | 100 |
| 1926 | 104 | 101 | 100 | 98 | 99 | 99 | 97 | 94 | 100 | 100 | 99 | 99 |
| 1927 | 113 | 115 | 103 | 104 | 104 | 102 | 103 | 105 | 102 | 104 | 103 | 103 |
| 1928 | 115 | 116 | 106 | 100 | 103 | 97 | 110 | 118 | 108 | 110 | 106 | 104 |
| 1929 | 123 | 122 | 114 | 107 | 113 | 104 | 112 | 114 | 112 | 113 | 113 | 112 |
| 1930 | 132 | 131 | 122 | 114 | 121 | 113 | 122 | 126 | 122 | 125 | 121 | 117 |
| 1931 | 127 | 129 | 115 | 102 | 107 | 97 | 119 | 121 | 116 | 113 | 105 | 92 |
| 1932 | 118 | 123 | 105 | 91 | 96 | 84 | 111 | 112 | 104 | 94 | 92 | 76 |
| 1933 | 107 | 114 | 92 | 80 | 84 | 72 | 98 | 107 | 97 | 87 | 85 | 69 |
| 1934 | 99 | 102 | 86 | 75 | 79 | 69 | 92 | 99 | 91 | 80 | 78 | 60 |
| 1935 | 92 | 93 | 78 | 71 | 71 | 62 | 89 | 96 | 89 | 81 | 78 | 64 |
| 1936 | 90 | 91 | 76 | 68 | 70 | 60 | 86 | 92 | 87 | 81 | 79 | 67 |
| 1937 | 105 | 110 | 93 | 95 | 93 | 88 | 93 | 103 | 97 | 97 | 94 | 87 |
| 1938 | 118 | 133 | 107 | 117 | 108 | 107 | 103 | 121 | 104 | 112 | 107 | 109 |
| 1939 | 135 | 149 | 124 | 130 | 118 | 117 | 108 | 131 | 108 | 115 | 110 | 109 |
| 1940 | 154 | 174 | 145 | 152 | 140 | 135 | 120 | 147 | 120 | 134 | 128 | 128 |

Les indices du coût de la vie (tableau 27) indiquent une baisse des prix des denrées alimentaires de 1931 à 1937 mais les charges fiscales ne diminuèrent qu'à partir de 1933-1934.

Dans le centre du pays (l'Annam) où l'économie était qualifiée « d'économie fermée » par un administrateur français parce que le riz était produit en majeure partie pour l'auto-consommation, l'exportation des denrées commerciales telles que la cannelle, le thé, le maïs, le tabac, le café, le coton, la soie et le poisson séché diminua ou s'arrêta. Le cas le plus dramatique fut celui du sucre de la province du Quang Ngai dont la production déclina de 20 000 tonnes en 1929 à 4 000 tonnes en 1937[21]. La Société (française) agricole du Kontum abandonna la culture du caféier en 1931 et ne maintint que celle du théier (176 hectares) et réduisit sa main-d'œuvre de 800 coolies

---

**19** *La Tribune indochinoise* du 24.4.1932
**20** *Ibid.*
**21** Vœux du conseil d'administration de la coopérative agricole du Quang Ngai, fonds Guernut Bn, CAOM.

(effectif moyen) en 1928 à 100 en 1932 en même temps qu'elle diminua leurs salaires de 20 %. En 1934, la Société fusionna avec la Société des Thés d'Indochine (663 ha à Pleiku) et avec la Société indochinoise des cultures tropicales (461 ha à Dalat)[22].

## La diminution des revenus publics

Pendant les trois années 1931, 1932, 1933, les échanges intérieurs et extérieurs ralentirent, partout la valeur de la terre et des biens fonciers diminua de façon sensible : 50 % et la paupérisation gagna toutes les classes sociales. Par conséquent les revenus budgétaires décrurent de façon notable, les revenus douaniers baissèrent de 25 % en 1930-1931, les contributions indirectes de 35 % en 1929-1931 et il n'est pas jusqu'aux trois monopoles (sel, alcools, opium) qui n'aient enregistré des pertes[23], voir ci-dessous les recettes nettes des régies, en millions de piastres :

| 1930 | 1931 | 1932 | 1933 | 1934 | 1935 | 1936 |
|---|---|---|---|---|---|---|
| 17,6 | 14,3 | 9,8 | 5 | 7 | 8,5 | 8,6 |

Source : *Résumé statistique, op. cit.*, p. 35.

Une circulation monétaire notablement réduite accompagnait et entravait les perceptions d'impôts ainsi que les transactions commerciales :

| 1929 | 1930 | 1931 | 1932 | 1933 | 1934 | 1935 | 1936 |
|---|---|---|---|---|---|---|---|
| 146,2 | 121,5 | 102,1 | 92,9 | 91,2 | 95 | 88,3 | 113,4 |

Source : *Résumé statistique, op. cit.*, p. 17.

En Annam, la raréfaction des piastres déprécia la sapèque, monnaie d'usage courant, et plaça les ruraux dans l'incapacité de payer leurs impôts. En Cochinchine, le gouverneur remarquait que « les indigènes éprouvent de grandes difficultés à s'acquitter de leurs redevances fiscales, ils payent avec des billets déchirés, des petites pièces d'argent et même avec des sous (cents) »[24]. La Régie ne pouvait plus contraindre les indigènes à acheter son sel et son alcool : « Il y a une propension à utiliser l'alcool distillé clandestinement avec le surplus de riz invendu »[25]. Dans la province méridionale de Bac Lieu, le stock d'alcool n'arrive pas à être écoulé même après une baisse du prix[26].

Le gouverneur Pagès rapporte que le nombre des contribuables vietnamiens a diminué d'un tiers (de 1 200 000 à 800 000) entre 1929 et 1934 tandis que le nombre des Chinois imposable a chuté de moitié, de 80 000 à 38 000[27]. Dans ses *Rapports politiques mensuels, 1931-1934*, le même gouverneur souligne la difficulté et le retard de la perception des impôts « des travailleurs qualifiés et des artisans dont les revenus ont

---

[22] Procès-verbaux des assemblées générales ordinaires de 1926-1933, BNF 4Wz 6685.
[23] Blanchard de la Brosse, *op. cit.*, avril 1934.
[24] Circulaire Goucoch 29.8.1934, fonds Affaires économiques 87, CAOM.
[25] Rapport Resuper Annam 1933-1934, NF Indo 2664, CAOM.
[26] Rapport économique 2ᵉ semestre, *op. cit.*
[27] *Bulletin de la Chambre d'agriculture de Cochinchine*, septembre 1924.

pratiquement disparu et qui ne survivent que grâce à l'aide de leurs compatriotes » ; il ajoute que » la capacité fiscale des paysans et des bourgeois est encore faible… Le rendement des impôts indirects est l'indicateur le plus significatif de la situation réelle de la population ». Son observation est illustrée par les tableaux qui suivent :

Tableau 28. Les impôts indirects, 1921-1933.

|  | 1924 | 1929 | 1932 | 1933 |
|---|---|---|---|---|
| Alcool (million de litres) | 12 | 16 | 7 471 | 5 706 |
| Sel (millier de $) | 1 639 | 1 667 | 650 | 618 |
| Douanes (million de $) | 16 |  |  | 13,7 |

Source : *Rapport confidentiel…* 1934.

Au niveau des provinces cochinchinoises de Long Xuyen et Camau, la situation est similaire.

Tableau 29. Alcool (millions litres), opium (kilos), province Long Xuyen, 1930-1934

|  | 1930 | 1931 | 1932 | 1933 | 1934 |
|---|---|---|---|---|---|
| Alcool | 2 333 501,50 | 1 180 416 | 1 060 362 | 940 576 | 775 016,50 |
| Opium | 2 023,49 | 1118,92 | 959,625 | 769,120 | 651,280 |

Source : *Monographie de la province de Longxuyên, 1934*[28].

Tableau 30. Impôts et contribuables de la province de Baclieu.

|  | 1930 | 1931 | 1932 | 1933 |
|---|---|---|---|---|
| Contribuables | 54 419 | 47 123 | 45 481 | 41 283 |
| Impôts en $ | 662 547 | 643 875 | 625 322 | 543 000 |

Source : *Rapport politique…* 1935.

Au Tonkin, le graphique 13 souligne la concordance des courbes de la valeur des exportations de riz, du paiement de la capitation et sa diminution.

Lorsque la dépression débuta, le gouvernement refusa d'accorder un moratoire des impôts[29] mais finalement il fut obligé de diminuer l'impôt personnel ou capitation : en 1933 et 1934 celle-ci fut allégée de 10 % au Tonkin[30]. En 1935, la population de la Cochinchine payait 5,50 $ au lieu de 7,50[31] et celle du Cambodge 5,70 au lieu de 7,35 en 1936[32]. Le gouvernement avait reconnu tardivement que le sort de la population avait empiré.

---

**28** Dactylographiée in Papiers Fraisse, APOM8(2), CAOM.
**29** Circulaire Goucoch 1934, *op. cit.*
**30** *Rapport sur la situation… Tonkin, op. cit.*, 1934.
**31** *Bulletin de la Chambre… Cochinchine, op. cit.*, 1934.
**32** *Rapport sur l'exercice… Cambodge* 1931-1935.

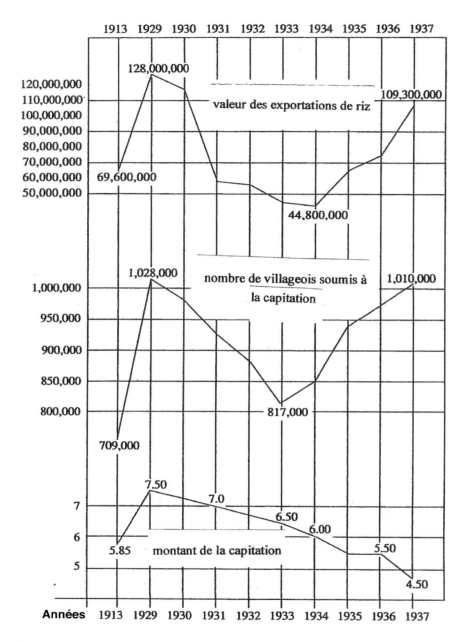

Graphique 13. Valeur des exportations de riz, nombre de villageois qui paient l'impôt personnel, le montant de l'impôt personnel, 1913-1937.

Comme en France, le gouvernement pratiqua une politique déflationniste et amputa de 42 % les dépenses publiques entre 1930 et 1934. Une conséquence immédiate fut l'arrêt du recrutement des fonctionnaires suivi de licenciements. Par exemple, dans la province de Cholon, 9 instituteurs de villages furent mis à pied en 1933. En 1934, étant donné que les revenus de location des rizières communales avaient chuté de 75 %, 13 instituteurs furent à leur tour remerciés et une école-pensionnat fut fermée. L'effectif de la Garde civile de Cochinchine (l'équivalent de la Garde indigène dans les pays de protectorat et de la gendarmerie en France) passa de 110 à 92 et celle de la police rurale, de 100 à 63[33].

Les mesures d'austérité furent insuffisantes pour sauver l'économie de l'Indochine. En 1931, le parlement autorisa le gouvernement à emprunter 1 370 millions de francs. Officiellement, cet emprunt public était destiné « à développer l'équipement » mais son but réel fut d'éviter la banqueroute de la colonie[34], il n'y avait pas d'autre remède dans la mesure où le gouvernement colonial fut incapable ou n'avait pas la volonté d'interdire le virement des capitaux en France.

Le retrait des capitaux de la colonie vers la métropole affaiblit considérablement l'Indochine à un moment où le déficit de la balance commerciale à la fin des années 1920 (tableau suivant) aggravait le déficit de la balance des paiements :

**Tableau 31. Balance des paiements de l'Indochine, 1928-1931.**

(en millions de francs)

|  | 1928 | 1929 | 1930 | 1er semestre 1931 |
|---|---|---|---|---|
| Solde de la balance commerciale | > 340 | + 8 | − 7 | − 141 |
| Capitaux transférés en France | 600 | 500 | 400 | 200 |

Source : M. Meuleau, *op. cit.* p. 369.
Note : les capitaux transférés incluaient les profits, impôts, les frais généraux des sociétés françaises d'Indochine ainsi que les économies des fonctionnaires français.

Pour stabiliser la balance des comptes tout en préservant la parité des changes entre la piastre et le franc au taux de 10 francs la piastre, celle-ci fut rattachée au franc. Cette opération dite de stabilisation de la piastre soulignait la dépendance coloniale comme le fit la nouvelle orientation des exportations.

### La sortie de crise

L'économie indochinoise atteignit le fond du marasme en 1933 et remonta la pente à la fin de 1934, les prix du riz en sont l'indicateur sûr.

**Prix du quintal de riz blanc n° 1 à Saigon.**

| 1934 | 1935 | 1936 | 1937 | 1938 | 1939 | 1940 |
|---|---|---|---|---|---|---|
| 3,26 | 4,19 | 4,97 | 7,86 | 10,63 | 9,27 | 13,20 |

Source : *Résumé statistique… op. cit.*, p. 30.

---

**33** Note administrative au Goucoch du 22.1.1937, Papiers Goutès 1K211, SHAT.
**34** M. Meuleau , *op. cit.*, p. 371.

Dans l'hévéaculture, la remontée des exportations et des prix est spectaculaire, selon M. Boucheret « les principales affaires de caoutchouc renouèrent toutes avec les bénéfices de 1934 et la progression de ces derniers fut spectaculaire dans les années qui suivirent… À la veille de la seconde guerre mondiale, ils s'élèvent à des niveaux jamais atteints auparavant y compris pendant le boom des années vingt », p. 418-420 de la thèse (voir Bibliographie).

En 1935, pour la première fois depuis 1930, le Budget général dégagea un surplus :

### Tableau 32. Surplus budgétaire, 1928-1940.

(million de piastres)

| Années | Revenus (impôts, taxes et régies) | Dépenses |
|---|---|---|
| 1928 | 105 | 89 |
| 1929 | 109,3 | 94 |
| 1930 | 116 | 104 |
| 1931 | 81,3 | 95 |
| 1932 | 71,8 | 83 |
| 1933 | 60 | 68 |
| 1934 | 61 | 63 |
| 1935 | 64,5 | 55 |
| 1936 | 64,6 | 60 |
| 1937 | 87,2 | 67 |
| 1938 | 104 | 93 |
| 1939 | 135,3 | 114 |
| 1940 | 148,3 | 129 |

Source : *Résumé statistique, op. cit.*, p. 35.

En 1936 et 1937 les dévaluations de la piastre favorisèrent la relance des exportations et permirent aux débiteurs de rembourser leurs dettes et les arriérés plus facilement. Néanmoins, le traumatisme économique ne disparut pas d'un seul coup. L'administrateur-chef de la province de Bac Lieu (Cochinchine) observait qu'à la fin de 1935, « la bonne humeur n'était pas encore réapparue dans les villes et ses rues, dans les villages ni sur les routes. Il y a peu d'animation dans la soirée, les représentations théâtrales sont rares et il n'y pas de grandes réunions familiales. On ne fait pas montre d'élégance. Tandis que les voyageurs peuvent avoir l'impression d'une recrudescence d'activité, de circulation et de gaieté dans l'agglomération saigonnaise, le delta, notamment la province de Bac Lieu n'est pas encore sorti de la torpeur où il était plongé à cause de la chute des cours du riz et de l'imprévoyance générale »[35].

On peut suivre le rétablissement progressif de l'économie cochinchinoise en consultant les procès-verbaux des assemblées générales annuelles de la Société anna-

---

**35** Rapport politique du 3e trimestre 1935 (province de Baclieu 1930-1934) in TDBCPNV 303/314, ANVN, Luu tru 2.

mite de crédit de 1933 à 1941[36]. En 1933, « la situation est assez bonne en dépit de la crise (finissante) », en 1937, « la crise est terminée… les progrès sont fort encourageants », en 1938 « la prospérité est enfin définitivement revenue parmi nous » ; en 1941 la situation économique est jugée « très bonne » alors que la guerre fait rage en Europe et en Chine.

### Les conséquences de la crise

Plus encore que le soulèvement politique de 1930-1931, la grande dépression avait dévoilé les soubassements du système colonial. Elle avait confirmé la puissance et la fragilité des sociétés capitalistes et elle s'achevait par un renforcement de la suprématie de la Banque de l'Indochine. En avril 1933, le gouverneur général Pierre Pasquier demanda au directeur général de la BIC de faire une intervention décisive pour stabiliser l'économie de l'Indochine : « Au point actuel de la crise, il m'apparaît qu'une action positive pourrait s'exercer avec fruit : celles des affaires locales qui sont irrémédiablement perdues doivent, sans ménagement, disparaître, celles qui sont gravement compromises, mais qui conservent des éléments de vitalité, doivent être réorganisées et définitivement redressées ; la catégorie – malheureusement plus rare – des entreprises saines et offrant des perspectives d'avenir doit, enfin, trouver auprès des banques des facilités suffisantes de crédit. Or, seul votre établissement dispose de l'organisation, de l'indépendance et des moyens matériels nécessaires pour mener à bien cette discrimination, rétablir sur des bases normales, après les excès spéculatifs antérieurs, l'activité locale et rendre ainsi possible, dès que les conditions générales le permettront, une reprise modérée des affaires indochinoises »[37].

L'historien M. Meuleau écrit qu'« on ne saurait mieux accorder un blanc seing. La BIC… devient le juge en dernier ressort de toutes les affaires privées. Une responsabilité sans précèdent »[38]. Cette toute puissance de la banque qui pénètre dans toutes les grandes affaires de la colonie, inquiète certains comme l'inspecteur des colonies Georges Lasserre qui, en 1938, voit se profiler un *trust* ou un *konzern* qui sera maître de l'Indochine[39]. L'absorption de 27 grandes sociétés par la BIC entre 1930 et 1937 semble confirmer ces craintes et entériner le rôle de grande banque d'affaires de la BIC[40].

La Banque secourut en priorité les grandes sociétés capitalistes françaises et procéda à l'élimination des petites entreprises et des débiteurs individuels, la plupart asiatiques quoique des Européens fissent partie de cette catégorie (par exemple les sociétés de commerce françaises qui cautionnaient les petits détaillants chinois). « L'affaire de la Souchère » (du nom de la débitrice) choqua fortement les Français de Cochinchine : en 1933, la BIC acquit sa plantation d'hévéas située à Long Thanh pour la somme de 100 000 $ alors que sa valeur était estimée à 2 millions $. La BIC fut accusée de profiter de s'enrichir sur le dos des groupes et des individus qu'elle avait attirés dans le piège de l'endettement dans les années 1927 et 1928 (notamment par

---

**36** BNF 8 Wz 3365.
**37** Cité par M. Meuleau, *op. cit.*, p. 371
**38** *Ibid.*
**39** Rapport 1938 de l'inspecteur des colonies G. Lasserre, fonds Affaires économiques 598, CAOM.
**40** M. Meuleau, *op. cit.*, p. 382.

le biais des avances sur titres). Cette dénonciation était fondée dans le domaine immobilier lorsque, ayant fait saisir un patrimoine important pour insolvabilité des emprunteurs ou en achetant à bas prix, la banque doubla ses revenus lorsque les prix de l'immobilier remontèrent en 1937[41].

En 1934, colons et planteurs manifestèrent dans Saigon contre la Banque, cette « nouvelle Compagnie des Indes orientales », ce « temple du Veau d'or », « la Pieuvre ». En proie au désarroi moral, tantôt ils réclamaient l'aide des pouvoirs publics, tantôt ils les attaquaient en leur jetant les mêmes anathèmes que l'extrême-droite métropolitaine : ploutocratie, « phynance juive », gouvernement au service des capitalistes[42]. Ce faisant, ils affaiblissaient l'autorité et le prestige du gouvernement colonial et du même coup l'établissement colonial lui-même aux yeux de la population indigène. On peut même dire qu'ils apportaient de l'eau au moulin des communistes qui venaient de pénétrer en force sur la scène indochinoise trois ans auparavant.

La dépression arrêta l'essor d'une bourgeoisie de propriétaires fonciers et d'entrepreneurs vietnamiens que le surendettement avait rendue très vulnérable et bientôt entièrement tributaire des subsides du Gouvernement octroyés en 1932 sous la forme de prêts à long terme. Mais seule la couche supérieure des entrepreneurs bénéficia de ceux-ci : sur 10 millions de piastres, 9 930 000 furent alloués à 355 propriétaires cochinchinois[43]. Les autorités françaises étaient persuadées qu'elles avaient tout à perdre de la ruine des gros propriétaires ruraux et entrepreneurs. Cependant l'échec du démarrage économique de la bourgeoisie locale fut suivi d'un autre recul, politique celui-là, lorsque les années 1936-1939 virent les communistes gagner du terrain en devenant des acteurs de premier plan sur la scène indochinoise.

Une sécession morale détériora les rapports entre les « gros » et les « petits » dans le delta du Mékong dans la mesure où seule une petite minorité profita de l'aide financière du gouvernement. Paradoxalement, la majorité des paysans, propriétaires et fermiers, ne subit pas la même pression des créanciers que les plus grands, au contraire, livrés à eux-mêmes, ils jouirent d'une relative autonomie : ils ne cultivèrent du riz que pour leur consommation familiale, ils subsistèrent grâce à la pêche, la chasse et au troc. En outre ils purent squattériser des domaines abandonnés aux friches, semant les germes de conflits futurs. D'une façon générale, les relations de clientèle se relâchèrent.

Dans les plaines et dans le delta septentrional, les citadins refluèrent vers les campagnes où les structures familiales et communales étaient suffisamment fortes et souples pour supporter cet afflux de bouches supplémentaires à nourrir. Mais par ailleurs, l'arrivée de familles ou d'individus sans emplois dut aggraver la pauvreté et le surpeuplement en même temps qu'elle tendit les relations de dépendance ou de solidarité à l'intérieur des parentèles et des clientèles. La rhétorique confucéenne qui habillait le modèle hiérarchique des rapports sociaux dut être mise à mal et apparaître moins crédible dans bien des cas. En revanche, ceux qui furent soumis à la propa-

---

**41** M. Meuleau, *op. cit.*, p. 395.
**42** P. Brocheux, *op. cit.*, 1995, p. 174-175.
**43** Rapport d'inspection Bargues (mission Dimpeault) 1937-1938, Affaires économiques, CAOM.

gande communiste furent réceptifs à l'analyse marxiste de la crise[44]. Au total, la paupérisation empira et la délinquance (agressions, vols et pillages) augmenta[45].

Le sort des paysans pauvres, des paysans sans terre et des travailleurs de Saigon tendit à être le même en 1936-1937 si l'on s'en tient aux statistiques[46] : les salaires journaliers calculés en piastres diminuèrent :

|  | 1931 | 1936 |
|---|---|---|
| Ouvriers spécialisés | 1,38 (sn) 1,32 (sr) | 1,07 (sn) 1,36 (sr) |
| Ouvriers non spécialisés ou coolies | 0,64 (sn) 0,60 (sr) | 0,47 (sn) 0,59 (sr) |

Sn = salaire nominal, sr = salaire réel (déflaté)
Source : *Rapport d'inspection* Tupinier, 9 mars 1937.

Le phénomène est illustré de façon plus large par le tableau suivant :

**Tableau 33. Indices de salaires (en $ piastres) des travailleurs non spécialisés, 1930-1939.**

| Années | Saigon-Cholon | Villes du Tonkin et de l'Annam | Industrie minière du Tonkin |
|---|---|---|---|
| 1930 | 100 | 108 | 108 |
| 1931 | 100 | 100 | 100 |
| 1932 | 92 | 95 | 92 |
| 1933 | 84 | 87 | 83 |
| 1934 | 74 | 76 | 70 |
| 1935 | – | – | 65 |
| 1936 | 72 | 68 | 69 |
| 1937 | 82 | 76 | – |
| 1938 | 85 | 84 | – |
| 1939 | 89 | 95 | – |

Source : *Résumé statistique... op. cit.*

Les catégories moyennes de la population composées des fonctionnaires, des enseignants, des secrétaires d'établissements commerciaux, des boutiquiers, des commerçants moyens pâtirent eux aussi du marasme économique ; les autorités coloniales étaient parfaitement conscientes des effets sociopolitiques des licenciements et de l'arrêt des recrutements et dès que le rétablissement budgétaire le permit (1934-1935), le gouvernement recruta à nouveau des fonctionnaires indochinois[47]. Ceux qui avaient

---

[44] P. Brocheux, « Crise économique et société en Indochine française », *RFHOM* n° 232-233, 1976, p. 660-664.
[45] Rapport sur la situation 1935-1936 et Rapports politiques mensuels 1931-1932.
[46] Rapport Tupinier « Les conflits sociaux et la réglementation du travail en Cochinchine », Direction du Contrôle, CAOM.
[47] Rapport sur la situation au Tonkin 1934-1936.

eu la chance de conserver leurs emplois virent leurs traitements diminués de 3 à 5 % en application de la politique de déflation. D'une façon générale, le statut des citadins y compris les Français en bas de l'échelle sociale européenne, en fut amoindri.

## La deuxième guerre mondiale en Indochine

### Les conséquences de la défaite de la France devant l'Allemagne

En juin 1940, le gouverneur général Catroux brossait un tableau sombre de la situation de l'Indochine française : « L'interruption des communications entre la France et la Grande Bretagne signifie que les océans nous sont désormais fermés, les bateaux français sont arraisonnés, les arrivages de France et d'Australie ont cessé, nos surplus exportables sont gelés. La production invendue provoquera des troubles intérieurs. Notre piastre rattachée au franc et dépréciée par la défaite va s'effondrer si elle n'est pas soutenue par une balance commerciale bénéficiaire et des rentrées de monnaie anglaise »[48].

Cependant, un an après ce rapport et quoique réorienté, le commerce de l'Indochine fut paralysé. Bien que les exportations continuèrent, les importations cessèrent parce que les avoirs de la BIC furent gelés par la Grande Bretagne en juin 1940 et par les États-Unis en février 1941. En outre de nombreux navires français furent capturés.

Dès juillet 1940, les activités économiques de l'Indochine furent réorientées vers les marchés d'Extrême-Orient et les riverains du Pacifique. Le 6 juillet, les autorités françaises et britanniques de Singapour signèrent une convention pour poursuivre les relations maritimes et commerciales avec Hong Kong. L'amiral Decoux, qui succéda au général Catroux, maintint les échanges avec les Indes néerlandaises, Hong Kong, Singapour, l'Australie et la Californie. Pour permettre l'adaptation à la nouvelle conjoncture, le gouvernement de la métropole accorda l'autonomie douanière complète à l'Indochine, le 15 octobre 1940. Le dernier bateau arriva de France en novembre 1941, un mois avant que les Japonais n'attaquent Pearl Harbor.

Les communications impériales françaises étaient interrompues et l'alternative Asie du Pacifique fut de brève durée car le Japon envahit l'Asie du Sud-Est en décembre 1941. De toutes les puissances coloniales occidentales, la France fut la seule à continuer d'exercer sa domination mais son isolement la força à coopérer avec les Japonais et l'économie indochinoise fut gérée de manière à satisfaire les besoins du Japon et de ses forces militaires ; huit mois avant Pearl Harbor, les Japonais avaient déjà réquisitionné onze navires français totalisant 86 000 tonnes[49].

Par conséquent, l'économie fonctionna dans le cadre des accords signés en août 1940 et juillet 1941 à Hanoi et à Vichy. Théoriquement leurs buts étaient diplomatiques et militaires mais après Pearl Harbor, ils devinrent plus restrictifs. À Tokyo, le 6 mai 1941, Français et Japonais signèrent une convention de navigation et un accord sur les tarifs douaniers, le commerce et les modes de paiement qui liaient étroitement l'Indochine française au Japon.

---

**48** Lettre du Gougal au ministre des colonies, 24.6.1940, SHAT 10H81.
**49** A. Gaudel, *L'Indochine française face au Japon*, Paris 1946.

Les effets pratiques de cette convention furent « la préférence donnée au Japon pour acheter le riz, le charbon, le maïs, le minerai de fer, le manganèse, le silice, le tungstène et le cuir des bovins dans un volume qui ne devait pas dépasser ce qui était nécessaire aux besoins de l'Indochine ». Les Japonais espéraient que leurs entreprises participeraient au développement futur de l'Indochine y compris à son industrialisation. Selon un propagandiste japonais, « nous espérons réaliser ce que les Français n'ont pas réalisé à savoir « développer les ressources à fin d'accroître le pouvoir d'achat de la masse »[50] ; ce vœu fut-il accompli ?

Selon un auteur américain, il y eut un programme japonais de réorganisation de l'économie indochinoise sur un modèle dirigiste et en collaboration avec les Français. Les Japonais envoyèrent une mission pour inventorier les ressources naturelles et des sociétés japonaises commencèrent d'acheter des terrains pour y pratiquer des cultures industrielles[51]. Cette affirmation n'a jamais été démentie pas plus qu'elle n'a été confirmée. Les recherches conduites par M. Meuleau dans les archives de la BIC révèlent que la Banque, qui négociait avec les Japonais sur les affaires économiques et financières, contrariait les efforts de ses interlocuteurs pour mettre sur pied un partenariat franco-japonais[52]. Cependant, un auteur vietnamien fait allusion (sans citer ses sources) à une société minière franco-japonaise d'exploitation de l'apatite à Laokay[53]. Cette information est infirmée par le Rapport annuel de 1943-1944 sur la province de Laokay qui distingue trois sociétés exploitantes d'apatite dont une seule est dirigée par les Japonais : la Compagnie indochinoise industrielle et minière[54]. En revanche, le rapport de juin 1943-juin 1944 sur la province de Caobang signale que l'activité minière est « presque entièrement monopolisée par les Japonais qui font des recherches sur l'antimoine, le manganèse, l'amiante et le salpêtre. Les mines d'étain et de wolfram de Tintuc sont exploitées par une société mixte franco-japonaise »[55].

En 1945, 60 % des investissements japonais en Asie du Sud-Est se trouvaient en Malaisie britannique et aux Indes néerlandaises, la majorité dans les mines, la construction navale et le commerce de la Malaisie, de l'Indonésie, des Philippines et de Singapour[56]. D'une part, les intérêts français étaient solidement établis en Indochine, dans les positions-clés et laissaient peu de place à des intervenants extérieurs. D'autre part, les Japonais manquaient de personnel technicien pour exploiter les territoires qu'ils occupaient et d'où ils avaient chassé les Européens, par conséquent ils avaient intérêt à laisser les Français gérer l'économie indochinoise puisque celle-ci était liée au Japon par des accords officiels.

Les Japonais resserrèrent les liens existants en créant un Yen spécial pour payer les échanges dans les pays qu'ils occupaient. Avant d'étendre ce système en signant

---

50 Kasutsaburo Sasaki "The Economic Pact with French Indochina", *Contemporary Japan* X/6 1941.
51 K. Mitchell, *Industrialisation of the Western Pacific*, New York 1942, p. 163-164.
52 M. Meuleau, *op. cit.*, p. 432.
53 Vu Dinh Hoe, "*Tinh hinh Ky nghe Dong Zuong trong hai nam vua qua*" (la situation de l'industrie de l'Indochine dans les deux années passées) in *Thanh Nghi* n° 40 & 41, 1943.
54 Resuper Tonkin (RST) NF 01378, CAOM.
55 RST NF 6957, CAOM.
56 W.G. Beasley, *Japanese Imperialism. 1894-1945*, Oxford 1991, p. 248.

un accord avec le gouvernement de Vichy en décembre 1942, les Japonais payaient leurs achats en Indochine avec des piastres ou des yens « normaux ». L'apurement des comptes était mensuel et la différence due au change monétaire était compensée par l'or ou une monnaie convertible en or, disposition qui profitait à l'Indochine, plus précisément à la BIC. Celle-ci devint plus encore qu'auparavant la clé de voûte du système économique de l'Indochine française[57] et se retrouva propriétaire de 32 tonnes d'or déposées à la Yokohama Specie Bank, à Tokyo. Lorsque les Américains occupèrent le Japon en Septembre 1945, c'est avec étonnement qu'ils découvrirent ce pactole[58].

À partir de 1942, les yens spéciaux ne pouvaient plus être échangés contre des piastres et toutes les transactions avec la Thaïlande et la Chine furent interdites et, pour finir, en 1943, le régime des yens spéciaux lui même ne fonctionna plus[59]. À l'intérieur de l'Indochine, les Français durent fournir des piastres à l'armée japonaise pour pourvoir à ses dépenses locales soit 730 millions de piastres de 1941 à 1945 ; après le 9 mars 1945, les Japonais prélevèrent 780 millions[60]. La circulation monétaire (en millions de piastres) évolua.

| 1937 | 1940 | 1941 | 1942 | 1943 | 1944 | 1945 |
|---|---|---|---|---|---|---|
| 151,3 | 280,4 | 346,7 | 494,2 | 740,3 | 13 344,2 | 2 631,2 |

Source : *Annuaire statistique de l'Indochine, 1943-1946*, p. 144.

Ces prélèvements massifs gonflèrent la masse monétaire en circulation, aggrava l'inflation des prix et abaissa le niveau de vie des populations déjà plongées dans le marasme à cause des pénuries alimentaires, vestimentaires, de médicaments[61]. Les rapports français de l'administration sont à cet égard éloquents, ils notent la progression continue des pénuries alimentaires, vestimentaires, la montée des prix à la consommation, la difficulté de plus en plus grande de la population de s'acquitter des impôts et de satisfaire les réquisitions de riz et des cultures industrielles.

### Faire face à l'isolement et la pénurie

Toutes les dispositions prises pendant cette période dans le domaine économique isolèrent l'Indochine et le Japon. Comment les autorités françaises firent-elles face aux contraintes de la situation de guerre ? En effet, si le Japon pouvait se substituer aux principaux acheteurs de produits indochinois, pouvait-il suppléer à l'arrêt des importations de produits manufacturés français et des hydrocarbures en provenance d'autres pays étrangers ? D'après les statistiques de 1939, cette compensation paraissait improbable ; dans la dernière année des échanges commerciaux

---

**57** M. Meuleau, *op. cit.*, p. 395.
**58** *Ibid.*, p. 431-434.
**59** A. Gaudel, *op. cit.*
**60** A. Gaudel, *ibid*. Mais d'après J. Martin, directeur des services économiques du Gougal, les allocations atteignirent 624 millions de piastres de 1941 à 1944.
**61** D'après les rapports de 1940 à avril 1945 (RST NF, CAOM) qui concernent les provinces du delta et les provinces frontalières du Tonkin.

normaux avec l'extérieur, l'Indochine dépendait de ses importations dans les proportions suivantes :

**Tableau 34. Les fournisseurs de produits manufacturés et d'hydrocarbures (%), 1940.**

| | France | Indes néerlandaises | Inde britannique | États-Unis | Japon |
|---|---|---|---|---|---|
| pétrole | | 90 | | 10 | |
| lubrifiants | 45 | | | 45 | |
| mazout | | 10 | | | |
| paraffine | | 85 | | 15 | |
| coton | | | 65 | | |
| produits chimiques | 28 à 100 | | | | 12 |
| fer et acier | 98 | | | | |
| machines et objets métalliques | 90 | | | | |

Source : « L'Indochine depuis la guerre », *BEI* 1942/1, p. 2.

Les ports de Haiphong et Saigon subirent l'impact de la rupture des communications non seulement avec la métropole mais également avec les voisins asiatiques. Au fur et à mesure que la guerre dura dans le Pacifique, ce ralentissement des activités portuaires et par conséquent commerciales et industrielles s'aggrava. Alors qu'en 1936-1938, années normales, le mouvement global du port de Haiphong portait sur 846 000 tonnes de trafic maritime et 1 640 000 tonnes de trafic fluvial, à partir de février 1940, le trafic général évolua vers la baisse :

**Tableau 35. Trafic du port de Haiphong, 1939-1942.**
(en tonnes)

| Années | Entrées | Sorties |
|---|---|---|
| 1939 | 550 000 | 920 000 |
| 1940 | 185 000 | 805 000 |
| 1941 | 255 000 | 734 000 |
| 1942 | 179 000 | 342 000 |

Source : Rapport d'inspection avril-mai 1943 n° 132-APA, RST NF 01387, CAOM.

En 1942, les 14 principales entreprises industrielles continuaient de fonctionner avec 7 325 salariés indigènes mais si certaines allaient adapter leurs productions aux nouveaux besoins d'un pays isolé[62], d'autres comme la SCT connut de graves difficultés. En effet les textiles illustrent parfaitement cette dépendance vis-à-vis de l'extérieur : en

---

[62] Inspection du travail (janvier-février 1942), RST NF 06333, CAOM.

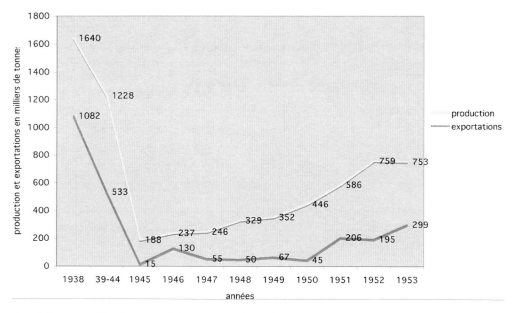

Graphique 14. Charbon produit et exporté par la SFCT pendant les guerres.

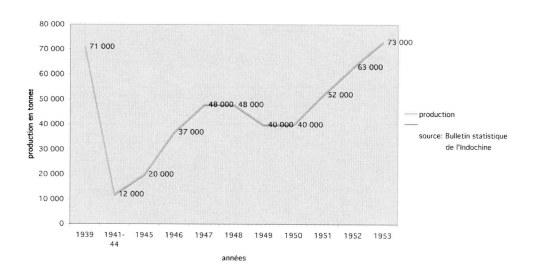

Graphique 15. Production de caoutchouc indochinois pendant les guerres.

1940, l'Indochine produisait seulement 286 tonnes de coton brut soit 2 % des besoins de l'industrie. La production des fils de coton diminua de 11 000 t. en 1939 à 10 400 en 1940 pour chuter à 1 507 t. en 1942[63]. La pénurie de matières premières conduisit la SCT à réduire son personnel dès le début de 1942 : à Nam Dinh, 1 400 salariés acceptèrent les indemnités en partant volontairement. À Haiphong, la SCT ne garda que 1 000 salariés après avoir licencié une équipe sur deux, l'équipe maintenue ne travaillant plus que 4 jours par semaine[64].

**Les entreprises industrielles de Haïphong en 1941.**

| Entreprises | Nombre d'ouvriers | Production |
| --- | --- | --- |
| Cimenteries | 1 800 | 170 000 tonnes |
| Cotonnière | 2 000 | 376 t. filés de coton |
| Soc. Filteries | 350 | 150 t. ---- |
| Constructions mécaniques | 1 200 | Fonte d'acier |
| Ateliers Combel | 900 | Matériel mécanique et d'armement |
| Usine des phosphates | 30 | 30 000 t. |
| Société d'oxygène et d'acétylène | 25 | 72 000 m³ d'oxygène 18 000 m³ d'acétylène |
| Tapis de Hang Khenh | 100 | 12 000 t. |
| Société des tuileries et verreries | 200 et 280 | 10 millions de bouteilles |
| Lainières du Tonkin | 140 | 40 t. |
| Rizeries d'Indochine | 40 | 160 000 t. |
| Peintures à l'huile Testudo | 150 | 600 t. |
| Peintures Nguyen Son Ha | 110 | 500 t. |
| Usine de soude Geotze | Vient d'ouvrir ses portes | |
| **Entreprises industrielles secondaires :** 3 savonneries, 5 ateliers de pesage, 4 bonneteries, 4 verreries, 3 fabriques de peinture, 1 imprimerie, 4 ateliers de constructions mécaniques, 3 fonderies, 4 chantiers chinois de construction de jonques (60 bateaux par an) | | |

Source : RST NF 01387, CAOM.

À partir de 1940, le gouvernement colonial dut organiser l'économie pour faire face à un double objectif : satisfaire les besoins des populations indochinoises et les demandes du Japon et de l'armée japonaise. Il procéda sous la pression des nécessités de temps de guerre en même temps qu'en s'inspirant des principes vichystes de la Révolution nationale. De ceux-ci découlaient l'intervention de l'État et l'institution du corporatisme ; les contraintes de la conjoncture conduisaient à l'exploitation maximale des matières premières et des sources d'énergie locales et leur mise en œuvre pour compenser l'arrêt des importations. Par exemple, le charbon fut utilisé pour produire le gazogène qui faisait rouler les automobiles tandis que les huiles d'arachi-

---

**63** Vu Dinh Hoe, *op. cit.*
**64** Inspection du travail *op. cit.*, CAOM.

des et de colza remplaçaient les huiles industrielles ; la superficie plantée en arachides, colza et coton augmenta de façon notable :

|  | 1939 | 1942 | 1944 |
|---|---|---|---|
| Huiles | 17 500 hectares | 59 000 | 68 000 |
| Coton | 7 000 | 19 000 | 52 000 |

Source : J. Martin au Conseil... 1945[65].

Une importance prioritaire fut accordée au riz, de première nécessité pour la subsistance de la population d'Indochine et d'une importance primordiale pour les Japonais. Lorsqu'ils négocièrent les accords de 1941 avec les Français, les Japonais placèrent le riz au premier rang de leur demande de fourniture, le ministre des Affaires étrangères, Matsuoka, déclara : « parce que le riz était le point faible du Japon, nous recherchâmes un accord à son sujet avant de discuter de toutes autres questions »[66]. À la conférence impériale du 5 novembre 1941, les Japonais désignèrent l'Indochine française comme leur plus important fournisseur de riz. Le président du Bureau de planification déclara qu'« une diminution de 50 % des importations de riz thaïlandais et indochinois signifierait une chute de 91 % du ravitaillement du Japon en riz » ; la phrase prend tout son sens lorsqu'on sait que la part respective de l'apport indochinois était le double de celui de la Thaïlande soit 35,7 millions contre 15,3 millions de boisseaux (1 boisseau = 290,94 litres).

L'intervention du gouvernement colonial dans l'économie débuta en 1939 et se fit sentir partout de façon progressive. En commençant par la fixation des prix, des quotas, les taux de change monétaires et la création de comités de producteurs et de commerçants, l'emprise administrative fut graduellement généralisée. La plus importante de ces organisations fut le Comité des céréales d'Indochine. Au départ le marché du riz de Cochinchine resta libre tandis que le contrôle de l'usinage et du commerce du riz ne fut mis en vigueur qu'à Cholon. Mais le stockage et le marché noir provoquèrent la hausse des prix du riz et d'autres denrées qui aboutirent à une montée générale de 60 % des prix à Saigon-Cholon entre 1941 et 1945. En 1943, en dépit d'une protestation des riziculteurs et afin d'assurer le ravitaillement alimentaire de la population urbaine, les autorités décidèrent que le Comité des céréales deviendrait l'unique acheteur de paddy aux producteurs et le seul courtier en riz à Cholon[67]. Au Tonkin les pouvoirs publics agissent pour assurer le ravitaillement des centres urbains et industriels en saisissant les stocks non déclarés, en fixant les prix de vente sur les marchés. Ils prennent des mesures exceptionnelles comme, en juillet 1944, la suspension de la libre circulation des grains dans les provinces de Nam Dinh, Ha Nam et Ninh Binh[68].

---

**65** J. Martin, « Rapport au conseil du Gougal, 3 .2.1945 », *RHSGM* n° 138, 1985.
**66** Cité par Bui Minh Zung "Japan's Role in the Vietnamese Starvation of 1944-1945" in *MAS* n° 29(3), p. 403.
**67** M. Decaudin "Essais de contrôle du marché du riz en Cochinchine, 1941-1944", APOM 4, CAOM.
**68** *Feuille mensuelle des renseignements sur la riziculture du Tonkin*, BNF 4 Jo 8299.

Malgré les contrôles, les autorités furent obligées d'augmenter les prix. À la fin de 1943, ceux-ci avaient atteint 4,50 piastres le picul de riz. En avril 1944, celui-ci coûtait 5 $ dans la période de soudure, entre deux récoltes[69]. « En dépit d'une hausse des salaires, la population subit une pénurie des produits de première nécessité et d'une hausse constante des prix ; en dépit de la réglementation et de la répression, la pénurie et l'augmentation des prix mécontentèrent les masses »[70]. Selon les auteurs vietnamiens, 1942 fut le tournant dans l'érosion du niveau de vie du monde ouvrier de Hanoi. En 1939, un travailleur avait un salaire mensuel moyen équivalent à 105 kilos de paddy alors qu'en 1942, il ne pouvait plus en acheter que 32,5 kg. En outre, après 1942, la situation empira, un coolie employé par le gouvernement général percevait 31 $ par mois. Après avoir acheté le riz dont il avait besoin soit 10 kg au prix officiel (= 5,30 $) et 3 kg au marché noir soit 21 $, il ne lui restait que 4,70 $ pour d'autres dépenses [71].

Les prix de gros s'envolèrent.

**Tableau 36. Indices du coût de la vie à Saigon, 1939-1944.**

| Années | Européens | Main-d'œuvre vietnamienne | Classe moyenne vietnamienne |
|---|---|---|---|
| 1939 | 100 | 100 | 100 |
| 1940 | 115 | 121 | 114 |
| 1941 | 138 | 138 | 137 |
| 1942 | 165 | 186 | 175 |
| 1943 | 199 | 239 *236 | 227 |
| 1944 | 317 | 399 *437 | 381 |

Source : *Annuaire statistique de l'Indochine 1943-1946*, p. 201-204.
* selon J. Martin, *op. cit.*, p. 91.

**Tableau 37. Indices du coût de la vie à Hanoi, 1939-1944.**

| Années | Européens | Main-d'œuvre vietnamienne | Classe moyenne vietnamienne |
|---|---|---|---|
| 1939 | 100 | 100 | 100 |
| 1940 | 109 | 128 | 129 |
| 1941 | 122 | 192 | 165 |
| 1942 | 152 | 266 | 215 |
| 1943 | 201 | 449 *451 | 266 |
| 1944 | 330 | 908 * 1040 | 908 |

Source : *Ibid.*
* selon J. Martin, *op. cit.*

**69** *Nghe ruong* (Agriculture) édité par l'Union des riziculteurs de Cochinchine et publié par l'Office indochinois du riz en 1943, 1944 et 1945.
**70** J. Martin, *op. cit.*, p. 91.
**71** *Xa hoi Viet Nam trong thoi Phap-Nhât 1939-1945*, t. II, (La société vietnamienne pendant la période franco-japonaise) p. 173, Hanoï, 1957.

Les deux tableaux soulignent le net contraste entre Saigon et Hanoi, entre les Européens et les Vietnamiens, en particulier dans cette dernière ville, entre les Vietnamiens de classe moyenne et de classe inférieure, celle-ci étant la plus durement touchée par la hausse du coût de la vie.

Le juriste Vu Van Mau a analysé l'érosion du niveau de vie de la population rurale et de la couche inférieure de la société urbaine du Tonkin. Il se réfère à l'enquête Colombon de 1937 destinée à préparer la réforme de la capitation et qui souligne que la majorité de la population du delta septentrional, ruraux compris, doit acheter ses aliments comme les autres nécessités de la vie quotidienne. L'enquête dénombre que 968 000 contribuables soit la moitié des 1 933 000 inscrits, sont sans terre ; en outre 882 000 propriétaires de terres sur 965 000 ont moins de 5 *mâu* (1,8 hectares) et par conséquent, ne disposent pas de surplus de production[72]. En ville, à partir de 1941, les tickets de rationnement pour l'achat de riz à prix fixés étaient insuffisants et chacun devait acheter un supplément de riz au marché noir s'il en avait les moyens.

Vu Van Mau observe que les prix du riz commencèrent à augmenter de façon continue à partir d'avril 1943 et chaque pénurie ou disette encourageait les propriétaires fonciers à stocker et à revendre le riz par l'intermédiaire des petits détaillants, la plupart des femmes, appelés *hang xao*. Celles-ci évitaient les marchés importants où les contrôles de prix étaient effectués et elles faisaient du marché noir dans les villages[73].

Cependant tous les rapports administratifs annuels sur la situation au Tonkin sont concordants : à partir de 1943 et plus encore en 1944, les producteurs souffrent davantage des prélèvements de paddy et de plantes industrielles. Ceux-ci constituent de « très lourdes charges » (provinces de Thai Nguyen et Moncay) tandis que les cultures industrielles – arachide, jute, ricin – s'étendent « au détriment des cultures vivrières » (province de Hung Yen). Tous les administrateurs soulignent que l'on est parvenu à l'extrême limite de la capacité de satisfaire les « livraisons forcées », que le mécontentement des paysans est d'autant plus grand que les riches propriétaires et commerçants s'enrichissent avec le marché noir. Cette situation contrastée est du « pain béni » pour la propagande communiste de plus en plus active. Au début de 1945, la demande de suppression des prélèvements obligatoires est unanimement réclamée. Les aléas climatiques (trois typhons se succédèrent) peuvent conduire à la catastrophe[74].

À la fin de 1944, le coût de la vie avait augmenté de façon vertigineuse au point que le gouvernement était incapable de maîtriser la situation. Qui pouvait, mieux que Jacques Martin, directeur des services économiques du Gouvernement général, écrire qu'en « 1944, nous étions à la veille de l'effondrement de l'économie indochinoise ». Cette prévision avait un caractère prophétique car dans l'hiver 1944-1945, la plus grande famine depuis un siècle s'abattit sur le delta tonkinois, notamment sur les provinces de Ninh bBh, Nam Dinh, Thai Binh, Kienan, Hai Duong, Thanh Hoa et

---

[72] « La hausse des cours du riz et... » *op. cit.*, p. 334.
[73] *Ibid.* p. 346.
[74] RST NF 6749, 6957, 6958, 7016.

Nghe An[75]. Lorsque Hô Chi Minh proclama l'indépendance du Viet Nam le 2 septembre 1945, il fit allusion à deux millions de victimes (un chiffre resté dans les annales sans vérification mais indispensable au discours anticolonialiste ) ; de son côté, dans ses mémoires, le gouverneur général Decoux s'en tient à un million de Vietnamiens morts de faim (sans plus de vérification non plus)[76]. On ne saura jamais le nombre exact de victimes mais il est certain que ce fut une grande hécatombe[77].

En citant deux millions de morts, Hô Chi Minh accusait le régime colonial parce que celui-ci stockait le riz, substituait la plantation du coton, de l'arachide et du colza à la riziculture pour ravitailler les Japonais. Qu'en fut-il dans la réalité ? la superficie consacrée aux plantes industrielles augmenta réellement dans des proportions considérables :

**Tableau 38. Superficie plantée en cultures industrielles, 1940-1944.**

(en hectares)

|  | 1940 | 1941 | 1942 | 1943 | 1944 |
|---|---|---|---|---|---|
| jute | 900 | 1 420 | 3 400 | 15 239 | 17 650 |
| coton | 8 800 | 9 190 | 10 180 | 33 620 | 52 190 |
| chanvre |  | 720 | 1 300 | 1 025 | 1 170 |
| mûrier | 3 660 | 4 580 | 7 000 | 10 860 | 13 800 |
| arachide | 25 500 | 25 500 | 50 000 | 48 100 | 47 500 |
| colza | 3 500 | 5 470 | 10 000 | 19 600 | 29 500 |
| sesame | 4 000 | — | 4 500 | 6 880 | 6 960 |
| Total | 40 410 | 46 880 | 86 380 | 135 324 | 168 770 |

Source : Bui Minh Zung, *op. cit.*, p. 591.
Note : la superficie des cultures de plantes industrielles augmenta de 317 %, le colza de 731 %, le coton de 493 % et l'arachide de 86 %.

Les documents des archives françaises n'indiquent pas clairement si les Japonais achetaient des terrains à planter ou s'ils se contentaient d'acheter la production des cultivateurs indigènes. Les cultivateurs étaient tenus de livrer un quota de plantes industrielles aux autorités coloniales, d'où le terme « cultures forcées », mais si la production dépassait les quotas, le producteur en disposait à sa guise et pouvait le vendre à un bon prix. J. Martin soutient que les Français tentèrent de limiter l'extension des cultures industrielles aux dépens du riz et des cultures alimentaires indispensables à la subsistance de la population ; à chaque fois que les Japonais demandaient des terres pour les plantes industrielles, les autorités françaises leur proposaient des terrains en friche au Cambodge et en Cochinchine où il n'y avait pas de surpopulation[78].

---

**75** Bui Minh Zung, *op. cit.*, p. 573.
**76** J. Decoux, *À la barre de l'Indochine*, 1949.
**77** Van Tao et Furuta Moto : *Nan doi nam 1945 o Viet Nam. Nhung chung tich Lich su* (la famine de 1945 au Vietnam. Témoignages), Hanoï 1995.
**78** J. Martin, *op. cit.*, p. 71-72.

## Tableau 39. La production de riz, 1938, 1943, 1944.

(milliers de tonnes)

|      | Annam | Cochinchine | Tonkin |
|------|-------|-------------|--------|
| 1938 | 1 050 | 2 579       | 1 604  |
| 1943 | 1 178 | 2 613       | 1 762  |
| 1944 | 1 101 | 2 214       | 1 680  |

Chiffres cités par Bui Minh Zung, *op. cit.*, p. 604.

La production demeura stable en Annam, elle baissa de 80 000 tonnes au Tonkin et surtout en Cochinchine où la diminution de 300 000 tonnes inquiéta les autorités, sans que l'on sache s'il s'agissait d'un recul au profit des plantes industrielles ou de retour aux friches ou encore de mauvaises conditions climatiques. La production de 1944 affiche un déficit de 558 000 tonnes au Viet Nam mais le Cambodge et le Laos, pays de l'Union indochinoise, produisirent 434 723 tonnes de plus qu'en 1943.

Lorsqu'on veut expliquer la famine de 1945, il convient de ne pas passer à côté d'un facteur déterminant : la rupture des communications et des transports entre le nord et le sud du pays. L'aviation et les sous-marins américains et britanniques coulèrent systématiquement les navires à vapeur et les jonques de mer naviguant en mer de Chine. En 1943, les Français ne disposaient plus que de deux vapeurs de 4 000 tonnes chacun, tout le reste de l'armement français ayant été réquisitionné et détruit. En 1943, les Alliés détruisirent le port de Tourane (aujourd'hui Da nang) et le chemin de fer transindochinois ne reliait plus Saigon à Hanoi or le Tonkin était tributaire des importations du riz de Cochinchine pour la soudure ou en cas de disette.

## Tableau 40. Le transfert du riz cochinchinois au Tonkin, 1940-1944.

(en tonnes)

| Années | Par mer | Par chemin de fer | Total   |
|--------|---------|-------------------|---------|
| 1940   | 25 900  | –                 | 25 900  |
| 1941   | 185 620 | –                 | 185 900 |
| 1942   | 115 650 | 11 020            | 126 670 |
| 1943   | 13 800  | 15 900            | 29 700  |
| 1944   | 4 730   | 2 100             | 6 830   |

Source : Gaudel, *op. cit.*, p. 230 n. 1.

À l'inverse, la centrale électrique de Saigon-Cholon ne recevait plus de charbon de Hongay (Tonkin) et devait fonctionner en brûlant du bois et de la balle de paddy.

Les transports vers le Japon étaient également interrompus parce que les Américains avaient pratiquement anéanti les flottes qui ravitaillaient l'archipel. Néanmoins les Japonais multipliaient leurs exigences de fourniture d'aliments et de matières premières tout en sachant qu'ils ne pouvaient plus les convoyer. En septembre 1945, lorsque les troupes françaises eurent repris pied en Cochinchine, le haut commissaire Thierry d'Argenlieu demanda aux Britanniques qui étaient arrivés avant les Français, de se livrer à une enquête sur les stocks de riz disponibles à Cholon : l'enquête révéla que les entrepôts de la société Mitsui renfermaient 69 000 tonnes de riz (contre 60 000 t. dans ceux du Comité des céréales). En outre, les réserves japonaises des provinces de la Cochinchine, du Cambodge et du sud Annam atteignaient 25 000 t. tandis que les stocks privés de Cochinchine et du Cambodge étaient évalués respectivement à 100 000 tonnes et 50 000 tonnes[79]. Par une cruelle ironie, des Vietnamiens moururent massivement de faim au Tonkin et dans le nord Annam alors que des dizaines de milliers de tonnes de riz s'amoncelaient dans le sud.

## Conclusion

Le 21 janvier 1942, le Premier ministre Tojo Hideki fit un discours pour saluer l'établissement de la « Sphère de Co-Prospérité de la Grande Asie orientale » qui avait libéré les peuples asiatiques de la dure exploitation des États-Unis et de la Grande-Bretagne (il ne mentionna pas la France). Mais il continua en spécifiant clairement que « les réalisations constructives que le Japon envisageait, seraient, dans les premières étapes de la guerre, dirigées par l'administration militaire, en donnant priorité à celles qui étaient essentielles pour poursuivre la guerre »[80]. L'Indochine était soumise à l'urgence de mobiliser les ressources destinées aux besoins de la guerre, les buts idéalistes étant repoussés d'autant. L'historien Jan Pluvier souligna que « le Japon industrialisé en tant que centre de la Sphère de Co-Prospérité, aurait dû être théoriquement le pourvoyeur de l'Asie du Sud-Est en produits de consommation et le marché d'écoulement des productions méridionales. En pratique, le Japon ne remplit aucun des deux rôles [...]. En dérangeant les structures économiques de la région, l'occupation japonaise représenta le point culminant de la détresse économique et sociale sous domination étrangère »[81]. Mais en même temps le Japon détruisit l'*imperium* occidental en Asie. Dès 1943, les positions françaises en Chine disparurent : les concessions françaises furent rétrocédées aux Chinois et leurs intérêts économiques au Yunnan furent confisqués[82]. Ce furent les premiers pas vers le démantèlement de l'empire français en Extrême-Orient. Au Viet Nam, les indépendantistes exploitèrent les conditions de vie désastreuses pour mobiliser la population contre les Japonais et les Français et leur succéder au pouvoir. Au bout de cinq années de guerre, les Vietnamiens étaient familiarisés avec les méthodes dirigistes en économie en même temps qu'ils s'étaient s'accommodés des ressources locales pour compenser l'interruption des importations de l'extérieur. De plus, le régime de Vichy importé par l'amiral Decoux leur avait donné l'exemple d'une association des slogans idéologiques avec un programme et une pratique économique.

## Un projet de développement qui arrive trop tard

Dans la décennie 1930, les tenants de l'autarcie impériale l'avaient emporté sur les partisans d'une réforme des liens économiques impériaux (voir chapitre III :

---

[79] Haut commissaire de France au ministre des colonies 7.12.1945, Affaires économiques 14, CAOM.
[80] Cité par J.C. Lebra, *Japan's Greater Asia... Documents*, 1975.
[81] J. Pluvier, *Southeast Asia from... to independence*, 1974, p. 274 et 281.
[82] F. Mercier, *Vichy face à Tchiang Kaishek*, 1995.

Industrialiser ou non ?). L'idée de l'industrialisation de l'empire refit surface pendant l'ère vichyste. L'historien R. Paxton a démontré que les hommes de Vichy n'étaient pas un ramassis de réactionnaires mais un rassemblement hétérogène où figuraient des hommes désireux de profiter de la défaite pour moderniser la France et, en premier lieu, ses structures économiques.

Le gouvernement de Pétain établit des comités d'organisation économique et un Comité central des groupements professionnels coloniaux dirigés par des financiers[83]. Les promoteurs du Comité central se préparèrent à l'après-guerre en prévoyant que les populations se mettraient au travail pour reconstruire et assurer leur bien-être. La dynamique économique du futur serait placée sous le signe de la libre concurrence internationale et exigerait une rénovation drastique des entreprises françaises ainsi qu'une transformation de l'économie coloniale par l'industrialisation. Le rôle de l'État serait décisif car il lui faudrait financer la majeure partie des infrastructures publiques et fournir des capitaux aux entreprises privées[84]. Le rapport de Vivier de Streel illustra l'évolution d'un vieux partisan du mercantilisme colonial et de l'autarcie impériale, indice du passage au développementalisme.

Cette approche nouvelle qui ne fut pas mise en pratique indiquait cependant le désir de modernisation. Elle influença les programmes économiques lorsque la France fut libérée de l'occupation allemande. Le Commissariat général au Plan, présidé par Jean Monnet, préconisa une reconstruction de l'Indochine en suivant des lignes directrices tracées à l'époque de Vichy et vigoureusement défendues par Paul Bernard[85]. La Déclaration du général de Gaulle sur l'Indochine (24 mars 1945) se réfère à cette orientation : « La Fédération indochinoise jouira d'une autonomie économique dans le cadre de l'Union française qui permettra d'atteindre un niveau élevé de développement agricole, industriel et commercial. Cela permettra l'industrialisation en réponse au défi démographique […] sans règlements discriminatoires, l'Indochine améliorera ses relations commerciales avec les autres pays, tout particulièrement avec la Chine… »[86]. C'était une rupture avec le mercantilisme et la préférence impériale. Le programme de grands travaux et de modernisation devait être entièrement financé par l'État pour créer l'infrastructure publique, les mines, la production d'énergie et un réseau de sécurité sociale. Dans l'industrie et l'agriculture, l'État avait l'intention de faire appel aux investissements privés à hauteur respectif de 73 % et 68 % des dépenses, avec une garantie de l'État[87].

Les huit années de la guerre d'Indochine qui suivirent (1946-1954) empêchèrent le programme de développement d'être mis en application mais on peut penser raisonnablement que ce programme inspira les deux régimes économiques vietnamiens qui furent mis en place après le retrait politique et militaire de la France.

---

**83** R. Paxton, *La France de Vichy*, 1973.
**84** Exposé de Vivier du Streel à la conférence des groupements professionnels coloniaux, à Vichy le 10.3.1943, cité par J. Marseille, *op. cit.*, p. 272. Voir aussi R.F. Kuisel, *Capitalism and the State in Modern France*, 1981.
**85** A. Hardy, *op. cit. RFHOM n°308*, 1995.
**86** *De Gaulle et l'Indochine 1940-1946*, Colloque de l'Institut Charles de Gaulle, Paris, Plon, 1982.
**87** Agence FOM 903, CAOM. Voir aussi « Notes sur les données économiques et financières d'un plan d'équipement de l'Indochine » 25 avril 1947, rapport de P. Bernard et de J. Bourgoin, Affaires économiques 578, CAOM.

Chapitre six
# L'indépendance et les tentatives de recentrer l'économie, la République du Vietnam

Le but essentiel de la lutte pour l'indépendance nationale est la restauration de la souveraineté politique, une condition prérequise pour édifier une économie contrôlée par les Vietnamiens, qu'elle soit libérale ou dirigiste ou encore mixte. En outre, pour le Viet Nam de l'après-guerre, le contrôle de l'économie nationale signifiait enlever les instruments de production et d'échanges des mains des étrangers, Français et Chinois. Une politique d'indigénisation (préférable au mot nationalisation qui a une connotation particulière) pouvait être mise en œuvre par une législation appropriée mais elle exigeait cependant la restructuration des institutions économiques et financières de façon à ne plus être tributaire de centres de décision étrangers, à ne plus être un simple fournisseur de matières premières en échange de marchandises fabriquées. Ceux qui avaient lutté pour l'indépendance espéraient une promotion socio-professionnelle, une multiplication des emplois et l'élévation du niveau de vie consécutive à l'élargissement du marché de consommation. Celui-ci, en retour, impulserait la production agricole et industrielle dans une évolution conforme au modèle des pays occidentaux industrialisés. Tel était le schéma idéal que les pays dits sous-développés, à la sortie de la deuxième guerre mondiale, adoptèrent dans une vision évolutionniste progressiste de leurs sociétés.

Cependant, les États vietnamiens issus de la partition du pays après les négociations de Genève, eurent-ils la volonté et les moyens d'accomplir ce projet modernisateur ? Furent-ils frappés de handicaps spécifiques ou se heurtèrent-ils à des obstacles particuliers ? Et d'abord, pouvaient-ils faire appel à une référence ou une inspiration de leur passé historique ? Ou adopter et adapter un modèle étranger ?

## L'État impérial ante-colonial

Sans être développementaliste, la monarchie vietnamienne se préoccupait du fonctionnement de l'économie dont elle tirait ses ressources et sa force. Avant la conquête française qui débuta en 1860, l'État impérial s'abstenait d'intervenir directement et fréquemment dans une économie agricole, majoritairement de subsistance, où la manufacture était beaucoup moins présente qu'en Chine. Les échanges commerciaux à grande échelle et multidirectionnels étaient épisodiques ou limités à certains ports et à certaines périodes, trop faibles pour déterminer des changements économiques majeurs. L'État était essentiellement un catalyseur socio-culturel destiné à assurer la stabilité et le bien-être à la société ; il n'envisageait pas d'intervenir activement pour mener à bien des changements structuraux ; au contraire, si le monarque considérait certains secteurs de la production et des services comme des monopoles d'État, plutôt que de gérer ceux-ci, il les affermait à des étrangers, en l'occurrence à des Chinois.

Conformément à une vision organiciste qui imprègne la philosophie extrême-orientale, la monarchie viet fondait sa légitimité sur son rôle de médiateur entre le Ciel, les hommes et la Terre. « Gouverner le peuple, alléger ses souffrances pour garantir sa sécurité et son bien-être » (la notion japonaise de *Keizai*[1]) était une devise commune aux Chinois, Japonais, Coréens et Vietnamiens. L'intervention de la bureaucratie impériale s'attachait principalement à la colonisation de nouvelles terres et au développement des réseaux hydrauliques tout en vulgarisant un savoir-faire agronomique (ce rôle du mandarinat inspira K. Wittfogel qui le systématisa en créant l'idéal-type de « l'État hydraulicien »[2]). En cas de disette, le roi et les mandarins interdisaient les exportations de riz et emmagasinaient les céréales dans des greniers publics pour assurer la subsistance de la population. L'État n'intervenait que lorsque les enjeux touchaient à la fois à l'économie, la politique et la culture. Les questions foncières et fiscales étaient les buts principaux et permanents de l'intervention étatique dans le domaine économique.

## Les États vietnamiens post-coloniaux

Les États nouvellement indépendants ne pouvaient organiser ni gérer leurs économies en reproduisant le modèle impérial pour deux raisons : les Vietnamiens héritaient de la modernisation partielle de l'économie indochinoise par les Français et l'après-guerre (1954) leur posait de graves défis auxquels ils ne pouvaient pas répondre par des voies et des moyens obsolètes.

### La République démocratique du Viet Nam (RDV), un État sur pied de guerre

Lorsque Hô Chi Minh proclame la fondation de la RDV le 2 septembre 1945, il restaure l'unité d'un territoire morcelé en trois « pays », Cochinchine, Annam et

---

[1] T. Morris-Suzuki, *A History of Japan Economic Thought*, Londres, 1989, p. 13.
[2] K. Wittfogel, *Le despotisme oriental*, Paris, Éditions de Minuit, 1964.

Tonkin, par les conquérants français. La nouvelle république se présente sous les apparences d'un régime démocratique doté d'une constitution et elle hérite de l'administration coloniale, de son organisation et de son personnel que les Japonais eux-mêmes avaient laissée en place après le 9 mars 1945[3]. En fait, le nouveau régime naquit de la prise du pouvoir par une minorité agissante, le parti communiste indochinois (PCI) sous le couvert d'un front uni pour l'indépendance et grâce à une mobilisation populaire incontestable[4]. Derrière la façade d'une démocratie représentative, un pouvoir révolutionnaire parallèle fut instauré avec la volonté d'être une force nationale dirigeante. Le retour des forces militaires françaises dès la fin de 1945 engendra une situation d'exception qui exigea un gouvernement d'exception doté de pouvoirs dictatoriaux. Celui-ci naquit des circonstances plus encore que de l'application du léninisme, de même qu'en Chine au début du XX$^e$ siècle, Sun Yat Sen avait prévu la nécessité pour la république chinoise naissante de passer par une période de dictature militaire. Plus tard, l'Indonésien Sukarno et d'autres furent également confrontés à un choix identique.

Le PCI fut capable de consolider son pouvoir et de le légitimer en prenant la tête de la résistance armée anti-française au cours d'une période où la guerre d'Indochine finit par s'emboîter dans la « guerre froide », dans un temps où la Chine devint elle-même un pays communiste, où l'Union soviétique se dota de l'arme nucléaire et envoya des astronautes dans l'espace interplanétaire. Ces deux événements confirmèrent aux Vietnamiens la validité de la doctrine marxiste-léniniste et de la pratique stalinienne et, par là-même, l'efficacité du système économique et social soviétique.

Dans le système soviétique qualifié de « socialisme classique »[5], l'État centralisé planifie l'économie y compris celle des dites coopératives. Il décide de la répartition des ressources financières, il comble le déficit des entreprises d'État et contrôle les prix à la consommation. La monnaie n'est pas convertible et le troc est presque de règle dans le commerce intérieur et extérieur. En outre, l'État intervient dans toutes les activités sociales et culturelles avec la prétention de créer un « homme nouveau », d'où la notion d'État totalitaire qu'on est tenté de lui appliquer.

Cependant, A. Gerschenkron[6] observe que plus il y a de décalage chronologique entre le modèle de développement et son application concrète plus la différence et même la divergence entre les deux s'accentue. Les facteurs endogènes impriment des caractéristiques particulières à une expérience concrète, ainsi dans le cas du Viet Nam la devise de la résistance contre les Français était « résister et restaurer l'État », en d'autres termes le but était national et ajournait ou limitait l'application d'un programme socialiste. En second lieu, l'État étant l'instrument de la classe sociale au pouvoir, il ne pouvait se fier entièrement à la bureaucratie ou aux techniciens formés et familiers des procédures d'un système capitaliste d'autant qu'une partie de ces catégories socio-professionnelles avaient fui au sud du 17$^e$ parallèle. Ceux qui étaient

---

**3** Vu Ngu Chieu, "The other side of the 1945 Vietnamese Revolution: the Empire of Vietnam (March-August 1945)", *JAS* XLV/2, 1986.
**4** D. Marr, *Vietnam 1945. The Quest for Power*, Berkeley 1995.
**5** J. Kornaï, Th*e Socialist System...* 1992, p. 131.
**6** *Economic Backwardness...* 1962.

restés dans le nord travaillèrent sous la supervision de cadres « politiquement fiables ».

Dans certaines circonstances, comme celles de la réforme agraire, même des cadres du parti communiste qui ne répondaient pas au critère de l'origine prolétarienne, furent remplacés par des cadres subalternes peu évolués mais « politiquement sûrs ». L'idéal du « rouge et expert » était rarement accompli, le rouge supplantait très souvent l'expert et le stalinisme économique était reproduit de façon dogmatique au Viet Nam. À compter de 1951 les méthodes de gouvernement et la hiérarchie changèrent, le PCI (officiellement auto-dissout en 1946) reparut au grand jour sous l'appellation de Parti des Travailleurs, la dictature du prolétariat fut mise à l'ordre du jour. Le parti communiste chinois qui était stalinien exerça une forte pression et une grande influence dans tous les domaines (et pas seulement le militaire) par l'entremise des conseillers qu'elle envoya au Viet Nam[7]. À l'inverse, des dizaines de milliers de Vietnamiens furent envoyés en stage professionnel ou pour leurs études dans tous les pays socialistes à commencer par la Chine et l'URSS où ils furent témoins d'expériences concrètes dérivées du système soviétique.

Les Vietnamiens, du moins ceux qui fréquentèrent les instituts d'économie de l'Europe de l'Est, assistèrent aux tentatives de N. Khroutchvev pour décentraliser et donner l'impulsion à l'économie de l'Union soviétique afin de « rattraper les États-Unis ». Ils eurent certainement connaissance de la théorie de l'économiste soviétique E.G. Liberman qui, en 1962, chercha à définir les stimulants qui pousseraient les entreprises soviétiques à réaliser des profits. Celle de l'économiste polonais O. Lange, pionnier du « marché socialiste » en 1936-1937, ne leur fut certainement pas inconnue : Lange avait proposé que la Direction de la planification puisse réguler le marché en fonction de l'offre et de la demande[8]. Plus tard, à partir de 1978, et en dépit du conflit encore persistant avec le voisin chinois, les Vietnamiens suivirent de près la progression des réformes de Deng Xiaoping.

Bien que le parti communiste vietnamien ait adhéré à la version dogmatique du socialisme soviétique, il ne pouvait ignorer que l'URSS, la Chine et d'autres États de la même mouvance cherchaient déjà à réformer le système.

### La République du Viet Nam, un État dans les limbes

La république fut proclamée en 1955 par Ngo Dinh Ziêm en évinçant le chef de l'État Bao Dai dont il était le Premier ministre. Le nouveau régime fut confronté dès la fin des hostilités à des défis importants : sa première tâche fut d'asseoir son autorité sur un pays partagé entre des « féodalités » (les sectes dites politico-religieuses et la mafia Binh xuyên) mises en place par les Français et reconnues par Bao Dai sans compter les zones où l'administration dite Viet Minh se maintenait après le regroupement des forces de la résistance dans le nord du pays. Ngô Dinh Ziêm bénéficia de l'aide des États-Unis pour mettre fin à l'anarchie et pour construire un État centralisé et moderne qui puisse être un bastion contre le communisme ; en outre il s'engagea

---

**7** Dang Phong & M. Beresford, *Authority Relations and Economic...*, 1998, p. 24-25.
**8** J. Kornaï, *op. cit.*, 1992, p. 406, 476 et 523.

dans une politique d'assimilation vis-à-vis des Khmers du delta du Mékong et des ethnies proto-indochinoises des hauts plateaux du centre. Dans le même registre mais en relation directe avec l'économie, Ziêm « vietnamisa » les métiers où les Chinois étaient prédominants[9].

Une fois débarrassé de ses opposants par des mesures drastiques, le nouveau régime dut faire face à un soulèvement armé dirigé par les communistes agissant sous l'égide du Front national de libération du Sud-Vietnam (FNLSVN), organisation frontiste similaire au Viet Minh. À certains égards, l'État sudiste devint interventionniste en économie comme le nordiste, sous l'empire de nécessité car leurs philosophies politiques respectives étaient différentes : tous deux devaient mobiliser les ressources matérielles et humaines afin de consolider leurs régimes et, assez vite, pour faire la guerre. Des deux objectifs : développement et guerre, celui-ci finit par prédominer et selon David Bell, chef de la United States Agency for the International Development (USAID) qui rapportait devant le Sénat américain en 1963 : « l'objectif à court terme est d'assurer la sécurité intérieure et extérieure [du Sud-Viet Nam] avec comme but à plus long terme, le développement »[10].

Toutefois, il y avait une différence fondamentale entre le Sud et le Nord : le régime économique du premier était fondé sur la propriété privée. La législation du gouvernement de Saigon pour prendre le contrôle d'entreprises économiques ne fut pas généralisée.

Sous réserve de vérification, les interventions en ce domaine ne durent pas excéder celles du gouvernement Decoux, la politique de Ziêm étant dictée par une combinaison de circonstances et d'idéologie nationaliste : par conséquent on ne peut pas comparer l'intervention de l'État dans le Nord et dans le Sud.

## La partition territoriale, entrave au développement du Vietnam

L'extension longitudinale du territoire du Viet Nam d'un delta à l'autre évoque l'image d'une palanche avec un panier à chaque extrémité ; à cette image est associée l'idée de la complémentarité des ressources contenues dans chacun des paniers : le riz du sud, les ressources minières du nord avec les activités économiques dérivées de l'un et des autres. En outre le Nam Bo (ex-Cochinchine) était un réceptacle potentiel pour le trop plein démographique des provinces septentrionales.

Lors de la division du pays en deux de part et d'autre du 17e parallèle, la RDV comptait sur les importations de riz du sud comme auparavant, ainsi que le déclara Phan Anh, le ministre du Commerce extérieur de la RDV, au journal britannique l'*Observer* (23 mars 1955) : « Le riz ! avant tout et par-dessus tout il nous faut du riz » – Il hocha la tête et fit un mouvement avec ses baguettes – « Notre pays doit être unifié. Le nord et le sud ont besoin l'un de l'autre. Il ne peut être question d'une partition prolongée ». En 1955, puis en 1958, 1960 et 1963, Hanoi proposa à Saigon une conférence pour traiter des relations économiques entre les deux zones. Le Sud rejeta ces

**9** Tsai Maw Kieuw, *op. cit.*, 1968.
**10** Cité par D. Dacy, *Foreign Aid, war and...* 1986, p. 28.

propositions[11]. Sans aucun doute, l'aspiration et la volonté des nordistes à réunifier reposaient sur la conscience que les économies des deux zones étaient complémentaires même si leur discours sur la réunification ne mentionnait jamais cette dimension.

La seconde guerre mondiale avait considérablement délabré l'équipement que les Français avaient installé en Indochine. Les dégâts les plus importants concernaient les moyens de communication et de transport terrestre et maritime : ils avaient fragmenté l'espace économique indochinois. La reconquête militaire française avait renforcé cette compartimentalisation en créant des zones contrôlées par les troupes françaises et celles de la résistance tandis que celle-ci décentralisait et dispersait ses bases afin d'éviter les attaques françaises ou de les rendre moins efficaces. La partition fut l'aboutissement d'un processus en cours depuis plus d'une dizaine d'années.

Chacune des zones avait un handicap sérieux qui pesait sur sa reconstruction et son développement : le delta du nord était surpeuplé et le Sud était gangrené par la guerre civile renaissante. Cependant, le Sud devint une position de repli pour les entrepreneurs privés vietnamiens et chinois disposant de capitaux et de savoir-faire. Quant aux entreprises et particuliers français, ils avaient, certes, transféré en France 90 milliards de francs en 1954 soit 70 % de leurs capitaux, néanmoins, dans le sud, les intérêts économiques français restèrent relativement importants et ceux des Chinois étaient intacts et même en progrès. Trois exemples illustrent cette permanence française : les plantations d'hévéas représentaient un capital investi de 252 632 142 dollars US ; la société Shell avait augmenté ses capacités de stockage des hydrocarbures de 36 500 m en 1939 à 3 366 000 m en 1953 ; les Brasseries et Glacières de l'Indochine (BGI) avait augmenté leur capital, passé de 673 142 en 1946 à 3 366 000 dollars US en 1953[12]. (En 1946, 1 $US = 119,3 F ; en 1953-1954 = 349,95 F.)

Les plantations de caoutchouc connurent un sort qui reflète l'évolution politique et l'extension de la deuxième guerre d'Indochine. Un cas significatif est celui d'une grande plantation appartenant à la Société des plantations de Cau Khoi et située près de Tây Ninh. En 1947, le village des travailleurs avait été détruit et la main-d'œuvre qui s'élevait à 900 personnes auparavant, était réduite à 6. Dix ans plus tard, 674 travailleurs étaient revenus travailler sur les 650,50 hectares plantés mais les profits de la Société s'élevèrent à seulement 117 904 dollars US. En 1959, la superficie exploitée et le volume de la production avaient crû au point que les profits atteignaient 303 811 $US en 1960, année de la fondation du FNLSVN et de la reprise de la lutte armée. La production commença à décliner et les coûts augmentèrent (recrutement de gardes armés et fortification de la plantation, renouvellement du matériel détruit ou pillé, impôts versés au gouvernement sud-vietnamien et au FNLSVN, paiement de rançons pour les employés enlevés par la guérilla) ; la chute des profits s'ensuivit (en $US):

| 1961 | 1962 | 1963 |
| --- | --- | --- |
| 107 047 | 38 976 | 21 045 |

Source : NF Indo 1374, CAOM.

---

**11** Nguyen Tien Hung, *Economic development of...*, 1977, p. 33.
**12** Fonds Haut Commissariat de France au Vietnam 171/514, CAOM.

Ce qui se passa à Cau Khoi, se répéta dans toute la zone des terres rouges mais les répercussions de la guerre se firent sentir aussi dans la riziculture et finalement les principales sources de revenus du gouvernement de Saigon se tarirent et le rendirent davantage tributaire de l'aide américaine.

Dans le Nord-Viet Nam, le Parti-État n'avait plus d'opposition ouverte qui puisse contester son autorité. Il vint facilement à bout du mouvement de contestation de 1956 connu sous le nom de « Humanisme et Belles Lettres » ou plus communément les « cent fleurs » à l'instar de la Chine[13]. Cette réaction aux excès de la réforme agraire ne concerna que des milieux restreints à Hanoi. Après le traumatisme de la réforme agraire mais aussi après réparation des « erreurs », le parti associa l'exaltation du sentiment patriotique à une mobilisation populaire autour du thème de la réunification nationale et en l'inscrivant dans un encadrement politico-policier et sous une pression psychologique de la collectivité. N'ayant pas de soucis de maintien de l'ordre, l'État nord-vietnamien put se consacrer à la reconstruction économique.

## L'économie du Sud-Viet Nam : décomposition et dépendance

Le Sud-Viet Nam succéda à « l'État associé » que les Français créèrent en 1949 pour contrer la RDV. De 1947 à 1955, les Français avaient repris en main une partie de l'économie : grandes plantations, bassins miniers et ports industriels mais en 1953, la production minière atteignait à peine 35 % et la production rizicole 60 % du niveau d'avant-guerre. Une partie de ces productions était détournée par la résistance vietnamienne ou étaient soumises à des taxes d'exportation lorsqu'elles passaient en zone occupée : ainsi en 1951-1952, lorsqu'une pénurie mondiale de riz fit monter les prix de 8 % en Thaïlande et de 17 % sur le marché de Hong Kong, les prix de cette denrée sur les marchés de Saigon furent multipliés par 5 à cause des taxes perçues sur le trajet du delta du Mékong à la capitale. La production de céréales au Vietnam avait considérablement diminué, en milliers de tonnes :

|       | 1942    | 1952   |
|-------|---------|--------|
| Paddy | 5 061,5 * | 2 493* |
| Maïs  | 100     | 33     |

* uniquement dans les zones contrôlées par les Français au Tonkin et en Cochinchine[14].

Non seulement la capacité productive était amoindrie mais les dépenses du corps expéditionnaire français gonflaient l'économie de consommation : en 1953, le volume de la production des cigarettes avait doublé celui de 1938 et celui de la bière avait quintuplé ; la consommation d'électricité et d'essence avait triplé[15]. Le tableau suivant rend compte des changements dans les importations :

---

**13** G. Boudarel, *Cent fleurs écloses dans la nuit*, Paris, 1991.
**14** Rapport Valls 1953 cité par H.Tertrais, *op. cit.*, p.456.
**15** Fonds Haut commissariat de France, *op. cit.*

Tableau 41. Indices des volumes d'importations en Indochine, 1938-1953.

|  | 1938 | 1953 |
|---|---|---|
| Produits chimiques | 100 | 120 |
| Filés de coton | 100 | 175 |
| Papier et farine | 100 | 180 |
| Produits laitiers | 100 | 295 |
| Bicyclettes et motocycles + pièces détachées | 100 | 400 |
| Automobiles | 100 | 450 |
| Produits pharmaceutiques | 100 | 700 |

Source : CAOM, Haut commissariat 171/514.

La majorité du budget du gouvernement général soit 65 % provenait du commerce extérieur. En retour, le budget général pourvoyait aux budgets provinciaux à hauteur de 20 %, signe de l'incapacité du gouvernement de percevoir les impôts sur l'ensemble du territoire. Les impôts urbains (licences, patentes et impôts sur les bénéfices commerciaux) devinrent beaucoup plus importants que les impôts fonciers et personnels, un autre signe de la situation troublée du pays profond. La majorité des dépenses étaient militaires et la composition des échanges extérieurs était la même que celle de l'économie coloniale : le caoutchouc, le riz et le maïs suivis du poivre et du charbon venaient en tête[16].

La France elle-même eut besoin du Plan Marshall pour relever les ruines de la guerre et rebâtir son économie, elle fut donc incapable de faire front à une situation indochinoise qui se détériorait et les États-Unis en arrivèrent à prendre en charge de façon croissante le coût de la guerre :

Tableau 42. Dépenses militaires et subsides américains au Sud-Vietnam, 1950-1953.
(par années fiscales)

|  | 1950-1951 | 1952 | 1953 |
|---|---|---|---|
| % des dépenses militaires prises en charge par les EU | 27 | 40 | < 50 |
| Subsides américains (millions de $) | 170 | 215 | 299 |

Source : Dossier « Aide américaine… »[17].

Une aide économique accompagna l'aide militaire pour abaisser le coût des importations, elle fut modeste à ses débuts : en 1953, elle n'atteignit que 1 555 261 dollars US.

---

[16] Rapport d'activité 1952, *op. cit.*
[17] SHAT 10H1591.

### Le retrait des Français

Dans l'immédiat, les structures de l'économie de la République restaient celles de la colonie : la riziculture et les plantations d'hévéas, de café et de thé produisaient pour l'exportation. L'économie était intégrée dans l'Union française, une nouvelle version de la « préférence impériale », les Français gardaient le contrôle de l'émission monétaire et des taux de change. Cependant, ce contrôle était fragile et seule l'aide financière américaine l'empêchait de s'effondrer, il s'affaiblit jusqu'à disparaître. Lorsque le gouvernement de Pierre Mendès France retira la France du bourbier indochinois en 1954, il passa le témoin aux États-Unis pour assumer la direction du « Monde libre » en Asie. L'engagement américain dans la péninsule s'approfondit et la dimension politique et militaire prit le pas sur les autres tandis que l'action économique directe ne s'étendit que progressivement[18].

Dès 1956, la balance commerciale franco-vietnamienne se modifia à mesure que les exportations françaises vers le Viet Nam diminuèrent de façon notable : la France devint le troisième fournisseur (avec 23,3 % des importations) derrière les États-Unis (27 %) et le Japon (25,6 %). La baisse s'accentua en 1959 : 18 % et en 1962, 13 %. Mais la France resta le premier importateur des produits vietnamiens jusqu'en 1959, 76 % des exportations du Viet Nam et 69 % de ses ventes à l'étranger, principalement le caoutchouc et le riz, prenaient encore le chemin de la France[19].

Le tournant est pris lorsque les Français, en janvier 1955, suppriment l'Office du contrôle des changes qui avait la haute main sur les changes monétaires et par conséquent sur les échanges commerciaux ; entre 1948 et 1952, l'Office avait assuré la suprématie des exportations françaises vers l'Indochine qui représentaient de 59 % à 82 %, pour un montant de 100 millions de francs par an, en moyenne. En conséquence, la Banque nationale du Viet Nam acquit le privilège de l'émission de la nouvelle monnaie : le *dông* qui fut substitué à la piastre. En 1958, le Sud-Viet Nam rompit les liens avec la zone franc et en 1959, il cessa d'acheter des marchandises en provenance de cette zone. Parallèlement l'aide américaine orienta délibérément les échanges du Viet Nam vers les États-Unis et ses alliés ou satellites : le Japon, Taïwan et un peu plus tard, la Corée du Sud.

Quelques sociétés françaises et les institutions médicales et culturelles françaises poursuivirent leurs activités ; leurs avoirs dans la production et les services n'étaient pas négligeables (tableau ci-dessous). En 1963, les Français vendirent leurs plantations de thé à des Chinois mais ils conservèrent 74 000 hectares sur 86 000 plantés en hévéas ; selon une enquête de 1960, 79 % des 40 628 travailleurs de l'hévéaculture étaient employés par les sociétés françaises[20]. À la même date, la Chambre de commerce française de Saigon regroupait 300 firmes en activité dans l'industrie pharmaceutique, les pneumatiques, les chaussures, l'alimentaire, les distilleries et brasseries, sans compter les industries mécaniques et les travaux publics. Les investissements avaient cessé mais les profits étaient réinvestis sur place.

---

**18** I. Wall, *L'influence américaine...*, 1989.
**19** *Enquête sur la situation... Sud Vietnam 1960* (ronéoté), Secrétariat d'État au travail de la République du Sud Vietnam, Saïgon.
**20** Rapport du conseiller commercial de l'ambassade de France à Saïgon 1963, Archives privées.

Le *Rapport* du conseiller commercial de l'ambassade de France (1963) à Saigon récapitulait les avoirs français :

Tableau 43. Valeur (en dollars US) des biens français au Sud-Vietnam, 1960.

| Entreprises industrielles | 77 373 333,33 |
|---|---|
| Entreprises commerciales | 11 666 666,67 |
| Transports et ateliers de réparations | 13 833 333,33 |
| Plantations et transports maritimes | 82 166 666,67 |
| Banques et sociétés immobilières | 20 000 000,00 |
| Total | 196 706 666,67 |

\* taux de change officiel du dollar US : 1 $ = 60 dông et 4,9 F.
Source : R.L. Bidwell, *Currency Conversion Tables. A Hundred Years of Change*, Londres, 1970.

### Les limites de la « nationalisation »

Afin d'entamer la prédominance économique franco-chinoise, le gouvernement de Ngô Dinh Ziêm prit des mesures pour réserver certains métiers et professions aux citoyens vietnamiens. Il ne confisqua pas les biens ni n'expulsa les étrangers mais il agit indirectement et en usant de moyens légaux : le décret présidentiel n° 53 du 9 septembre 1956 réservait onze métiers aux « nationaux ». Son but essentiel était de soustraire ceux-ci à la quasi exclusivité des Chinois mais en même temps il éliminait la participation française à l'économie rizicole (production, usinage et commerce). La législation agraire de 1957 visait précisément ce deuxième objectif en obligeant les propriétaires français de rizières à se retirer. Un accord entre les gouvernement français et sud-vietnamien transféra à celui-ci les rizières françaises en indemnisant leurs détenteurs à hauteur de 2 900 000 US$. En 1960, 2 000 000 ha sur 2 540 000 passèrent entre les mains de l'État sud-vietnamien afin de lui permettre de réaliser la réforme agraire et de recaser les réfugiés qui avaient fui le Nord-Viet Nam[21]. À la différence des Français, une majorité de Chinois acquit la citoyenneté vietnamienne afin de poursuivre ses activités économiques.

Par ailleurs, le gouvernement vietnamien encouragea les entrepreneurs français à entrer en partenariat avec les Vietnamiens : un exemple notoire est celui des industries pharmaceutiques où la société Rhône-Poulenc s'associa aux pharmaciens vietnamiens pour créer le laboratoire d'une société dénommée *VinaSpécia* dont la direction fut assumée par Trân Van Chom, un client de Ngô Dinh Ziêm qui avait débuté comme modeste pharmacien à Phan Thiêt (centre VN). Dans les *joint ventures*, l'État lui-même possédait des parts, jusqu'à la moitié dans certains cas.

À partir de 1960, l'État cessa d'accorder l'autorisation d'étendre les grandes plantations d'hévéas et, au contraire, encouragea les petits planteurs locaux ; d'une manière générale, l'octroi de concessions foncières aux étrangers fut désormais interdite et les importateurs vietnamiens furent avantagés par des quotas et des primes[22].

---

**21** P. Brocheux, « Le destin des exploitations rizicoles françaises dans le delta du Mékong », *RFHOM* t. 88, n° 330-331, 2001. Plus général, l'ouvrage de W. Ladejinsky, *Agrarian reform as...* 1977, p. 309.
**22** Tsai Maw Kieuw et Tran Khanh, *op. cit.*

Par l'intermédiaire de sociétés nouvellement fondées, l'État devint actionnaire dans les industries sucrière, cotonnière et pétrolière. Il acquit le gisement charbonnier de Bongson (centre VN), une scierie, une compagnie de transport public (Air Viet Nam) et une centrale électrique. Il était également propriétaire de deux grandes papeteries, COGOVINA et COGIDO dont la production était supérieure à celle des papeteries possédées par des Chinois : 37 500 tonnes contre 12 000. Mais ce dernier exemple fait figure d'exception comparé à la prédominance des industriels chinois ; en effet, si les Vietnamiens s'étaient taillés une place dans la pharmacie et les textiles, les Chinois dominaient encore ceux-ci[23].

### Une prépondérance économique maintenue

Les statistiques officielles ne rendent certainement pas compte du chiffre réel de la population chinoise après le décret de 1956.

**Tableau 44. La population chinoise du Sud-Vietnam avant et après les décrets de 1956.**

|  | 1955 | 1958 | Différence |
|---|---|---|---|
| Saigon-Cholon | 440 350 | 106 816 | 333 532 |
| Provinces | 180 508 | 16 820 | 163 688 |

Source : *Viên thông kê Quôc gia* (Institut national de la Statistique) cité par Tsai Maw Kieuw, *op. cit.* p. 69.

En 1960, le ministère de l'Intérieur annonça que 234 753 Chinois avaient choisi la nationalité vietnamienne, ce qui indiquait qu'un certain nombre d'entre eux ne s'était pas plié à la loi. Il faut ajouter qu'après la chute de Ngô Dinh Ziêm, les gouvernements qui lui succédèrent se montrèrent beaucoup moins rigoureux sur cette obligation pour exercer « les 11 métiers ». Le résultat fut le maintien et le renforcement des positions économiques de la communauté *Hoa* quelque fut le passeport dont ses membres étaient porteurs. Aussi, lorsque nous évoquons les Chinois du Sud-Viet Nam, nous devons relativiser notre vision : les ressortissants d'origine chinoise pouvaient avoir gardé leur citoyenneté d'origine (celle de la République de Chine i.e Taïwan), avoir adopté celle du nouvel État vietnamien et, probablement dans de nombreux cas, possédé deux passeports.

En 1975, les autorités communistes avaient classé « capitalistes » 7 951 soit 3 % des 260 000 *Hoa kiêu* actifs de Saigon-Cholon[24]. Une minorité très riche dont certains membres détenaient des monopoles commerciaux qui leur valaient le qualificatif de « roi de... » (du riz, de la ferraille, etc.). La description de leurs réseaux (voir chapitre trois) restait valable dans la période immédiatement post-coloniale et ils semblaient leur assurer des positions inexpugnables. Néanmoins, dans cette république, un nombre grandissant de Vietnamiens et de Vietnamiennes appartenant à la clientèle des détenteurs du pouvoir politique (la famille Ngô et les généraux qui lui

---

**23** Tran Khanh, *op. cit.*, p. 43. Le seul auteur qui a brièvement comparé les activités économiques des Chinois et des Viet est Nguyen Van Huy, *Nguoi Hoa tai Viet Nam, Les Hoa au Vietnam*, Paris, 1993, p. 89-96.
**24** Nguyen Van Ngon cité par Tran Khanh, *op. cit.*, p. 44.

succédèrent) entra dans le champ des activités économiques et financières[25] quelquefois, si ce n'est souvent, en partenariat avec des Hoa. Dans son ouvrage cité, Nguyen Van Huy a rassemblé des notices biographiques qui révèlent le flou des catégories : Chinois, Vietnamiens d'ascendance chinoise, métis sino-vietnamiens. Le mot *Hoa* est commode parce qu'il prend en compte ce flou.

En 1954, la valeur du capital chinois au Sud-Viet Nam était estimée à 80 millions $US i.e. 21 % des investissements étrangers et 90 % du capital non européen. En 1974, selon une enquête de la Chambre de commerce chinoise de Cholon, le capital chinois atteignait 130 millions soit 16 % des investissements en $US mais il est probable que ces chiffres sont sous-estimés. Un autre auteur a avancé le pourcentage de 41 % du total du capital investi, avec le quasi monopole du commerce (75 % et 80 % du commerce de détail) la prépondérance dans les textiles, la chimie et la métallurgie[26]. La politique de Ziêm ne modifia pas réellement cette situation d'autant que la politique « libérale » du général président Nguyên Van Thiêu à partir de 1966 renforça l'emprise des *Hoa kiêu*. Ceux-ci détenaient un atout décisif, leurs réseaux ramifiés dans l'Asie orientale et sud orientale et qui plaçaient le commerce d'importation entre leurs mains soit 45,6 %, principalement les aliments, les produits chimiques et métallurgiques ; 60 % des achats effectués par le canal de l'Aide américaine l'étaient par leur intermédiaire.

Les banques chinoises prirent de l'importance lorsque la BIC perdit son hégémonie. En 1974, il n'y avait officiellement que trois banques chinoises mais sur les 22 enregistrées comme banques vietnamiennes, la moitié fonctionnait avec des capitaux chinois. Dans les services, les Hoa étaient très présents mais les changements les plus importants prirent place dans les industries textiles où des grandes usines coexistaient avec des ateliers familiaux qui avaient dominé auparavant le secteur : en 1957, il y avait 580 ateliers de filature et de tissage. Les nouvelles usines étaient fondées en partenariat avec des entrepreneurs taiwanais et utilisaient du matériel moderne. En 1969-1970 93 220 000 sur 305 085 000 $US soit # 30,5 % des investissements industriels au Sud-Viet Nam concernaient le tissage[27]. Les Chinois possédaient 80 % des industries textiles qui employaient 11 572 travailleurs en 1966 et mobilisaient 3 millions $US en 1974. Les tissus synthétiques firent leur apparition aux côtés du coton et de la soie et la production textile annuelle se situait autour de 65-70 millions de mètres[28]. Deux entreprises, entre autres, illustrent le renforcement de la présence chinoise dans la branche textile : Vinatexco et Vimytex. La première usine est mise en marche en 1960 et emploie jusqu'à 2 450 salariés encadrés par 36 ingénieurs et techniciens venus de Taïwan mais leurs propriétaires sont des Hoa. La deuxième est créée par un citoyen américain d'origine chinoise avec un prêt de 6 millions de dollars US qui lui est fourni par l'USOM (*United States Operations Mission*) et un apport de capitaux taïwanais et hoa, il emploie une main-d'œuvre en majorité féminine de 2 000 salariés.

---

**25** Le g[al] Lam Quang Thi, *The Twenty Five year Century*, University of North Texas Press, 2001, fait allusion au rôle des femmes des officiers généraux du Sud-Vietnam dans ces entreprises ou « affaires ».
**26** Tran Khanh, *ibid.*, p. 55.
**27** *Ibid.*, p. 67.
**28** *Ibid.*, p. 69.

L'industrie métallurgique moderne fit son apparition dans les années 1960 avec un équipement mis à jour et qui donna un coup de fouet à la production. En 1957, la métallurgie était encore au stade des petits ateliers à Saigon-Cholon mais à partir de 1960, apparurent des fonderies et des aciéries à capital intensif et avec des machines ultra-modernes importées du Japon et de Taïwan. La société VICASA par exemple, au capital de 700 000 $US, employait 600 salariés. Elle possédait deux fours photo-électriques pouvant produire 12 tonnes d'acier et un laminoir. Sa production totale annuelle s'élevait à 25 000 tonnes. Quatre autres usines fournissaient 600 à 12 000 tonnes. En 1975, 3 millions de dollars US (chinois à 80 %) étaient placés dans la métallurgie[29].

En 1975, l'industrie chimique présentait un tableau similaire où les Hoa possédaient 187 usines avec un capital de 1 500 000 $US et du matériel moderne en provenance du Japon, de Taïwan et de la Corée du sud. Une des usines employait 260 salariés, elle était spécialisée dans la production des matières plastiques. L'exploitation forestière, le matériel électrique ainsi que les transports étaient aussi entre les mains des Chinois. En 1975, les Hoa étaient propriétaires de 3 000 navires de haute mer et de nombreuses flottilles fluviales[30]. Une fois le Sud réunifié avec le Nord, la Commission gouvernementale pour le Réforme économique recensa 6 081 familles chinoises auxquelles devait s'appliquer la réforme, en fait l'étatisation et la collectivisation des biens, soit « 167 capitalistes de la finance, 3 911 capitalistes du négoce et plus de 2 000 capitalistes industriels ».

Les grands, moyens et petits capitalistes Chinois n'étaient pas les seuls à jouer un rôle capital dans l'économie du Sud-Viet Nam ; dans les années 1950, la main-d'œuvre industrielle était composée de 12 500 Hoa sur 30 500 salariés. Une décennie plus tard, les Hoa étaient 25 000 à 30 000, en majorité des ouvriers spécialisés[31].

**Dépendance et contraction de l'économie sud-vietnamienne**

L'économiste Nguyên Van Hao distingue quatre périodes dans l'évolution de l'économie du Sud-Viet Nam entre 1955 et 1970 [32]: les cinq premières années furent paisibles et permirent la reconstruction, des « avancées sensibles »[33] de la production agricole furent accomplies dans ce sens parce que les campagnes bénéficièrent d'une tranquillité relative. La production rizicole passa de 2 200 000 tonnes en 1954 à 5 100 000 tonnes en 1960, résultat de la remise en culture des terres tombées en friche mais aussi du passage du rendement rizicole de 1,3 tonne par hectare à 2,1 tonnes pendant la même période[34]. Le taux de croissance général annuel se situait à 5 %, l'inflation était très faible et l'État équilibrait son budget[35].

---

**29** *Ibid.*, p. 69.
**30** Tran Khanh, *op. cit.*, p. 69.
**31** *Ibid.*, p. 72.
**32** Nguyen Van Hao, *Dong gop 1.Kinh te, lanh vuc, 1965-1974* (Contributions 1. Économie, services), Saïgon 1972.
**33** D. Dacy, *op. cit.*, p. 5.
**34** *Ibid.*
**35** Nguyen Van Hao, *op. cit.*, p. 69.

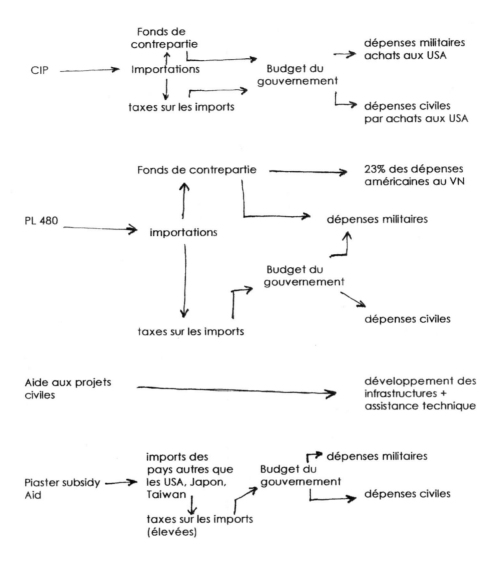

*Le Programme d'importation des marchandises (CIP=Commodity Import Program) fournit au gouvernement Sud VN les revenus qui servaient à acheter chez les Américains
**PL (de Public Law) 480 appelé aussi "Food for Peace" comportait une partie commerciale et une partie humanitaire celle ci à destination des réfugiés. Les Etats Unis écoulaient leurs surplus agricoles par ce canal.
[d'après Douglas DACY, op. cit. p.195].

**Les quatre sources de l'aide américaine au Sud-Vietnam.**

Mais le retour de la guerre civile et son extension dans tout le pays méridional ralentirent et entravèrent les activités économiques en même temps qu'ils exerçaient un prélèvement croissant sur les ressources financières de la République. Le taux annuel de croissance déclina à 2,2 % tandis que les dépenses militaires en augmentation accrurent l'inflation monétaire ; entre 1960 et 1964, la circulation monétaire atteignit 200 millions de $US tandis que les prix augmentèrent de 20 %.

En deux ans, 1965-1967, l'écrasante intervention militaire des États-Unis soit un demi-million de soldats et des techniques de destruction massives ainsi que l'expansion progressive des hostilités à toute la péninsule Indochinoise, démantelèrent l'économie vietnamienne. Le déficit du budget s'approfondit en passant de 355 932 203 à 483 333 333 $US, le taux de change du *dông* bondit de 60 à 118 pour un $US, l'inflation passait à trois chiffres soit 204 % et les prix firent un bond de 189 %[36]. Selon un auteur américain[37] :

**Tableau 45. La progression de l'inflation monétaire au Sud-Vietnam, 1966-1972.**
(en milliards de *dôngs*)

| 1966 | 1957 | 1968 | 1969 | 1970 | 1971 | 1972 |
|------|------|------|------|------|------|------|
| 17,90 | 18,75 | 41,86 | 16,67 | 22,13 | 45,53 | 19,40 |

En millions de dollars US :

| 172,115 | 158,890 | 354,476 | 141,271 | 187,542 | 385,847 | 54,494 |
|---------|---------|---------|---------|---------|---------|--------|
| *1 $ =104 d | 118 | 118 | 118 | 118 | 118 | 356 |

* taux de conversion dollar/dông.

Par conséquent, l'économie sud-vietnamienne était si mise à mal qu'un ministre des finances et de l'économie disait que son pays n'avait plus d'économie.

La quatrième phase (si l'on suit Nguyên Van Hao) est celle où les Nord-Vietnamiens déclenchèrent l'offensive du Têt Mâu Than (Nouvel an 1968) et où débutèrent les négociations entre les États-Unis et le gouvernement de Hanoi. Le gouvernement de Saigon se trouva en grand péril dans la perspective d'un retrait prévisible des Américains : il décréta la mobilisation générale de tous les hommes de 18 à 50 ans qui pesa lourdement sur ses capacités financières : en trois ans le déficit budgétaire se creusa selon le tableau 46.

**Tableau 46. Le déficit budgétaire de la République du Viet Nam.**
(en millions $US)

|  | 1972 | 1973 | 1974 |
|---|------|------|------|
| Recettes | 0,259 | 0,401 | 0,468 |
| Dépenses | 0,907 | 1,044 | 1,137 |

Source : D. Dacy, *op. cit.*, p. 213-215.

**36** Nguyen Van Hao, *op. cit.*, p. 70.
**37** D. Dacy, *op. cit.*, p. 70.

L'émission monétaire atteignit 81 milliards de *dông* (686 441 000 $US). Les prix augmentaient de 39 % chaque année[38] alors que le pouvoir d'achat de la population avait diminué de 70 % entre 1960 et 1970[39]. Un déséquilibre croissant caractérisait l'économie du pays : les activités non productives et les revenus qui en dérivaient surpassaient ceux qui étaient productifs ; les dépenses excédaient les recettes, les importations supérieures aux exportations engendraient une balance commerciale déficitaire (en millions de dollars US) :

| 1956-1960 | 1961-1964 | 19-65-1968 | 1969-1970 | 1970-1974 |
|---|---|---|---|---|
| 174,8 | 229,7 | 575,6 | 793,1 | 776,1 (*802,1) |

Source : Nguyên Van Hao, *op. cit.*, p. 81, * D. Dacy, *op. cit.*, p. 83.

La composante exportations qui représentait 4,5 % du PNB en 1957, ne comptait plus que pour 1 % à la fin de la décennie 1960[40]. Entre temps, les États-Unis intégraient le Sud-Viet Nam dans l'économie capitaliste de l'Asie orientale : à partir de 1967, Taïwan et le Japon remplacèrent définitivement la France en termes de volume et de valeur des échanges. Dans les années 1970, ces deux pays sont rejoints par la Thaïlande, la Corée du Sud et les Philippines[41].

Dans cette période, les exportations de riz (323 000 tonnes en 1963) cessèrent et, en revanche, le pays dut importer 770 000 tonnes en 1967 ; pour D. Dacy, « ce renversement de situation portant sur presque 1 million de tonnes était un bon indicateur de la dureté de la crise rizicole en pleine escalade militaire »[42]. Le caoutchouc qui, jusque-là, assurait les principales entrées de devises céda la place au bois et aux produits de la mer. En 1973, ces deux derniers rapportaient 26 millions $US sur les 58 millions des revenus de l'exportation[43]. Cette configuration des exportations fut durable puisqu'elle se maintint lorsque le Vietnam réunifié fut admis comme membre du COMECON de 1979 à 1990.

Un auteur comme D. Dacy impute la médiocrité des exportations à la politique erronée du gouvernement de Saigon en matière de change monétaire : « calculée pour maximiser l'aide américaine, la politique encourageait les importations et décourageait les exportations tout comme elle entravait le développement industriel et agricole »[44]. Lorsque le gouvernement se décida à passer du taux de 180 dông le dollar à 550 d., en 1972, les exportations augmentèrent notablement en 1973-1974 mais la réforme vint trop tard pour avoir un effet salutaire sur la situation économique générale[45].

Quelle fut l'ampleur réelle du développement économique du Sud-Viet Nam pendant la seconde guerre d'Indochine ? En 1972, W. Rostow affirma que le Sud-Viet

---

**38** Nguyen Van Hao, *op. cit.*, p. 70-71.
**39** *Ibid.*, p. 85.
**40** Nguyen Van Hao, *ibid.*, p. 134.
**41** *Nien giam Thong ke 1969* (Annuaire statistique du Vietnam), Saïgon, p. 242-243.
**42** D. Dacy, *op. cit.*, p. 82-83.
**43** *Ibid.*, p. 83.
**44** *Ibid.*
**45** D. Dacy, *ibid.*, p. 85.

Nam « avait progressé dans la modernisation à partir de l'état où il se trouvait en 1954 »[46], notamment, l'économie et l'enseignement dans les campagnes avaient connu des progrès sensibles. D. Dacy contesta ces généralisations fondées sur des faits observables mais fragmentaires en se référant à des statistiques plutôt qu'à des observations personnelles[47]. Il en conclut qu'il y avait des progrès techniques en agriculture produits par la « révolution verte » (introduction des variétés de riz à hauts rendements) et l'extension des cultures autres que le riz, « en ajoutant les légumes, le bois, les poissons et les porcs aux plantes majeures nous obtenons des indications plus complète de la production agricole. D'après elles, la production agricole par tête a augmenté d'environ 23 % de 1956 à 1975 soit environ 1 % par an […]. L'interprétation correcte de cette hausse se trouve dans l'augmentation de la production agricole totale plus rapide que celle de la démographie dans une situation de guerre très difficile »[48]. Dans une thèse inédite[49], un auteur américain soutient que la « révolution verte » a réellement démarré au Sud-Vietnam au début des années 1970 et que la réforme agraire du gouvernement du général Nguyen Van Thieu a certainement stimulé l'adoption des variétés de riz à hauts rendements par les paysans eux-mêmes.

Du côté de l'industrie, D. Dacy estimait que la production avait crû à un taux annuel de 4 % de 1956 à 1975 mais en se référant aux statistiques du revenu national, à ceux de la production et de l'emploi industriel, il concluait que » le développement industriel du Sud-Viet Nam, en dépit d'injections considérables de l'aide étrangère, n'acquit jamais le dynamisme que l'on observe dans les pays où le développement est couronné de succès tels que Taïwan et la Corée du Sud »[50]. Dacy ajoutait que « dans la perspective du retrait américain, l'économie sud-vietnamienne n'était pas suffisamment autonome pour affronter un avenir incertain ».

Tous ces faits et indicateurs économiques sont inséparables du contexte général de la guerre avec les déplacements de personnes et la croissance hypertrophique des villes. De 1965 à 1975, deux millions de personnes affluèrent dans les villes et après 1970, le Sud-Viet Nam dut accueillir 200 000 Vietnamiens fuyant les pogroms dans le Cambodge de Lon Nol. Puis, 8 mois après l'offensive de Pâques 1972, 1 300 000 personnes submergea les zones gouvernementales sud-vietnamiennes devant l'avance de l'armée nordiste[51]. Pendant cette période, le taux annuel de croissance démographique était de 2,6 % mais la population des villes fit des bonds considérables :

| 1960 | 1970's | 1972 (après avril) |
|---|---|---|
| 20 % | 35 % | 70 % |

Il y avait 1 500 000 sans emplois dans les villes [52].

**46** W. Rostow, *The Diffusion of Power…*, New York, 1972, p. 470.
**47** D. Dacy, *op. cit.*, p. 81.
**48** *Ibid.*, p. 75, remarques reprises par les auteurs de *DBSCL Nghiên cuu phat triên*, Hanôi, 1995.
**49** A. Combs, *Rural Economic Development as a nation Building Strategy in South Vietnam, 1968-1972*, thèse non publiée, London School of Economics 1998.
**50** D. Dacy, *op. cit.*, p. 85 ; l'aspect négatif est souligné par un auteur nord-vietnamien, Dang Phong, dans *21 Năm Viện Trợ Mỹ ở Việt Nam*, Hanoï, 1991.
**51** Nguyen Anh Tuan, *South Vietnam Trial and Experience*, Athens, Ohio, 1987.
**52** D. Dacy, *op. cit.*, p. 85.

Jusqu'à ce que les troupes américaines se retirent du Sud-Viet Nam en 1973, les Sud-Vietnamiens dépendaient entièrement de l'aide des États-Unis et ne comptaient pas sur leurs propres forces. D. Dacy souligne que le retrait américain obligea le gouvernement de Saigon à prendre des mesures fiscales et foncières : en 1970 le taux d'intérêt, le taux de change monétaire, les taxes sur les importations furent réformés et une réforme agraire fut mise en œuvre[53]. En agissant de la sorte, le gouvernement voulait non seulement compenser le départ et la diminution rapide de la manne américaine mais aussi profiter du répit après l'échec de l'offensive communiste du Nouvel An 1968 pour donner l'impulsion à l'industrie et l'agriculture, promouvoir les exportations et augmenter les recettes du budget de l'État. Selon D. Dacy : « La période entre le Têt 1968 et l'offensive générale des troupes nord-vietnamiennes (1975), fut la période la plus productive et la plus prometteuse de l'histoire du Sud-Viet Nam. La sécurité s'était améliorée [...] l'économie s'engagea dans une croissance rapide, de 1968 à 1971 le produit intérieur net augmenta de 28 % [...]. La production de riz reprit rapidement, passant de 4,4 millions tonnes en 1968 à 6,1 millions en 1971 »[54].

La loi intitulée « la terre à qui la cultive » est intéressante par ce qu'elle éclaire l'évolution du pays après sa réunification. Elle était inspirée par celles mises en œuvre au Japon pendant l'occupation américaine et à Taïwan après la fuite du gouvernement nationaliste du continent chinois : le but était de couper l'herbe sous les pieds des communistes en supprimant la grande propriété foncière et le fermage et en créant une classe d'agriculteurs propriétaires. La résistance contre les Français avait confisqué les terres des concessionnaires français et des « traîtres » et les avait redistribuées aux paysans sans terre et aux paysans pauvres ; aux dires de la propagande de la résistance, dans tout le Viet Nam, 564 547 hectares avaient été répartis. Lorsque le gouvernement de Ziêm récupéra une partie de ces terres et les restitua à leurs propriétaires, il alimenta la propagande de ses opposants communistes. Selon une source communiste, 270 latifundiaires méridionaux recouvrèrent 81 204 hectares et obligèrent les paysans qui s'y étaient installés à signer des contrats de fermage[55]. Le gouvernement du général Thiêu reprit le programme agraire modéré en indemnisant les propriétaires avec des bons d'investissement industriel mais il abolit le fermage en décrétant un plafond de 15 ha pour les propriétés rizicoles[56]. Le programme de redistribution foncière fut entièrement financé et mis en œuvre par les Américains ; en 1973, 950 000 titres de propriété portant sur 1 198 000 ha furent octroyés à environ 1 million de fermiers et leurs familles soit au total 6 millions de personnes ; à cette date, 300 000 ha restaient encore amodiés mais leurs tenanciers avaient cessé de payer leurs loyers[57]. Cette loi ouvrit la voie à la modernisation de l'agriculture alors que les latifundia étaient en partie le support d'une économie de rentes. Cette solution de la question agraire pose deux questions : la loi de 1971 affranchit-elle les paysans de la dépendance vis-à-vis des négociants chinois ? Pourquoi les catégories

---

53 *Ibid.*, p. 14-15.
54 *Ibid.*, p. 15.
55 *Buoc mo dau...* Ho Chi Minh-ville, 1987, p. 227.
56 C.S. Callison, *Land to the Tiller...*, 1983.
57 D. Dacy, *op. cit.*, p. 110-116.

de la paysannerie qui en avait bénéficié ne se levèrent-elles pas pour défendre la République en 1975 ?

Les Américains avaient tenu le Sud-Viet Nam à bout de bras et leur engagement dispensa longtemps les Sud-Vietnamiens de se prendre en mains, leur aide économique transforma le pays en client assisté. Simultanément, les méthodes et les techniques de destruction américaines furent particulièrement dévastatrices des ressources naturelles et économiques comme en témoignent deux exemples : « 40 % des arbres à caoutchouc furent anéantis et 900 000 buffles, indispensables animaux de labour, moururent »[58].

Les bombardements intensifs sur une grande échelle ainsi que l'épandage des produits toxiques causèrent d'irréparables dommages aux systèmes écologiques de la péninsule Indochinoise : les forêts, les sols subirent des dégâts dont certains créent une disparition irréversible (jusqu'à ce jour de février 2007) de 5 % de la couverture forestière, l'érosion des sols et leur stérilisation (sous la forme de latéritisation). Un rapport de l'ONU établit la gravité de la situation : « 51 000 ha de forêts des hautes terres ont subi 4 ou 5 opérations de défoliation et les 27 000 ha de la mangrove ont été réduits à néant. Comment les changements que la guerre a introduits dans la distribution des espèces pourraient avoir changé la biodiversité du Vietnam de façon permanente est un des aspects le moins compris et potentiellement le plus nuisible de cette guerre »[59]. Certains auteurs ont mis en question la notion d'écocide appliquée au Viet Nam en se fondant sur le chiffre de 22 000 km$^2$ de forêts détruites, or cette estimation ne concerne que les destructions par bombardements aériens directs. L'utilisation des défoliants n'entre pas en ligne de compte, or ceux-ci ont eu des effets écologiques durables sur l'environnement et, par la chaîne alimentaire, sur la santé de la population[60].

---

**58** N. Thrift & D. Forbes, *The Price of War....*, 1986, p. 211.
**59** *Vietnam Environmental Program...*, 1995, vol. II, Annex 7, p. 70.
**60** C. Veilleux, "The state of Vietnam Forests. Historical perspectives on a contemporary dilemna" in *Le Défi forestier...* de Kominck, p. 66-88.

Chapitre sept
# Le Nord-Vietnam : un essai radical de recentrer l'économie

## L'économie de la résistance anti-française, 1945-1954

Si la République du Viet Nam prit la suite de l'État associé du Viet Nam, la RDV (République Démocratique du Viet Nam) hérita de l'économie de la résistance qu'elle dut adapter au temps de paix. L'économie de la résistance portait-elle l'économie de la « transition vers le socialisme » en elle ?

Dès le début de la guerre, le gouvernement de la résistance ne contrôla plus les grands ports, les principales agglomérations urbaines avec leurs industries et leurs services ainsi que les grandes voies de communication. Il lui fallut s'adapter à ces conditions et il revint à Bui Cong Trung, membre du comité central du PCI en charge des questions économiques, de tracer sommairement les lignes directrices de l'économie de la résistance. En 1948, il écrivait dans *Su Thât* (La Vérité) que l'économie de guerre « devait poser les fondations de la « Nouvelle démocratie » c'est-à-dire être une économie dirigée qui tendrait vers l'autarcie ». Pour Bui, cela signifiait « créer des entreprises gérées par l'État et en même temps créer un secteur collectivisé en dépit d'un équipement technique encore rudimentaire. Toutefois, les entreprises privées bien gérées et jouant un rôle clé ne devraient pas être supprimées. Au contraire, les entrepreneurs privés recevraient des subventions du gouvernement et feraient bénéficier les cadres de la nouvelle économie de leur expérience et aptitudes en matière de production et de gestion. Dans le court terme et afin d'assurer la subsistance de chaque zone stratégique, la population doit étendre les superficies cultivées, intensifier les activités artisanales et généraliser le troc afin de compenser la pénurie monétaire ». Le même auteur rappelle que la question agraire est un enjeu capital, c'est pourquoi les domaines fonciers des « colonialistes et des traîtres » doivent être confisquées et distribuées aux paysans pauvres et sans terre. Il appelle également à la destruction des propriétés des capitalistes français et au blocus des zones occupées par l'ennemi[1].

### Les ressources de l'économie de la résistance

Bien que les Vietnamiens aient adopté le slogan de Mao Zedong « d'abord compter sur ses propres forces », il convient de ne pas le prendre au pied de la lettre. Ce mot d'ordre vise essentiellement à galvaniser les énergies du peuple et des combattants. Cette idée-force recouvre trois volets complémentaires : l'économie des zones libres c'est-à-dire contrôlées par la résistance, celle des zones occupées (par les Français) et un réseau d'échanges extérieurs (commerce et aide). La Chine pour une part majoritaire, la Thaïlande et dans une moindre mesure les Philippines, ont contribué de manière vitale à l'effort de guerre de la RDV. À partir de 1950, la République populaire de Chine devint la base arrière de la résistance vietnamienne, à la fois sanctuaire (camps d'entraînement militaire, écoles et hôpitaux) et fournisseur d'une énorme quantité de matériel militaire mais aussi de vivres et de médicaments. En fait la symbiose séculaire du Tonkin, du Guandong, du Guanxi et du Yunnan fut renforcée comme celle qui liait, dans une moindre mesure, le Vietnam avec le Laos, le Cambodge et la Thaïlande.

Les Vietnamiens exploitèrent au maximum les avantages de l'espace géographique indochinois que les Français avait institutionnalisé sous le nom d'Union indochinoise[2]. À cet égard, les papiers capturés par les Français sur le corps de Nguyen Binh, le chef militaire de la résistance en Cochinchine (Nam Bo), en 1951, laissent entrevoir l'utilisation de cet espace : Nguyen Binh évoque la possibilité d'installer des coopératives d'élevage du bétail dans les provinces de Stung Treng et Kratié (Cambodge) pour ravitailler la résistance de Cochinchine ; en outre celle-ci peut bénéficier de la production de fonte par des métallurgistes chinois qui opèrent dans la forêt de Kompong Thom (« ils produisent 70 kilos par jour »), elle peut aussi taxer les Chinois qui exploitent les forêts (bois en grumes, résine, etc.)[3].

Dans la réalité, le gouvernement de la résistance contrôlait de nombreuses sources de denrées de première nécessité comme le riz et le sel ainsi que quelques gisements miniers. En 1948, le commandement français estimait que leurs adversaires « Viet Minh » disposaient de 130 000 tonnes de riz en Cochinchine qu'ils transportaient du delta du Mékong vers d'autres zones libres ou qu'ils vendaient dans les zones occupées. En Cochinchine, les salines de la province de Bac Lieu et celles situées près de Kampot à la frontière cambodgienne étaient exploitées par la résistance, ces dernières produisaient 15 000 tonnes dont la résistance escomptait tirer un revenu de 333 333 $US. Dans le nord du pays, les provinces du Nghe An, Ha Tinh et Thanh Hoa fournissaient 12 000 tonnes de sel dont un tiers était réquisitionné par le gouvernement et destiné au Viet Bac, le bastion septentrional de la résistance. Là-bas le sel coûtait 119/142 $ la tonne contre 11/14 $ dans la région productrice.

---

[1] *Su That* n° 98 (19.8.1948) et 99 (2.9.1948).
[2] C. Goscha, « L'Indochine repensée... la réalité de l'Indochine », *RFHOM* n° 309, 1995, p. 421-453.
[3] Nguyen Binh, « Rapport sur le front cambodgien 1951 », SHAT 10H366.

Le restant était vendu localement par les sauniers sous la supervision du Service des douanes[4].

Là où le gouvernement disposait de mines, de stocks de matières premières et d'équipement hérités de la colonisation, il les exploita intensivement. Hô Dac Vy, ingénieur chimiste (diplômé de la faculté de Bordeaux) nous a laissé un témoignage intéressant. Lorsque en décembre 1946, les employés du laboratoire de l'Inspection générale de l'agriculture coloniale quittent Hanoi pour la zone libre du Thanh Hoa, Vy poursuit son travail à l'Institut de la recherche agricole (Viên Khao cuu Nông Hoc) de 1946 à septembre 1952. En cette année-là, avec d'autres compatriotes, il choisit de quitter la zone libre et de rentrer à Hanoi avec sa famille. Il nous a laissé une description de sa vie et de ses activités dans le Thanh Hoa (l'Interzone IV)[5] : selon Vy, les activités économiques et sociales étaient déconcentrées voire décentralisées au maximum pour être adaptées au bas niveau technologique et pour échapper aux opérations françaises de bombardements et de « ratissages ». L'exemple de l'industrie textile illustre bien cette adaptation à la situation de guerre : les Français ayant repris la ville de Nam Dinh avec ses grandes usines, les cotonnades étaient produites dans des ateliers familiaux ou de petites manufactures organisées par l'État et sous gestion mixte. Il en allait de même pour la fabrication du sucre et du papier.

Bien que les Vietnamiens fissent flèche de tous bois, la production alimentaire et des objets de consommation était insuffisante pour satisfaire les besoins de la population. En 1951, les bombardements de l'aviation française détruisirent les barrages de Do Luong (que le gouverneur général Brévié avait inauguré en 1937), de Nam Dan et de Bai Thuong : la superficie irriguée diminua sensiblement en même temps que la deuxième récolte de riz disparut. Dans un autre secteur militaire du nord Annam, l'armée française répandit du mazout dans les salines et dynamita les réserves de sel. En février 1949, dans les provinces méridionales de Tra Vinh et Bac Lieu, 200 hectares de marais salants furent l'objet d'un mazoutage et dans la même année, 10 500 tonnes furent détruites de la même manière dans le centre Annam[6].

Selon Hô Dac Vy, la résistance s'efforçait d'atteindre l'auto-suffisance ; il en donne une illustration en citant le cas de sa famille. À partir de 1950, la majeure partie de son salaire mensuel était versée en nature soit 30 kilos de riz pour lui, 10 pour sa femme et 5 pour sa fille, le complément en espèces équivalait à 13 kilos de riz. En 1952, tous les fonctionnaires et travailleurs manuels recevaient assez de tissus pour se faire confectionner un vêtement pour chacun. Les rations alimentaires permettaient de subsister pendant deux semaines, aussi chaque famille entretenait un jardin et une basse-cour pour compléter les rations ; Vy rapporte que seuls les membres du parti avaient droit aux soins médicaux gratuits tandis que les fonctionnaires et les travailleurs manuels devaient acheter leurs médicaments chez les pharmaciens qui se ravitaillaient dans la zone occupée. Dans les villes de Thanh Hoa et de Vinh, il y avait cinquante pharmacies ou dépôts, certaines « très bien achalandées »[7].

---

**4** « Bilan économique et financier du Viet minh en mai 1950 », SHAT 10H3991.
**5** Déposition de Ho Dac Vy, SHAT 10H1037.
**6** SHAT 19H1033.
**7** Déposition de Ho Dac Vy, *op. cit*.

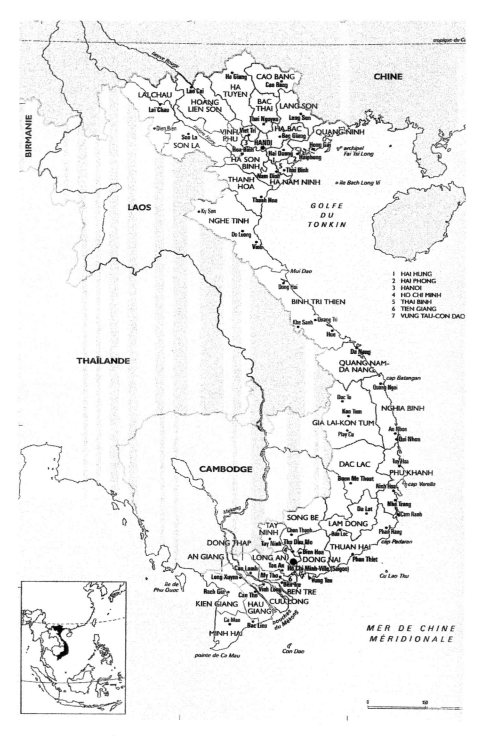

Carte n° 11. République socialiste du Viet Nam.

Une troisième caractéristique de cette économie était le troc, encouragé par le manque de numéraire bien qu'une unité monétaire le *dông*, symbole de la souveraineté nationale, ait été créé en août 1946. En juillet 1948, le *dông* fut titré à 0,375 gr. d'or fin mais les Vietnamiens ne manquaient pas de faire valoir que « la garantie morale et l'impact psychologique » avaient plus d'importance que le titrage en métal précieux. En ce qui concerne la monnaie divisionnaire, la frappe de la sapèque en zinc (dont l'atelier avait été déménagé de Hanoi en octobre 1946) fut abandonnée au profit de billets imprimés d'abord dans la Hà Tinh puis en Chine populaire à partir de 1950. Le gouvernement institua le cours forcé du *dông* mais il utilisait exclusivement les piastres émises par la BIC pour ses transactions. Il est donc certain que la résistance participa au fameux trafic des piastres en spéculant sur les taux de change afin « d'acheter les armes » (comme le rapportait Nguyen Binh)[8].

Bien que refoulé dans les montagnes et les forêts et n'exerçant pas son autorité sur tout le territoire et sur toute la population, le gouvernement de la RDV maintenait et faisait fonctionner l'appareil d'un État organisé[9]. Paradoxalement, cet État proclamé unitaire s'adapta à la fragmentation de son territoire en procédant à une décentralisation de fait. Celle-ci laissait une marge d'initiatives et de manœuvres aux autorités et à la population locales. En 1948, un rapport français observait que les directives gouvernementales adverses étaient « peu nombreuses et si simplistes » que l'on pouvait considérer que le pouvoir central était aléatoire et peu efficace »[10]. L'émission de monnaie reflétait cette situation : au Nam Bô et au Trung Bô lorsque les espèces monétaires manquaient et comme les individus n'avaient pas le droit d'utiliser les billets de la BIC, les comités économiques de la résistance (*uy ban khang chiên kinh tê*) des *bô* ou des zones (*khu*) imprimaient leurs propres signes monétaires ou des Bons de confiance[11]. Dans l'Interzone IV, une zone libre, les prix du marché étaient calculés en sapèques. Cependant, en 1949, le gouvernement décida d'abolir l'ancienne monnaie bien que ce fut à l'encontre d'habitudes profondément ancrées. Il voulait refondre le zinc et le cuivre pour augmenter la monnaie divisionnaire du *dông*, il racheta 20 sapèques en échange de 1 *dông* (sur le marché, 1 d. s'échangeait contre 6 sapèques). La population réagit en gardant les sapèques, provoquant ainsi une hausse des prix sur le marché : de mars à juin 1949, le prix d'1 kilo de riz passa de 5 à 19/20 d. ; de juin à juillet, de 20 à 400 d. ; en 1952, le prix atteignit 1 500 d. et 2 500 en 1953 pour retomber ensuite à 1 500 d. (150 après la dévaluation monétaire) ; Pendant cette période, le gouvernement dut créer des cantines, vendre le riz aux fonctionnaires et même, à la fin de 1950, il versa les soldes et salaires en riz[12].

---

**8** C. Goscha, *Thailand and the Southeast Asian networks....*, 1999, chap. 5.
**9** B. Fall, *Le Viet Minh, La RDV. 1945-1960*, 1960. Sur la guerre elle-même voir le G[al] C. Gras, *La Guerre d'Indochine...* 1982.
**10** « Étude sur l'économie Vietminh 1948 », SHAT 10H3990.
**11** D. Vesin, « Les ambiguïtés de la mise en place... » 1995.
**12** Rapport de R. Moreau et F. Bianconi, in Asie/Indo registre 167, AMAE. L'administrateur Moreau et le lieutenant Bianconi furent captifs itinérants pendant 8 ans (1946-1953) dans l'Interzone IV, ils purent observer la vie de cette zone libre, rencontrer et parfois même s'entretenir brièvement avec des habitants.

### Le fonctionnement de l'économie intérieure de la résistance

Les comités économiques des trois *bô* étaient reliés au ministère de l'Économie et des finances et ces comités assuraient la coordination des activités économiques intérieures. Ils prélevaient les impôts, réquisitionnaient les marchandises, mobilisaient la main-d'œuvre, levaient des emprunts et supervisaient le commerce avec les zones occupées. Ils importaient les matériels et les marchandises de l'étranger comme les produits chimiques ; ils exportaient le riz, le caoutchouc et l'opium. La population était appelée à faire preuve d'émulation patriotique dans un processus où se mêlaient l'enthousiasme volontaire, la pression psychologique et parfois la coercition physique, un mélange rendant impossible de démêler le voulu du forcé.

Un certain nombre de documents nous éclairent sur le fonctionnement de l'économie de guerre au Nam Bo. Le Comité de résistance et d'administration du Nam Bo (*uy ban khang chiên hanh chinh Nambô*, UBKCHCNB) avait un sous-comité (des affaires économiques) comprenant cinq départements : les finances, la production, la distribution et les approvisionnements, les transports et les communications, le commerce et l'industrie. Deux autres services géraient les échanges avec la zone occupée avec des intermédiaires, principalement chinois, appelés « paravents » (*binh phong*) ainsi que les taxations et le contrôle des prix[13].

La majorité des revenus du UBKCHCNB provenait du commerce et des transports qui s'ajoutaient à l'impôt foncier : celui-ci variait de 1 à 10 *dông* par *mâu* dans le sud, 50 d. dans le centre nord et 27 d. dans la province tonkinoise de Thai Binh. Dans le Nam Bô, la livraison de riz était la forme principale du prélèvement fiscal, c'est ainsi que de novembre 1947 à mars 1948, les provinces rizicoles de Soc Trang, Bac Lieu et Can Tho fournirent la majeure partie de cet impôt pour une valeur estimée à 2 130 000 \$. Le coût du transport et la taxe perçue sur celui-ci peuvent être déduits du prix du riz une fois celui-ci parvenu à Cholon : 60 kilos acheté à 4 \$ dans la campagne de Bentre, coûtait 9,4 \$ à Bentre-ville et 11 \$ à Cholon. La chaloupe à vapeur qui assurait la liaison entre Chau Doc-ville et Saigon acquittait 400 \$ pour l'aller-retour[14]. Le chimiste Hô Dac Vy confirme que la pratique était la même dans le nord du pays « le commerce entre les zones libre et occupée était strictement réglementé et soumis à des taxes élevées ». D'une manière globale, les Français estimaient que les 2/3 des revenus du « Viet Minh » provenaient des échanges commerciaux interzones.

Les autorités de la zone libre contrôlaient aussi les activités économiques à l'intérieur de la zone. À partir de 1949, le Bureau de contrôle économique de Saigon-Cholon qui s'occupait essentiellement du paddy et du riz adopta une réglementation stricte semblable à celle de l'administration Decoux : il désignait les villages autorisés à fournir du riz et il délivrait les autorisations d'exporter tout en obligeant les rizeries de Cholon de payer une taxe de 0,20 ou 0,30 \$ par sac de 60 kilos. Les propriétaires de rizeries devaient aussi s'acquitter d'une taxe calculée sur la puissance des machines soit 5 \$ par cheval-vapeur. Les propriétaires qui renâclaient étaient menacés et

---

**13** « Étude sur l'économie Vietminh » *op. cit.* ; sur la coopération entre les commerçants chinois et la résistance, voir SHAT 10H3995.
**14** *Ibid.*

ceux qui refusaient de payer voyaient leur usines sabotées ou incendiées ; en 1949, 16 rizeries de Cholon furent ainsi détruites[15].

S'en prendre à l'économie de l'ennemi était une façon de l'appauvrir : en 1953, les propriétaires vietnamiens de plantations d'hévéas payaient un impôt sur la surface cultivée et une piastre par arbre à caoutchouc. Une directive désigna les plantations des Français comme objectifs de destruction en se référant à la théorie du système capitaliste bénéficiaire et financier de la guerre.

Outre les réquisitions, les impôts, les taxes et les emprunts levés au niveau national et local, les autorités de la résistance appelaient la population à lui fournir des contributions occasionnelles : ainsi en 1946, le UBKCHCNB demanda 142 857 $ et de nouveau, l'année suivante, 357 142 $ en échange de « Bons de la Résistance » souvent utilisés comme monnaie. La plupart de ces « emprunts » furent consolidés, autrement dit ils ne furent pas remboursés si l'on en croit un discours de critique et d'autocritique de M. Pham Van Bach, président du UBKCHCNB[16].

Les zones libres et occupées étaient imbriquées au point que l'objectif d'autosuffisance était mise en pratique de façon toute relative, parfois il se révélait illusoire.

En 1953, le commandement militaire français instaura le blocus du grenier à riz du Nam Bo (delta du Mékong). Au début du blocus, Nguyen Thanh Son, chef du Bureau des affaires extérieures (*Ban Ngoai Vu Nam Bô*) qui gérait les échanges économiques, calcula qu'un stock de 100 000 tonnes de riz était bloqué dans la zone libre du delta[17]. En conséquence la résistance décréta le contre-blocus de l'économie de l'ennemi et l'économiste Dang Phong admet que pour la première fois, le gouvernement dut faire face à la pénurie alimentaire et dut fixer les prix à la consommation de façon autoritaire[18]. Le rapport de Pham Van Bach contient le récit d'une conséquence tragi-comique de la situation ainsi créée de part et d'autre : l'élevage, aux grains, des canards dans le delta était une activité de grande échelle ; pour économiser le paddy, les autorités firent procéder à l'abattage en masse des canards. La population fut si mécontente que Pham Van Bach, au nom de l'UBKCHCNB, lui présenta ses excuses pour cet « abus de pouvoir »[19].

Une autre conséquence du blocus réciproque fut la chute des revenus de la résistance et de l'État associé du Viet Nam (instauré sous la direction de l'ex-empereur Bao Dai) ; elle entraîna des compromis et même des ententes entre la résistance, les féodalités Hoa hao, Cao dai et les indispensables intermédiaires chinois. Le commandement français leva le blocus en cédant au gouvernement Bao Dai qui se plaignait de l'appauvrissement des recettes de son budget, du fait que le blocus avait profité pour l'essentiel aux réseaux commerciaux chinois et aux Hoa hao, provoqué une

---

**15** SHAT 10H3990.
**16** Discours de Pham Van Bach in SHAT 10H3994.
**17** SHAT 10H3990.
**18** Dang Phong, *cf.* note 4, p. 9.
**19** *Op. cit.* SHAT 10H3994 : Dans la province de Rach Gia, les autorités de la résistance achetèrent les canards à bas prix, les tuèrent et vendirent leurs plumes mais ils vendirent aussi les canards à un prix plus élevé que celui auquel elles les avaient achetés aux éleveurs.

hausse des prix à la consommation et mécontenté la population des zones qu'il contrôlait[20].

Ces faits soulignaient une fois de plus le rôle déterminant des Chinois dans la vie économique du pays. En dépit de la guerre et des blocus, les Chinois continuaient de produire, de vendre et d'acheter grâce à leurs relations amicales ou vénales dans les deux camps. Ils achetaient, ils vendaient ou troquaient le riz, les tissus, les médicaments et aussi d'autres marchandises prohibées en zone libre telles que les cigarettes, les savons et les parfums et cosmétiques considérés comme produits de luxe et donc superflus.

### Les échanges avec l'extérieur

Pendant la guerre aucun des pays indochinois ne fut isolé du monde extérieur, du contexte asiatique et mondial. Les communications et les transports furent intensifs dans la péninsule et sur la mer de Chine méridionale[21].

Selon une synthèse de documents Viet Minh capturés, dans le nord du Vietnam, l'axe du commerce avec la Chine du sud, principalement le Guanxi, passait par la province de Cao Bang, tandis que plus à l'est, l'île chinoise de Haïnan était une plaque tournante du trafic maritime. Bien que Chiang Kai-shek fut à la tête de la Chine jusqu'en 1950, le général nationaliste Chang Fa-kuei était favorable à la cause indépendantiste vietnamienne : le riz, l'étain, l'opium et d'autres articles alimentaient les courants d'échanges séculaires ; piastres de la BIC et dollars de Hong Kong en étaient les instruments de paiement[22].

L'établissement du pouvoir communiste en Chine facilita et multiplia les échanges sur une grande échelle et pas seulement dans le domaine militaire. Selon le témoignage d'un officier de l'Armée populaire vietnamienne qui rejoignit le camp nationaliste en 1954, « les Chinois nous fournissaient les uniformes, les sous-vêtements, les serviettes, les gourdes, les gobelets, les gamelles, les chaussures, les tentes, les moustiquaires, les casquettes, les carabines K50, les mitrailleuses lourdes soviétiques, les grenades et les postes de radiocommunication. Ceux d'entre nous qui étaient proches de la frontière recevaient de la viande en conserves et des cigarettes »[23].

Un rapport français de la même année précise que « excepté le riz, tout ce qui équipe et entretient l'Armée populaire vient de Chine » ; il ajoutait que les Vietnamiens disposaient de « 700 véhicules automobiles et leur service médical s'est beaucoup développé »[24]. Dès que l'Armée populaire chinoise atteignit la frontière, le Viet Nam fut intégré dans la stratégie de la Chine populaire en Asie, par conséquent, une aide massive fut fournie à la République démocratique du Viet Nam ; elle augmenta en 1952, 1953 et atteignit son maximum en 1954. Elle ne consistait pas seulement en

---

**20** Lettre de Tran Van Huu (17.3.1952), Premier ministre du gouvernement Bao Dai, au haut commissaire de France, SHAT 10H1034, dossier 511.
**21** C. Goscha, op. cit., ..., 1999.
**22** Documents (capturés) du ministère de l'Économie de la RDV, fonds Conseiller politique 6, supplément 1946-1947, CAOM.
**23** Déposition de Ngo Si Hien, officier de l'APV, auprès des autorités nationalistes, 1954, SHAT 10H1038.
**24** Rapport sur l'aide chinoise au Vietminh 1952-1954, fonds HCI 77, CAOM.

une aide en matériel mais également en savoir-faire technique, administratif et économique par l'intermédiaire de centaines de conseillers chinois[25].

La voie maritime fut intensivement empruntée pour l'acheminement des fournitures entre le nord et le sud : en juillet et août 1948, la marine française arraisonna ou détruisit respectivement 89 puis 102 jonques ; 5 d'entre elles transportaient des armes, 30 avaient des explosifs, des médicaments, des tissus et des produits chimiques à bord, les autres transportaient du riz, du sel et du sucre[26].

Dans le golfe de Thaïlande, en août 1949, un patrouilleur français arraisonnait un vapeur acheté à Bangkok qui faisait la navette entre Mai Ruot, à la limite des eaux territoriales thaïlandaises, et des sites de débarquement sur la côte du Viet Nam[27]. De nombreuses îles et îlots étaient propices à tous les trafics ; ceux-ci continuèrent jusqu'à ce que le maréchal Phibun Songkram adopte une politique franchement anticommuniste en 1950. Toutefois, les communications terrestres entre la Thaïlande du nord-est (où une partie des immigrés vietnamiens soutenait la résistance) et le Viet Nam restèrent ouvertes jusqu'à la fin de la guerre[28].

La première guerre d'Indochine révéla la permanence de certains facteurs qui existaient avant la conquête française et qui ré-émergèrent dans la période post colonial. Trois facteurs étaient liés les uns aux autres : le premier fut la création d'un espace économique indochinois que les Français institutionnalisèrent sous l'appellation d'Union indochinoise, mais l'entité politico-administrative ainsi créée et le morcellement du Viet Nam en trois entités territoriales et administratives, furent compensées voire annulées par l'intégration économique des trois pays vietnamiens et du Cambodge et du Laos. Les flux migratoires de populations et de marchandises se maintinrent à l'intérieur et à l'extérieur en dépit des frontières ainsi tracées. En second lieu, les migrations ne cessèrent pas : main-d'œuvre en temps de paix, soldats et réfugiés en temps de guerre ; mais elles prirent aussi la forme d'un exode rural accéléré. Troisièmement, la guerre confirma l'organisation duelle héritée du passé : l'État de la résistance agissait comme un « haut commandement économique » fondé sur un socle constitué par les villages, leurs activités économiques et les relations inter-villageoises ; cette dualité permit une souplesse de fonctionnement de l'économie qui, alliée aux nécessités du moment, tempéra les *a priori* idéologiques ou la tentation d'un dirigisme rigoureux. En même temps, elle fut un argument pour l'adoption de méthodes pragmatiques et, dans le futur, une référence possible pour une démarche évolutionnaire.

La guerre d'indépendance mit en place au moins deux éléments constitutifs de l'économie de la République démocratique du Viet Nam après la libération : l'application d'une réforme foncière encore limitée aux zones libres et à certaines catégories de propriétés et également la coexistence d'entreprises privées et d'entreprises d'État/collectivités.

---

**25** Chen Jian, "China and the Indochina War. 1950-1954", *China Quarterly* n° 133, 1993, p. 85-110.
**26** Bulletin de renseignements du 2 Bureau n° 12, SHAT 10H3997.
**27** Fonds SPCE 378, CAOM.
**28** C. Goscha, *op. cit.* 1999, Chap. 5.

Histoire économique du Viet Nam. 1850-2007

Bản số 8: **Đô thị và các đường giao thông**
Planche 8: **Villes et voies de communication**

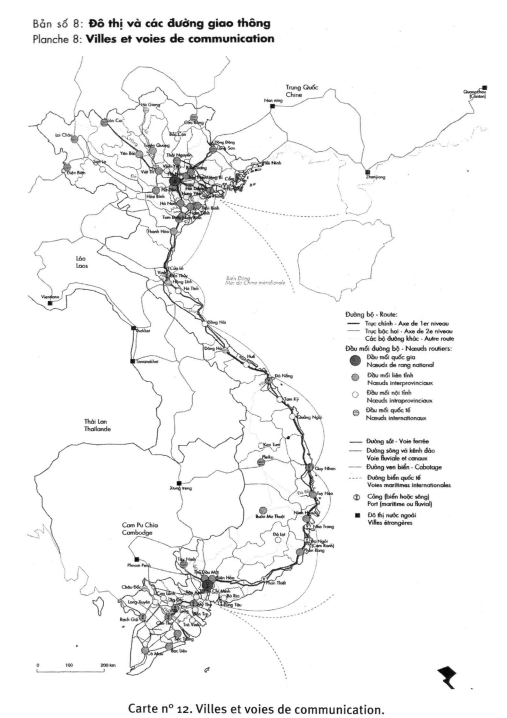

Carte n° 12. Villes et voies de communication.
Source : Atlas du VN. Vu Tu Lap et Ch. Taillard édit.

# La République démocratique du Viet Nam, 1955-1975.
# Les premières années

### « l'Âge d'or » de la reconstruction

Avant d'engager le pays sur la voie de changements économiques et sociaux selon le modèle soviétique, le parti communiste du Vietnam adopta une politique pragmatique. La réforme agraire radicale fut suivie d'une « rectification des erreurs » et le contrôle gouvernemental de l'économie n'exclut pas le maintien d'un « marché libre », les réformateurs des années 1990 font référence à cette période comme un âge d'or.

*La réforme agraire*

Avant la seconde guerre mondiale, les autorités françaises et le Parti communiste indochinois[29] s'accordaient au moins sur un point : le régime agraire devait être réformé ou révolutionné pour supprimer une source principale de l'inégalité sociale et facteur potentiel de désordres en même temps qu'un obstacle à la modernisation de l'agriculture. À la même époque, des observations identiques avaient été faites en Chine et en Birmanie.

Dans un rapport adressé au gouvernement de la France libre en 1944-1945, son auteur, un Français, proposait une réforme foncière afin de « répartir de façon plus équitable les revenus de la colonie », cette opération consisterait en trois mesures : « une lutte sans merci contre l'usure, un démantèlement des latifundia et un contrôle rigoureux des salaires de manière à ce que les travailleurs puissent bénéficier d'une part des profits des entreprises ». En ce qui concernait le régime foncier « ...en Cochinchine, la réforme agraire est une question capitale. Elle avait été mise à l'ordre du jour en 1941 mais elle est restée dans les limbes. Le plan consistait en l'achat des grands domaines par l'Office du crédit agricole, leur division en lopins qui seraient distribués aux paysans individuellement ou associés en coopératives avec des baux de location de 15 ans. Nous ne devons pas exclure **l'adoption d'une organisation de type kolkhozien** [souligné par P.B.], techniquement efficace et obtenant les meilleurs rendements du sol. Il n'est pas incompatible avec la mentalité indigène puisque 25 % des rizières en Annam (centre Viet Nam) appartiennent aux communes et que les opérations culturales comme le repiquage et la moisson sont, en règle générale, conduites collectivement »[30]. Il y avait donc une convergence d'idées entre certains administrateurs coloniaux et certains indépendantistes mais pour les dirigeants communistes de la RDV, la réforme agraire était capitale pour d'autres raisons : elle réorganiserait la société selon l'idéal soviéto-chinois et récompenserait les lourds sacrifices consentis par la paysannerie pour libérer le pays.

Les préliminaires d'une réforme agraire furent engagées pendant la guerre selon une méthode adaptée à la politique d'union nationale : seules les propriétés des « colonialistes et des traitres » furent confisquées « provisoirement », en fait définitivement, et distribuées aux paysans sans terre et aux paysans-propriétaires pauvres.

---

**29** Van Dinh et Qua Ninh (alias Vo Nguyen Giap et Truong Chinh), *Van de zan cay* (la question paysanne), Hanoï, 1937.
**30** Document non signé, NF Indo 2749/343, p. 18, CAOM.

Au Nam Bo et de 1948 à 1954, le UBKCHCNB répartit 564 547 hectares de terres confisquées entre 527 163 personnes, ce qui revint à allouer un hectare par tête. À la fin de 1953, dans 3 035 villages du Bac Bo, 184 871 ha (77 %)[31] des terres communales furent distribués. À la fin de 1949, le Parti communiste lança une campagne de réduction du taux des fermages destinée moins à faire un pas vers le socialisme que de stimuler la production alimentaire, d'accroître les revenus du gouvernement de la résistance et de consolider l'unité nationale.

La plupart des auteurs[32] ont insisté sur la signification politique de la réforme agraire ; certes le but des communistes était le renversement de l'ordre qu'ils qualifiaient de semi-féodal et colonialiste. Néanmoins les buts économiques ne doivent pas être sous-estimés car en 1954, la situation alimentaire dans le Bac Bo était dramatique et le spectre de la grande famine de 1945 réapparut : la production de riz était tombée de 300 kilos par tête d'habitant à 207 kg et les importations de riz de Cochinchine avaient cessé, la dernière étant estimée à 167 000 tonnes.[33] Par conséquent la RDV connut une disette alimentaire : « en 1955, plus d'un million de ruraux furent affamés »[34]. La hausse des prix en résulta : à Hanoi, le kilo de riz doubla subitement pour atteindre 840 *dông* en 1954-1955 ; mais davantage en province : 1 200 d. dans le Thanh Hoa et 1 800 d. dans le Nghê Tinh. Le gouvernement réussit à stabiliser les prix grâce à l'importation de 170 000 tonnes de riz birman achetés par l'Union soviétique et 50 000 tonnes de riz chinois livrés au printemps 1955[35].

Théoriquement, le Parti communiste n'avait pas l'intention d'appliquer une réforme agraire radicale ne serait-ce que pour ne pas affaiblir la capacité productive de la paysannerie dans une période de redressement de l'économie ; toutefois l'application dogmatique des procédures chinoises engendra ce que les gouvernants vietnamiens qualifièrent d'« erreurs » qui, postérieurement, furent imputées aux exigences des cadres chinois. Pourtant, ceux-ci n'étaient pas présents partout et le rejet de responsabilité sur eux permet aux Vietnamiens de nier d'avoir succombé à la prégnance du modèle chinois.

Les « erreurs » découlèrent de l'application à la lettre de la classification utilisée par les Chinois : la réforme devait prendre aux propriétaires fonciers et aux paysans riches pour donner aux paysans pauvres, aux paysans sans terres. Chaque village était censé avoir 5 % de propriétaires fonciers, ce quota se vit attribué une valeur absolue, or il était plaqué sur une structure sociale beaucoup moins polarisée que celle du sud et où la catégorie visée était parfois inexistante. Dans les années 1950 la propriété réelle était difficile à déterminer parce que de nombreux propriétaires avaient réparti leurs biens fonciers entre des parents et des prête-noms.

La connaissance des possessions foncières dépendaient pour une grande part des sources intra-villageoises et le processus de la réforme reposa essentiellement sur les estimations des uns et des autres. Des litiges fonciers ou autres, parfois très anciens,

---

**31** *Kinh te Viet Nam, 1945-1960, op. cit.*, p. 62-63.
**32** B. Fall, *op. cit.* : E. Moïse, *Land Reform in China and North Vietnam*, 1983.
**33** Nguyen Tien Hung, *op. cit.*, p. 28
**34** *Kinh te Viet Nam, op. cit.*, p. 238
**35** *Ibid.*, p. 239.

nourrissaient des antagonismes locaux entre voisins, entre parentèles et clientèles. Le personnage d'un roman y fait allusion : « Les impérialistes ? Ils sont clairement identifiables par leurs longs nez et leurs cheveux bouclés, mais les bourgeois, les propriétaires fonciers de chez nous, qui sont-ils ? Comment les distinguer ? »[36].

Un exemple local, parmi d'autres, illustre parfaitement ce qui se passe à une échelle générale : dans le village de Song Duong (province de Phu Tho), en 1945, la classe des propriétaires fonciers ne représentait que 3,3 % des familles mais en 1953, à cause de la guerre qui en avait fait fuir certaines, leur nombre était tombé à 1,8 % ; cependant l'équipe de la réforme agraire, tenue de trouver 5 % de propriétaires fonciers pour se conformer aux directives, classa des paysans propriétaires dans cette catégorie[37]. Il s'avéra par la suite que 5 d'entre eux étaient des paysans riches et 14 des agriculteurs de catégorie moyenne[38]. La dérive résultait d'une campagne de « rectification » (*Chinh huan*) qui, à partir de mai 1952, inculqua une vision manichéenne de la société vietnamienne. En outre la réforme fut appliquée par des comités dirigés par des « cadres nouveaux » étrangers aux villages ou recrutés parmi les paysans les plus défavorisés mais aussi les moins éduqués[39]. Ce fut l'occasion d'une épuration du parti et des comités de la résistance. La « rectification des erreurs de la réforme » en 1956/1957 montra que les dirigeants de la RDV avaient été conscients que l'opération avait provoqué une cassure sociale qui se répercuta au sein de l'Armée populaire elle-même. Mais elle signifia également qu'ils savaient parfaitement que, dans la reconstruction du pays, l'économie familiale et les paysans les plus éduqués et expérimentés (de la couche moyenne) jouaient un rôle déterminant.

Tableau 47. La répartition des terres dans la République démocratique du Viet Nam, 1953.

| Catégories de paysans | Avant la réforme | Après la réforme |
|---|---|---|
| | Superficie en hectares par famille | Superficie en hectares par famille |
| Propriétaires fonciers | 3,35 | 0,38 |
| Riches agriculteurs | 2,50 | 0,87 |
| Paysans moyens | 0,84 | |
| Paysans pauvres | 0,42 | 0,83 |
| Salariés agricoles | | 0,72 |
| Superficie moyenne par famille | | 0,70 |

Source : Vo Nhan Tri, *Croissance économique de...*, 1967.

Au total, il n'y eut pas de distribution égalitaire des terres et le réajustement qui suivit la « correction des erreurs » favorisa les agriculteurs placés dans la catégorie

---
**36** Cité par G. Boudarel, *op. cit.*, 1991.
**37** Hy Van Luong, *Revolution in the Village...*, 1992, p. 189.
**38** *Ibid.*, p. 194.
**39** Duong Thu Huong, *Les Paradis aveugles* (roman), Paris, 1991 et Xuan Phuong, *Ao dai. Du couvent des Oiseaux à la jungle du Viet Minh* (témoignage), 2001, p. 164-186.

moyenne et celle des paysans aisés. Cependant la principale conséquence fut l'extrême parcellisation des superficies, qui était un obstacle à la maximisation de la production, à moins que celle-ci ne devînt le fruit d'une organisation collective. Elle devint effectivement l'argument de la collectivisation agraire.

L'agriculture reçut peu de soutien de l'État, seulement 15 % des investissements entre 1955 et 1957, mais ceux-ci furent consacrés majoritairement à l'hydraulique agricole, infrastructure au rôle capital[40]. Il faut ajouter que les exploitations familiales bénéficièrent aussi de prêts à faible taux d'intérêt ainsi que de réductions d'impôts agricoles. En mai 1955, les paysans qui défrichaient des terres vierges ou mettaient en culture les terres abandonnées pendant la guerre, furent exonérés d'impôts pendant 3 ou 5 ans. Les agriculteurs étaient autorisés à emprunter et à prêter de l'argent, à recruter de la main-d'œuvre et à louer leurs bœufs et buffles. Enfin les anciens réseaux et pratiques de prêts et d'emprunts furent tolérés afin de fournir du crédit aux paysans[41].

L'intervention légère du parti-État dans l'agriculture immédiatement après la réforme agraire résultait probablement de trois facteurs : le premier était la politique d'industrialisation volontaire et prioritaire, le deuxième était la volonté de laisser souffler la paysannerie après les dramatiques « erreurs de la réforme ». En troisième lieu, laisser les paysans devenus tous microfundiaires, sans soutien important les conduirait à concevoir la nécessité de se grouper en coopératives car s'en tenir à la seule économie familiale de subsistance était impensable dans la perspective d'un développement moderne global.

Certes, les livraisons de grains étaient instituées avant la collectivisation mais comme le gouvernement ne contrôlait pas encore le commerce du paddy et du riz, il avait recours aux services des petits collecteurs et décortiqueurs (*hàng xao*) des campagnes et payait le riz au prix du marché libre soit 220/225 *dông* le kilo de 1956 à 1959.

L'ère des réformes qualifiée de *Doi moi* a inspiré une ré-évaluation du passé de la RDV qui définit ces premières années de l'économie après-guerre comme un âge d'or marqué par la croissance agricole :

**Tableau 48. Surface mise en riziculture (1 000 ha) et rendements moyens de riz du Nord-Vietnam, 1939-1957.**

|  | 1939 | 1954 | 1955 | 1956 | 1957 |
|---|---|---|---|---|---|
| Superficie en riziculture | 1 840,5 | 1 898 | 2 176,4 | 2 308 | 2191,8 |
| Superficie irriguée |  |  | 922,6 | 1 527,8 (67,7 %) |  |
| Rendements / hectare(quintaux) | 13,04 | 13,7 | 16,2 | 18,01 | 20,47 |

\* en 1957, 125 000 ha de terres en friches furent mis en culture
Sources : E. Moïse, 1983 ; Vo Nhan Tri, 1967, B. Fall, 1967.

---

**40** 81 % selon M. Beresford, *Vietnam, Politics...*, 1988, p. 142.
**41** Chu Van Lam et alii, *Hop tac xa hoa...* (La coopérativisation au Vietnam, histoire, organisation et perspectives), Hanoi, 1992.

En outre la production et les rendements des autres cultures vivrières dépassèrent largement ceux des années précédant la deuxième guerre mondiale. De 1955 à 1957, le maïs, la patate douce, le manioc et les haricots augmentèrent respectivement de 5,6 %, 1 %, 14,5 % et 96,9 %[42]. La superficie consacrée à des cultures spécialisées furent étendues au-delà du delta du fleuve Rouge : la production de jute augmenta de 5 %, la canne à sucre de 3,8 %, le café de 2 % et les arachides de 1,5 %[43] ; la production du coton qui n'atteignait que 1 000 tonnes en 1939 passa à 2 500 tonnes et atteignit 5 700 tonnes en 1957.

L'expansion de l'élevage animal fut notable dans la même période :

**Tableau 49. Élevage animal au Nord-Vietnam, 1939-1957.**

(milliers de têtes)

|  | 1939 | 1955 | 1956 | 1957 |
|---|---|---|---|---|
| Buffles | 788 | 1 084 | 1 165 | 1 238 |
| Bœufs | 563 | 736 | 834 | 906 |
| Porcs | 2 255 | 2 137 | 2 500 | 2 950 |

Source : Vo Nhan Tri, 1967, p. 218.

Des progrès évidents furent réalisés de façon systématique dans l'élevage animal, la pisciculture et la pêche marine avec les encouragements et le soutien de l'État. Ces progrès sont d'autant plus remarquables que les techniques étaient loin d'être modernisées dans cette période : les paysans travaillaient à la main ou avec des outils rudimentaires et l'usage des engrais chimiques était peu répandu. La progression agricole provint certainement des efforts pour étendre l'irrigation. Il est certain également que le parti-État n'a pas seulement encadré la population mais il l'a également mobilisée en faisant appel à l'émulation patriotique, comme il l'avait fait pendant la guerre de résistance.

L'attribution de lopins de terre aux paysans sans terre leur a permis de subsister avec leurs familles (composées de cinq personnes en moyenne) même si leurs parcelles étaient réduites à des « mouchoirs de poche » atteignant au maximum 1 080 m². La progression provint essentiellement de la couche moyenne de la paysannerie mettant en œuvre un savoir-faire séculaire et encouragée par une intervention très modérée de l'État.

**Tableau 50. Production de paddy et pourcentage du commerce contrôlé par l'État, 1955-1958.**

(en milliers de tonnes)

|  | 1955 | 1956 | 1957 | 1958 |
|---|---|---|---|---|
| Production de paddy | 3 432 | 4 177 | 3 909 | 4 583 |
| Quantité livrée à l'État | 439 | 576 | 588 | 738 |
| % du commerce d'État | 13 | 14 | 15 | 16 |

Source : *Niên giam Thông kê* (Annuaire statistique) 1972.

---

**42** Vo Nhan Tri, *Croissance de la République démocratique du Viet Nam*, 1967, p. 217.
**43** *Ibid.*

Nous pouvons imaginer que dans les années suivant immédiatement la guerre, les paysans du Nord-Viet Nam continuaient de vivre et travailler comme le géographe P. Gourou les vit dans les années 1930. Ils perpétuaient une association traditionnelle du riz et des cultures complémentaires de maïs, de manioc, patates, légumes et fruits ainsi que de l'artisanat domestique. La pisciculture déjà pratiquée connut une expansion généralisée lorsque le président lança une campagne pour que chaque village ait son « étang de l'Oncle Hô ».

Les marchés de villages et inter-villages étaient aussi animés et florissants qu'avant la guerre ; les « paysans riches » selon la classification officielle, continuèrent de former des associations de commerce et de crédit[44], la soudure entre deux récoltes était régulièrement assurée. L'habitat s'améliorait et le bambou ou le bois était de plus en plus substitué à la glaise pour construire les habitations, dans les intérieurs l'usage des moustiquaires tendait à se généraliser[45].

Le gouvernement fit un effort soutenu pour élever le niveau de vie de la population. Dans les campagnes, les soins de santé qui étaient encore à un bas niveau pendant la période coloniale furent améliorés de façon sensible afin de faire reculer les épidémies. Le gouvernement s'appuyait sur des campagnes populaires pour inculquer l'hygiène à la population, il étendit le réseau de dispensaires et forma un personnel nombreux.

Tableau 51. Sage-femmes, infirmières et médecins en RDV, 1955-1959.

|  | Cadres ruraux de santé | Sage-femmes | Propagandistes de l'hygiène | dispensaires | Équipes itinérantes d'hygiène |
|---|---|---|---|---|---|
| 1955 | 6 979 | 1 814 | 39 089 | 500 | 90 |
| 1959 | 19 063 | 9 107 | 109 000 | 1 687 | 123 |

Source : *Kinh tê Viêt Nam*, p. 285.

Aux côtés de la santé, l'enseignement des enfants et des adultes était un des principaux objectifs du gouvernement.

Tableau 52. Population scolarisée du Nord Vietnam, 1939-1960.

|  | Enseignement général et enseignement spécialisé | % des enfants ruraux |
|---|---|---|
| 1939-1940 | 417 000 |  |
| 1957-1958 | 1 008 270 |  |
| 1959-1960 | 1 522 000 | 85,11 |

Source : *ibid.*, p. 257-288.

---

**44** Tran Duc, *Les coopératives et l'âge d'or de l'économie familiale*, Hanoi, 1991.
**45** Bui Huy Dap, « Le riz de printemps au Nord Viet Nam, année froide et humide » in *Khoa hoc va ky thuat nong nghiep* (Science et Techniques agricoles), n° 2, Hanoi.

L'enquête conduite dans le village de Nguyên Xa, province de Thai Binh (voir chap. 1) note que « historiquement les sociétés asiatiques à forte densité démographique ont des populations dont la majorité a un bas niveau de vie, ce fut notamment le cas dans le delta du fleuve Rouge à l'époque coloniale. Le meilleur aspect de la révolution vietnamienne est l'élévation du niveau de vie des couches les plus pauvres de la paysannerie au-dessus de la simple survie. L'expérience de Nguyên Xa depuis 1954 démontre qu'une politique de redistribution réelle et associée au développement technologique peut pourvoir une très nombreuse population d'un niveau de vie qui va au-delà du simple fait de manger… celui-ci inclut les soins sanitaires de base et l'accès à la scolarité. Mais le plus important est l'entretien d'une vie culturelle locale vivante et le sens de la communauté… »[46].

L'agronome français René Dumont, après une visite au Nord-Viet Nam en 1964, quelques années plus tard il est vrai, livre des observations analogues : « Et il ne faudrait surtout pas sous-estimer les énormes réalisations culturelles du Nord-Vietnam, l'école généralisée dans tous les villages, la lutte contre l'analphabétisme, le développement technique et supérieure, les efforts dans le domaine médical… certains progrès, encore notables, peuvent être mentionnés en matière de logement rural ; et même en habillement, malgré le rationnement des textiles »[47].

Le gouvernement tira profit de ce relèvement de l'agriculture et de l'amélioration de la condition des ruraux car ils lui permirent de satisfaire les besoins en ravitaillement de la population urbaine sans provoquer la disparité entre les prix officiels et les prix dits libres. En outre, de 1957 à 1960 le Viet Nam exporta en moyenne 70 000 tonnes de riz vers Hong Kong.

**Les débuts de l'industrialisation**

En alliant le but de la reconstruction nationale et le référent idéologique soviétique, le gouvernement nord-vietnamien donna la priorité à l'industrie de substitution sur l'importation et par conséquent, il prit progressivement en mains les activités non agricoles. Au départ, il laissa le capital privé jouer un rôle mais assez rapidement il l'absorba dans un régime mixte qui ouvrit la voie au capitalisme d'État. Néanmoins, pendant la première phase de cette évolution le gouvernement pilota la production dans les deux directions en allouant les crédits et les matières premières et puis en achetant une partie de la production sur un mode contractuel : 60 % des entreprises privées signèrent des contrats avec le gouvernement. Celui-ci renforça particulièrement l'artisanat qui assurait de nombreux emplois, dont les matériaux étaient faciles à mobiliser et dont la production répondait aux besoins quotidiens de la population. En 1957, on recensait 460 000 artisans, hommes et femmes, deux fois plus nombreux qu'en 1941 ; de 1955 à 1957, la valeur de la production avait bondi de 225 millions à 495 millions de *dông*[48].

---

**46** "Too many People, too little Land", *op. cit.* chap. 1, note 42.
**47** « Les problèmes agricoles du Nord Vietnam », *France-Asie* n° 183, 1965, p. 41-60. En même temps René Dumont lançait un cri d'alarme sur la surpopulation relative du nord.
**48** Vo Nhan Tri, *op. cit.* 1967, p. 227.

Des Vietnamiens rachetèrent des entreprises ayant appartenu à des Français : cycles, ateliers mécaniques ou, comme exemple précis, l'usine des cuirs et peaux de Haiphong qui employait 100 à 200 ouvriers. Mais ils créèrent aussi des entreprises nouvelles. Au total, le secteur privé employait 80 000 travailleurs et travailleuses ; plus de 3 811 ateliers artisanaux occupaient 430 000 salariés et faisaient vivre plus d'un million de personnes. La production artisanale représentait 63,7 % de la production industrielle du nord[49].

La croissance industrielle des années 1950 fut remarquable si l'on a présent à l'esprit que le legs, sectoriellement et géographiquement limité, de l'industrie coloniale était en partie détruit, moribond ou abandonné, à l'exception de quelques firmes comme la Société française des cotonnières du Tonkin ou la Société française des charbonnages du Tonkin. L'une et l'autre avait modernisé leur équipement de Nam Dinh et du bassin minier de Hongay ; l'équipement de l'exploitation houillère avec du matériel américain provoqua un conflit entre Français et Américains, ceux-ci interdisant aux Français de céder aux Vietnamiens le matériel en vertu de l'embargo sur le matériel « stratégique » décrété par le COCOM. Une partie de la main-d'œuvre, cadres et ouvriers, ayant reçu une formation professionnelle avait fui vers le sud après les accords de Genève : ce fut le cas, par exemple, de 148 sur 150 contremaîtres des mines de Hongay, 47 mécaniciens de la Cotonnière de Nam Dinh firent de même[50].

En 1954, le secteur moderne ne représentait que 1,5 % de la production industrielle globale, le pourcentage passa assez vite à 10,5 % mais le gouvernement investit en priorité dans l'industrie d'équipement plutôt que de consommation. Les exportations du nord-Viet Nam reflétaient encore le modèle colonial : l'agriculture et les forêts en fournissaient 60,4 % en 1957, même les exportations industrielles soit 34 %, consistaient essentiellement en charbon. La composition des importations changèrent : les machines, les moyens de transport, les métaux, les hydrocarbures et les produits chimiques de base devinrent la part la plus importante soit 66,6 % du total ; les produits de consommation venaient après, avec une prédominance des produits pharmaceutiques et des textiles[51].

Par rapport à l'époque coloniale, les partenaires commerciaux constituaient un deuxième changement. Désormais, la RDV établit des liens étroits avec la Chine populaire, l'URSS et les démocraties populaires européennes sur la base de l'aide et du troc. En 1957, les deux premiers pays recevaient 65,72 % des exportations du Viet Nam et lui fournissaient 88,97 % de ses importations ; jusqu'en 1960, dans l'ordre d'importance des partenaires, l'URSS était suivie de la République populaire de Chine, de l'Allemagne de l'Est et de la Tchécoslovaquie[52]. Pour mener à bien l'industrialisation, la RDV reçut une aide intensive des « pays frères socialistes » qui fut loin d'être circonstancielle et sporadique. Entre 1954 et 1959, cette aide se monta à 3 124 mil-

---

**49** Dinh Quang Hai, "Vai net ve kinh te tu nhan o thanh thi Mien Bac 1954-1960" (Quelques traits de l'économie privée sur les marchés du Nord Vietnam), *NCKT* n° 4 (263), 1992, p. 9.
**50** *Ibid.*, p. 228.
**51** Dinh Quang Hai, *op. cit.*, p. 260-261.
**52** *Kinh te Viet Nam...*, *op. cit.*, p. 248.

lions de *dông* dont 2 049 millions ne furent pas remboursés ; elle servit à construire 80 centrales électriques, pour acquérir des machines-outils, pour redémarrer l'exploitation minière, pour importer textiles, médicaments et engrais[53]. Cette aide était dispensée en vertu du principe de « l'internationalisme socialiste ».

L' aide socialiste ne se limita pas au matériel et aux marchandises, elle se traduisit aussi par l'envoi de milliers de spécialistes, d'« experts », au Viet Nam tandis que des milliers d'étudiants et de travailleurs vietnamiens étaient formés en Chine et dans les pays socialistes d'Europe[54].

L'État non seulement édifia les industries et les géra, mais il exerça un contrôle global de l'économie par l'émission de la monnaie, l'allocation des investissements dans les secteurs qu'il considérait comme stratégiques. Par conséquent, il pouvait à n'importe quel moment neutraliser et intégrer les survivances de l'économie privée. Il s'engagea dans cette voie en 1958 en collectivisant (*tap the hoa*) l'agriculture (qu'il appela la coopérativisation : *hop tac xa hoa*). Simultanément, il débuta la planification centralisée et impérative en lançant un Plan triennal (1958-1960) suivi par le 1er Plan quinquennal (1961-1965).

## Les transformations socialistes de l'économie, 1958-1975

### La collectivisation de l'agriculture

Le 31 octobre 1955, le président Ho Chi Minh déclarait que « le pays doit entreprendre deux révolutions. La première est la réforme agraire et la seconde est la socialisation de l'agriculture… »[55]. Ce discours ne fut pas rendu public afin de ne pas décourager les initiatives des paysans. Ho Chi Minh insista sur le caractère graduel de l'application de cette politique en même temps que sur l'adhésion volontaire des paysans aux coopératives.

Prenant appui sur l'entraide mutuelle pratiquée de façon traditionnelle dans les campagnes, des groupes locaux formèrent des semi-coopératives ; celles-ci étaient prévues de devenir des coopératives où la propriété collective remplacerait la propriété privée. Le secrétaire général du parti communiste, Lê Zuân, prévoyait qu'« avec la propriété collective socialiste associée à la réorganisation du travail sur une grande échelle pour les travaux hydrauliques et l'amélioration des sols par la "révolution verte" et l'aide de l'industrie, nous sommes capables de conduire notre pays sur la voie de la grande production socialiste… de démarrer l'édification socialiste en établissant le système de propriété socialiste qui est une particularité du développement historique de notre pays »[56]. En cela, Lê Zuân s'écartait de Lénine qui recommandait l'industrialisation préalablement à la collectivisation agricole, sans doute pensait-il que la riziculture, activité à main-d'œuvre intensive, n'exigeait pas une industrialisation préalable.

---

**53** *Ibid*, p. 237-255.
**54** *Ibid*., p. 248.
**55** Dinh Van Dang, « Ho Chi Minh et la question du développement agricole dans la période de transition au socialisme », *NCKT* n° 156, 1987, p. 3.
**56** Cité par Vo Nhan Tri, *Vietnam Economic Policy, op. cit.*, 1991, p. 9.

Selon la théorie soviétique, l'État devait contrôler l'agriculture pour en extraire le surplus nécessaire à l'industrialisation. En outre, l'extrême parcellisation des exploitations agricoles était un obstacle à la modernisation et une source potentielle de différenciation sociale et d'inégalité. Mais en fait, la généralisation du lopin individuel fit obstacle à une entrée volontaire dans les coopératives et en plusieurs endroits l'adhésion fut forcée[57]. La violence ne fut pas directement utilisée mais les familles récalcitrantes furent privées des services sociaux collectifs (soins médicaux, éducation, etc.) ; les paysans faisant preuve d'individualisme furent plus durement taxés et, en cas de pertes de récoltes, ils n'étaient pas exonérés d'impôts[58]. Lorsque les intrants agricoles leur furent refusés, la plupart de ceux qui résistaient, se soumirent. Cependant, l'établissement des coopératives fut un processus lent : en 1957, une enquête menée dans 37 coopératives révéla que 40 % de leurs membres souhaitaient en sortir[59].

À partir de 1958, le parti mit fin à l'exploitation familiale en lui retirant les « quatre libertés » : prêter de l'argent, recruter de la main-d'œuvre, se livrer à des transactions commerciales et vendre la terre. Après le 14<sup>e</sup> plénum du Comité central, en novembre 1958, le parti accéléra la collectivisation en ouvrant officiellement « la période de transformation de l'économie paysanne individuelle ». Cependant la temporisation et le retard conduisit le parti à proclamer, en avril 1959, (16<sup>e</sup> plénum) : « la coopérativisation est devenue un mouvement de masse » en même temps que « la reforme de l'industrie et du commerce capitaliste a notablement progressé ». Cette précipitation fut due à deux facteurs : la détermination du gouvernement à lancer le premier plan quinquennal et le fait qu'en 1958, il n'avait prise que sur 16 % de la production rizicole, largement pas assez pour impulser l'industrialisation. À compter de 1960, le gouvernement opère sa mainmise sur le commerce des céréales et l'écart s'accentue entre les prix du marché et ceux fixés officiellement : cette année-là, 1 kilo de riz est vendu 0,40 *dông* officiellement et 0,57 d. sur le marché libre[60]. Maintenant que le gouvernement contrôlait l'économie, il pouvait offrir des stimulants matériels aux membres des coopératives tels que les bons pour acheter de la viande de porc, du sucre, du tabac, des tissus, de l'huile à des prix inférieurs à ceux du marché.

En 1959-1960, le rythme de la collectivisation s'accéléra « 90 % des familles détentrices de 70 % de la superficie cultivée rejoignirent les coopératives. Cependant, seulement 20 % de celles-ci avaient atteint le niveau supérieur, celui où l'apport des lopins familiaux, des instruments de travail et leur fusion dans les biens collectifs n'étaient pas indemnisés. Parallèlement, la dimension moyenne des coopératives – effectifs des coopérateurs et superficie – augmentait sensiblement au point que, en 1968, 80 %

---

**57** Déclaration sur la coopérativisation de 1958 à 1990 et ses orientations après 1990, Bureau agricole du comité central du PCV, Hanoi, 1991, p. 4, citée par Florence Yvon, *Une résistible collectivisation...* Paris, 1994.
**58** Le Van Duong, « Les relations de production et les forces productives au Viet Nam », Institut de Philosophie, Hanoi, 1991.
**59** Chu Van Lam et alii, *op. cit.*, p. 11.
**60** *Nien giam tong cuc thong ke* (Annuaire du Bureau central des statistiques), 1972, p. 224, Florence Yvon, "The construction of socialism in North Vietnam. Reconsidering the domestic grain economy, 1954-1960", *South East Asia Research* 16, 1, p. 43-48, a analysé les effets négatifs des contraintes imposées aux agriculteurs pour alimenter le système « extractif » socialiste.

étaient classés dans la catégorie « niveau supérieur »[61]. Néanmoins, ces coopératives fonctionnaient-elles réellement comme telles ? La hâte avec laquelle elles avaient été formées, les contraintes utilisées, l'inexpérience des cadres en matière de gestion et de comptabilité faisaient d'elles des coopératives « nominales » (A. Fforde).

Dans les années 1970, Lê Zuân, inspiré par l'exemple chinois, projetait la création de très grandes coopératives en fusionnant 3 ou 4 villages ou hameaux (xā, thôn) et en regroupant les terres sur 200 hectares selon le mot d'ordre : plus c'est grand, plus c'est efficace. La division du travail fut introduite dans ce système de production où les paysans furent groupés en brigades ayant chacune des tâches spécifiques ; une forme de taylorisme, étrangère aux pratiques culturales et à la mentalité des paysans vietnamiens leur était imposé. La rémunération à la journée et en points-travail ne stimulait pas les paysans auxquels elle ne procurait qu'un minimum de subsistance : un coopérateur percevait 0,50 dông et 1 kilo de riz par jour[62].

Par conséquent, les agriculteurs consacrèrent plus de temps et d'efforts à leurs lopins familiaux qui, théoriquement, couvraient 5 % de la superficie des terres de la coopérative. Le résultat de la dualité terre collective/terre privée apparut vite ; en 1965 il s'avéra que seulement 39,2 % des revenus en nature des foyers provenaient du travail collectif, cette proportion tomba à 34,6 % en 1975. En revanche, les revenus – en espèces – du lopin familial (qualifié « d'économie extérieure ») atteignaient 51,8 % et 54,3 % dans les deux années en question[63].

Tableau 53. Revenus des familles paysannes, 1960-1982.

| Année | Revenu/tête (*dông*) | Source collective % | Source familiale % |
|---|---|---|---|
| 1960 | 127,80 | 40,89 | 49,39 |
| 1961 | 133,98 | 40,90 | 49,92 |
| 1962 | 136,30 | 43,60 | 49,39 |
| 1963 | 138,05 | 38,15 | 53,74 |
| 1964 | 145,26 | 39,38 | 51,38 |
| 1965 | 144,57 | 39,18 | 51,84 |
| 1966 | 130,64 | 36,11 | 53,28 |
| 1967 | 129,94 | 36,49 | 53,95 |
| 1968 | 125,18 | 33,10 | 55,61 |
| 1969 | 127,02 | 32,07 | 55,76 |
| 1970 | 141,82 | 34,60 | 53,79 |
| 1971 | 150,81 | 35,25 | 53,20 |
| 1972 | 168,09 | 36,85 | 50,76 |
| 1973 | 161,65 | 33,84 | 53,02 |
| 1974 | 163,26 | 35,97 | 52,82 |
| 1975 | 159,18 | 34,75 | 52,82 |

**61** A. Fforde, *The Agrarian Question...*, 1989, p. 12.
**62** Vo Nhan Tri, *op. cit.*, 1991, p. 11.
**63** *Ibid.*, p. 17.

| 1976 | 157,88 | 34,58 | 54,48 |
| 1977 | 146,61 | 29,12 | 61,14 |
| 1978 | 122,49 | 29,12 | 61,14 |
| 1979 | 124,99 | 29,87 | 59,19 |
| 1980 | 115,97 | 24,65 | 64,88 |
| 1981 | 115,83 | 24,10 | 21,70 |
| 1982 | 144,92 | 21,70 | 69,90 |

Source : conférence de Dao The Tuan, directeur de l'Institut agricole de Hanoi, à Paris, mai 1996.

Les paysans étaient autorisés à vendre les produits de leurs lopins familiaux sur le marché à des prix non fixés ; afin de restreindre l'expansion du « marché libre » (équivalent du marché kolkhozien en URSS) le gouvernement tenta vainement d'obliger les coopérateurs à pratiquer les mêmes cultures que sur les terres collectives, de même qu'il ne réussit pas à empêcher les paysans à ne pas confiner leurs lopins familiaux sur 5 % de la superficie du finage de la coopérative, beaucoup de lopins empiétèrent progressivement sur les superficies collectives.

D'une façon générale, l'organisation collective du travail ne répondit pas aux attentes du gouvernement : une plus grande productivité et un bond de la production. Dans son ensemble, la production de paddy resta au niveau de 1958 mais la production totale des cultures vivrières augmenta de 10 % entre 1958 et 1975 et vint compléter la consommation de riz. Néanmoins, à la fin de cette même période, la production alimentaire totale retarda de 63,6 % sur la progression démographique, la ration alimentaire par tête d'habitant atteignit à peine 224 kilos contre 331 kg en 1958 (alors que le taux officiellement fixé était de 300 kg)[64]. Vingt ans après 1958, les Nord Vietnamiens souffrirent d'une pénurie alimentaire provenant d'une « récession agricole » comme finirent par le reconnaître les dirigeants du parti au 6e plenum du comité central d'août-septembre 1979.

Les analystes avancent trois explications à cette situation : « des investissements inappropriés de la part de l'État qui nuirent à l'agriculture ; l'échange inégal entre l'État et les paysans ; l'effet démobilisateur du « système de contrat à trois points »[65] et les tentatives délibérées de restreindre l'économie familiale ». La priorité de l'industrie et principalement de l'industrie lourde ne permit pas de répondre aux demandes d'intrants et aussi d'objets de consommation de la part des paysans. Dans l'agriculture elle-même une autre disparité était apparue : en 1960, les fermes d'État bénéficiaient de 52,8 % des subventions contre 23,4 % aux coopératives. Ces proportions changèrent par la suite mais toujours pas au profit des coopératives : en 1975, la répartition était de 32,7 % contre 28,3 %[66]. En outre, l'écart des prix entre les prix industriels et les prix agricoles ne favorisait pas les agriculteurs qui devaient payer les fournitures industrielles un prix plus élevé que ne leur étaient achetées leurs productions.

---

**64** Vo Nhan Tri, *op. cit.*, 1991, p. 21.
**65** *Ibid.*, p. 2.
**66** *Ibid.*, p. 22.

Tableau 54. Les parts respectives du secteur étatique et du secteur coopératif dans le revenu national, 1957-1971.

(en %)

| Années | Secteur étatique et secteur coopératif confondus | Secteur étatique seul |
|---|---|---|
| 1957 | 15,7 | 15,4 |
| 1960 | 62,7 | 33,1 |
| 1965 | 88 ;9 | 37,3 |
| 1968 | 90,7 | 33,5 |
| 1971 | 90,2 | 32,2 |

Source : I. Nordlund, « L'industrie dans la stratégie du developpement du Viet Nam » in *JCA* XIV/1, p. 96.

Néanmoins, les entreprises privées ne disparurent pas complètement et en 1960, elles jouaient encore un rôle non négligeable parce qu'elles répondaient à des besoins immédiats de la population. C'est pourquoi l'économie privée représentait 21,7 % de la valeur de la production artisanale et 44,8 % de la valeur de la production agricole[67].

L'intervention de l'État se renforça au fur et à mesure que « la transformation socialiste pacifique » de l'industrie et du commerce fut achevée en 1960 par l'élimination des petites entreprises capitalistes dans les villes comme dans les campagnes tandis que 260 000 artisans étaient regroupés en coopératives[68].

**Priorité à l'industrie lourde**

Malgré le discours de février 1970 où Lê Zuân insistait sur la nécessité de bâtir une industrie lourde « sur la base de la croissance agricole et de l'industrie légère », les investissements de l'État dans la première dépassait largement les secondes[69] ; comme l'indique le tableau suivant, cette politique fut constante :

Tableau 55. Valeurs et pourcentage des investissements de l'État dans l'industrie et l'agriculture, 1976-1979.

(million de *dông*)

| | 1976 | 1977 | 1978 | 1979 |
|---|---|---|---|---|
| Industrie | 951<br>31,9 % | 1 143<br>31,5 | 1 240<br>32,2 | 1 310<br>35,9 |
| Agriculture et forêts | 664<br>22,3 | 1 072<br>29,5 | 1 046<br>27,2 | 977<br>26,8 |

Cité par I. Nørdlund, *op. cit.*, p. 99.

Le gouvernement considérait que cette industrialisation assurerait l'indépendance du pays en dépit de ressources naturelles non exploitées et de moyens techniques encore limités.

---

**67** Dinh Quang Hai, *op. cit.*, p. 14.
**68** Vo Nhan Tri, *op. cit.*, 1991, p. 28-29.
**69** Vo Nhan Tri, *op. cit.*, 1991, p. 32.

Histoire économique du Viet Nam. 1850-2007

L'état de sous-développement du pays soulève la question de la capacité de la RDV de supporter le fardeau de la guerre de réunification contre la puissance des États-Unis. Le Viet Nam du Nord bénéficia d'une aide substantielle de la RPC et de l'URSS qui lui permit de compenser la faiblesse et les insuffisances de son économie et de combler le déficit du budget de l'État. L'aide économique annuelle de la RPC était estimée à 300 000 000 $US et celle de l'URSS à 700 000 000 $US[70]. Avant 1975 et annuellement le Nord-Viet Nam recevait 1 milliard $US du « camp socialiste ».

La part de cette aide socialiste dans le budget de la RDV augmenta de façon constante :

| 1960-1964 | 1965-1972 | 1947-1975 |
|---|---|---|
| 21,5 à 26,5 % | 42,3 à 68,9 % | 54,9 à 60,6 % |

Source : *Vo N han Tri, op. cit.* 1965 p. 39.

Excepté pour les armements qu'il n'est pas encore possible d'évaluer, l'aide étrangère fut attribuée aux infrastructures des transports et des communications, à la production d'énergie et à l'importation de textiles. Le matériel d'équipement et les importations à valeur ajoutée multiplièrent le déficit commercial par 10 : celui-ci passa de 45,4 millions à 654,7 millions de roubles (1 R = 1 $US) entre 1960 et 1975[71]. Dans le même temps, la structure des exportations était restée pratiquement inchangée depuis la période coloniale :

**Tableau 56. Structure des exportations du Nord-Vietnam.**
(en %)

| | 1960 | 1975 |
|---|---|---|
| Minerais : charbon, apatite, étain, etc. | 47,9 | 75,1 |
| Produits artisanaux | 24,6 | 16,4 |
| Produits agricoles bruts | 27,5 | 8,5 |

Source : Vo Nhân Tri, *ibid.* p. 44.

### Conclusion : la situation économique des deux Vietnam en 1975

À la veille de la réunification forcée, comment se présentait le bilan économique des deux États vietnamiens ? Le Nord comme le Sud avaient tous deux des économies à prédominance agricole bien que l'industrialisation eut progressé des deux côtés. Leur commerce extérieur était encore composé d'importations de l'équipement nécessaire à l'industrialisation et de produits de consommation d'une part et d'exportations de produits agricoles et miniers, d'autre part. L'aide des pays étrangers aida l'un comme l'autre dans leurs efforts de guerre, leur industrialisation et pour combler les déficits alimentaires.

---

**70** Vo Nhan Tri, *op. cit.* 1991, p. 39.
**71** *Ibid*, p. 43.

Une économiste française a tenté la comparaison entre les économies des deux Viet Nam une fois ceux-ci réunis[72] ; nous résumons ses conclusions dans un tableau en deux colonnes. [Remarque préliminaire : Marie-Sybille de Vienne utilise deux notions, le Produit national brut (dans le Sud) et le Produit matériel net (dans le Nord) comme si elle leur accordait une équivalence].

| République démocratique du Viet Nam | République du Viet Nam |
|---|---|
| • Croissance des cultures alimentaires (+ 50 %) insuffisante pour garantir le minimum nécessaire par tête. Les rations alimentaires diminuent d'un quart en 20 ans.<br>• Progression de l'industrie lourde (charbon x 2, fonte x 13) mais les intrants pour l'agriculture et les produits de consommation familiale sont insuffisants.<br>• À première vue le bilan semble positif : le PMN augmente de même que la part de l'industrie dans le PNB. Cependant la pénurie des produits de consommation conduit à des initiatives locales autonomes et la pénurie croissante de marchandises de première nécessité renforce la dépendance vis-à-vis du COMECON | • La production de riz augmente mais elle retarde sur la croissance démographique<br>• La production de riz par tête décroît de 10 % en 20 ans.<br>• Autrefois exportateur de riz, le sud doit en importer<br>• L'industrialisation se développe lentement et reste limitée aux industries légères<br>• Le revenu par tête stagne. La part de l'agriculture dans le PNB reste stable ; la part de l'industrie diminue de moitié tandis que les services prédominent sur toutes les autres activités.<br>• Le déséquilibre sectoriel aggrave le déficit de la balance commerciale. L'économie informelle appauvrit l'État et rend celui-ci de plus en plus dépendant des États-Unis |

Note : en 1975, le PNB des deux Viet Nam n'atteint que le tiers de celui de la Thaïlande

## La République socialiste du Viet Nam : la réunification et l'échec de la transition vers l'économie socialiste

On peut se demander si, en 1975, les dirigeants, militairement et politiquement victorieux, étaient conscients du retard du développement économique du Nord Viet nam au moins en termes de technologie et de productivité ? Croyaient-ils industrialiser le pays en deux décennies ? La réponse la plus probable se trouve dans la primauté du politique et du stratégique dans les années 1970. Des considérations non économiques primordiales ont poussé ces dirigeants à accélérer l'unification territoriale et politique afin de fusionner les deux économies et les deux sociétés dans le moule du socialisme de type soviétique.

Ils imposèrent au Sud l'organisation centralisée du Nord où Hanoi planifiait et dirigeait l'économie. L'État prit possession de toutes les industries et du commerce et les géra aux niveaux national, régional (*bô*) et provincial (*tinh*). Ayant été le théâtre d'une distribution récente des terres, le Sud fut engagé très vite dans la collectivisation des terres rizicoles et dans l'étatisation des grandes plantations et des exploitations forestières. Ces opérations laissent à penser que le Parti communiste vietnamien était fondamentalement convaincu du bien fondé de sa politique qui pourrait profiter des richesses potentielles du Sud et de son appareil productif déjà important. Le 4ᵉ congrès du Parti réuni en décembre 1976 ratifia « les grandes espérances » d'une

---

[72] M.-S. de Vienne, *op. cit.*, p. 176-180.

construction du socialisme à l'horizon 2000. Le second plan quinquennal (1976-1980) plaça haut la barre de ses objectifs en projetant une croissance annuelle du PNB de 13,14 % qui aurait transformé le Viet Nam en pays industriel en l'an 2004[73]. Le second plan quinquennal avait deux volets : la transformation des relations de production dans le sud et l'édification du support technologique d'une économie socialiste.

Dans le Sud, de 1975 à 1978, la nationalisation des banques, du commerce et de l'industrie provoqua la fuite de dizaines de milliers de Chinois (*Hoa*), principalement des artisans et des commerçants mais de nombreux *Hoa* de la classe ouvrière restèrent sur place. Cet exode appauvrit le Sud en faisant partir une main-d'œuvre compétente et des détenteurs de capitaux. Elle servit aussi de prétexte (en même temps que l'intervention des troupes vietnamiennes au Cambodge) à la Chine populaire pour rompre les relations avec le Viet Nam et entreprendre une « expédition de punition » dans la région frontalière sino-vietnamienne au début de 1979.

Une agitation voire une résistance s'installa dans le delta du Mekong où la paysannerie s'opposa à la collectivisation soit ouvertement soit « en traînant des pieds ». Les paysans tenaient à la propriété de leurs lopins familiaux acquise au travers d'une succession et d'une superposition compliquée d'initiatives du « Viet Minh », du « Viet Cong » et des gouvernements successifs de la République du Viet Nam. De nombreux riziculteurs étaient déjà engagés dans la révolution agronomique dite « révolution verte » et dans l'agriculture, l'élevage et la pisciculture d'exportation. Ils résistèrent sous différentes formes comme l'abattage des arbres fruitiers, des animaux de ferme et le sabotage des outils mécaniques, reproduisant les actes des paysans russes qualifiés de koulaks et qui refusèrent la collectivisation en 1929-1930.

Le système de livraisons forcées de céréales fut importé du Nord dans un contexte différent. Au Sud, la population urbaine représentait 30 % de la population totale contre 11 % dans le Nord[74] et le chômage avait atteint une grande partie des citadins après le départ des Américains en 1973. Les paysans étaient défavorisés par les prix d'achat de leurs livraisons fixés officiellement ainsi que par le coût élevé des intrants qu'ils devaient se procurer, de sorte que leurs revenus déclinèrent. En conséquence, « en juillet 1979, il n'y avait que 97 coopératives et 9 737 équipes d'entraide à la production dans le delta méridional contre 1 104 coopératives et 1 564 équipes d'entraide dans les provinces côtières du centre Viet Nam »[75] ; ces derniers chiffres appellent une explication.

En réalité, de nombreuses coopératives du delta du Mékong ne l'étaient que de nom, elles étaient des « coopératives de papier ». Par exemple, dans la province de An Giang, un rapport triomphaliste de 1985 annonçait que 80 % de la superficie cultivée et 80 % des familles d'agriculteurs étaient groupés en coopératives ; en 1990, une

---

**73** A. Fforde et S. de Vylder, *From Plan to Market...* 1996.
**74** N. Thrift & D. Forbes, *op. cit.*, p. 89.
**75** M. Beresford, *op. cit.* 1988, p. 158.

# Le Nord Vietnam : un essai radical de recentrer l'économie

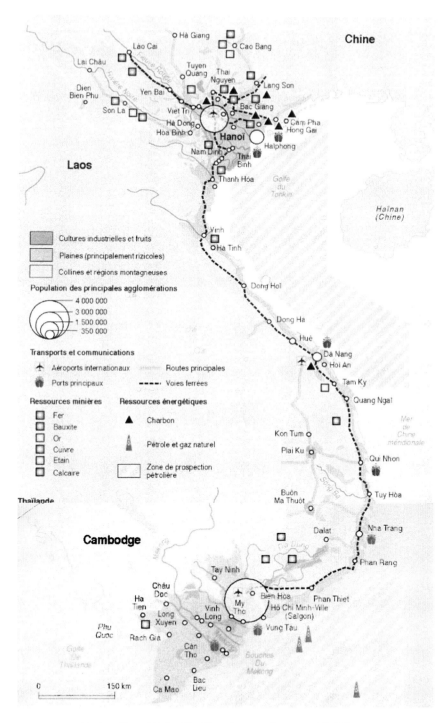

Carte n° 13. Libéralisation économique au Viet Nam.

révision de l'enquête révéla qu'il n'existait que 9 coopératives et 2 434 équipes d'entraide mutuelle. La province voisine de Hâu Giang présentait un tableau aussi contrasté[76]. La différence entre le Sud et le Centre peut être expliquée par les conditions spécifiques des plaines côtières du Centre (jusqu'au 17ᵉ parallèle) : leur superficie était réduite et leur densité démographique élevée ; la guerre avait forcé la population à quitter la campagne, à se concentrer dans les villes ou dans des camps de réfugiés après avoir perdu leurs moyens de production et de subsistance ; le retour dans les campagnes dévastées ou semées de mines et de bombes à retardement où la restauration de l'agriculture nécessita une organisation collective du travail.

Au total, la collectivisation des campagnes méridionales qui avait été présentée comme un succès, avait échoué dans les années 1980 : le nombre de coopératives dotées d'une organisation minimale et les équipes d'entraide mutuelle déclina tandis que la superficie des rizières diminua de 245 000 hectares et la production alimentaire, de 410 000 tonnes[77].

Une succession de désastres climatiques – inondations, sécheresses et invasions d'insectes – s'abattit sur le pays en 1978 et 1979 et coïncida avec la collectivisation du Sud, la guerre du Cambodge, le conflit avec la Chine et l'embargo appliqué par les États occidentaux. L'interruption brutale de l'aide de la RPC (estimée à 1,5 milliard $US pendant le Second plan quinquennal) aurait pu être aussi catastrophique que le retrait des Américains du Sud-Viet Nam si elle n'avait été remplacée par une aide soviétique massive (environ 1 milliard de $US par an). En 1979, 52 % des importations provenaient des pays socialistes membres du COMECON mais en 1982, cette proportion avait atteint 81 %[78]. Dans le milieu des années 1980, l'URSS était le partenaire du Viet Nam pour les 2/3 du commerce extérieur de celui-ci.

Le Viet Nam admis dans le COMECON comme membre à part entière, en bénéficia de façon très importante. On ne peut sous-estimer l'importance des relations entre le pays et l'union économique des pays socialistes d'Europe : le Viet Nam bénéficia des programmes d'équipement en énergie (prospection et exploitation des hydrocarbures et construction de centrales hydroélectriques) en échange des produits de l'agriculture (fruits, légumes tropicaux, caoutchouc) et des industries légères (tissus et vêtements).

Pendant cette période, le gouvernement poursuivait ses plans ambitieux d'industrialisation qui n'accordait qu'une place seconde à l'agriculture (celle-ci ne recevait que 20 % des crédits du Second plan quinquennal). Le déséquilibre sectoriel et les tensions entre l'État et les producteurs agricoles s'en trouvèrent aggravés ; les résultats furent inférieurs aux objectifs :

---

**76** Ngo Vinh Long, "Some aspects of the cooperativization in the Mekong Delta", in *Post-War Vietnam: Dilemnas in Socialist Developement*, 1988, p. 163-173.
**77** Chu Van Lam, "45 nam Nong Nghiep Viet Nam" (45 années d'agriculture au Vietnam), *NCKT* 4(176), 1990, p. 10.
**78** A. Fforde & S. de Vylder, *op. cit.* 1996, p. 104.

## Tableau 57. Taux de croissance, objectifs et réalisations, 1960-1975.

| Taux de croissance | Objectifs | Réalisations |
|---|---|---|
| Produit matériel net | 13-14 % | 0,4 % |
| Production agricole | 8-10 % | 1,9 % |
| Production industrielle | 16-18 % | 0,6 % |

Source : Tetsusaburo Kimura in *Asian Survey*, octobre 1986.

Les livraisons de céréales à l'État diminuèrent (en millions de tonnes-équivalent paddy).

| 1976 | 1977 | 1978 | 1979 | 1980 |
|---|---|---|---|---|
| 2,03 | 1,84 | 1,59 | 1,40 | 2,01 |

Source : M. Beresford, 1988.

## Tableau 58. Explosion des prix de détail entre 1976 et 1980.
(en %)

| | Prix officiels | Prix du marché libre |
|---|---|---|
| Riz | 47,4 | 450,7 |
| Autres denrées alimentaires | 153,1 | 424,1 |
| Produits manufacturés | 193,3 | 352,1 |
| Intrants agricoles | 15,7 | 411,7 |

Source : Phan Van Tiem, 1991, p. 14.

En bref, le système nodal d'échanges des livraisons agricoles contre des intrants à bas prix fonctionna tant bien que mal. À mesure que les monopoles étatiques du commerce ne parvenaient pas à satisfaire les demandes des producteurs, les coopératives agricoles et les entreprises industrielles cherchèrent de meilleures façons d'opérer, elles se tournèrent de plus en plus vers d'autres procédures pour se procurer des intrants en se passant d'intermédiaires, par exemple les usines achetèrent directement leur charbon aux charbonnages ou elles commandèrent des matériaux à de petits ateliers[79].

Après 1976, on observe le paradoxe suivant : tandis que l'économie socialiste est imposée au Sud-Viet Nam libéré/conquis, une économie parallèle progresse dans l'économie socialiste du Nord et la mine de l'intérieur. Court-circuiter les monopoles d'État était illégal mais les initiatives dans ce sens se multiplièrent au fil des ans après une première tentative sans suite qui eut lieu dans la province de Vinh Phu en 1966 et qui fut désavouée par le parti. Pour les Vietnamiens, elles « brisaient la barrière » (*phá rào*). Dans les années 1980, elles réapparurent et tendirent à se généraliser. Elles furent d'autant plus tolérées qu'elles compensaient ou résolvaient les défaillances et les blocages du système et augmentaient la production qui « explosait » (*bung ra*).

---

**79** A. Fforde & S. de Vylder, *ibid.* 1996, p. 104.

### Vers une sortie graduelle de l'économie dirigée et planifiée.

Devant les difficultés de plus en plus nombreuses et les résultats médiocres du fonctionnement de l'économie socialiste, les dirigeants vietnamiens commencèrent à se rendre compte que des changements s'avéraient nécessaires voire indispensables. Cependant, ils ne désiraient pas changer de système et ils étaient déterminés à conserver le pouvoir politique. Le 5ᵉ congrès du PCV en 1982 réaffirma la centralisation de l'économie mais le même congrès confirma deux réorientations mis en avant au 6ᵉ plenum du comité central de 1979 : la première abandonnait la priorité de l'industrie lourde et du développement urbain et répartissait les investissements au profit de l'agriculture et de la production des biens de consommation (selon Lê Zuân, « le développement de l'industrie des biens de consommation était un objectif socio-économique d'ordre stratégique »)[80]. En second lieu, l'accent était mis sur l'expansion du commerce extérieur.

Ensuite venait une référence significative à la notion des « trois intérêts » : celui de l'État, de la collectivité et de la famille et leur légitimité était pleinement reconnue. Jusque-là le lopin familial était suspecté d'être le germe d'une renaissance du capitalisme et il n'était toléré qu'en tant qu'auxiliaire de l'économie collective, désormais il était considéré comme une composante de plein droit de l'économie socialiste[81]. En 1982, Lê Duc Tho reconnaissait que les lopins familiaux fournissaient deux fois plus de biens de consommation que la production collective[82]. Cette reconnaissance officielle du lopin familial, aussi ambiguë fut-il puisque c'était un moyen de le contrôler, peut être perçu comme un point fondamental des réformes qui suivirent.

C'est à partir de là que le secrétariat du PCV promulgua la résolution CT-100 le 13 janvier 1981 qui créait un contrat de production (*khoan san pham*) passé entre les familles et la coopérative. Le contrat prévoyait que le travail agricole serait partagé entre la main-d'œuvre collective et la main-d'œuvre familiale ; la première accomplirait cinq travaux culturaux : labour, irrigation, préparation des pépinières, des engrais et lutte contre les parasites. La seconde repiquerait les plants de riz, soignerait les cultures et récolterait. Une fois que le quota de la récolte dû au gouvernement serait livré aux compagnies d'État, le surplus pourrait être vendu à ces mêmes collecteurs mais à un prix négocié supérieur aux prix fixés officiellement et calculé de façon à produire un taux de bénéfice attractif. En accroissant les revenus des familles, le contrat visait à stimuler la production à fin qu'elle fut plus abondante ; cependant les coopératives continuaient de jouer un rôle de productrice et le système des points-travail était maintenu parce que le *khoan* n'était destiné qu'à « améliorer l'efficacité interne des coopératives »[83]. Le régime était toujours hostile au marché libre et à l'économie privée, il le démontra lorsqu'il réprima certaines compagnies de commerce de Hô Chi Minh-ville qui tentèrent de négocier directement avec des firmes étrangères.

---

**80** Vo Nhan Tri, *op. cit.*, 1991, p. 140.
**81** A. Fforde & S. de Vylder, *op. cit.*, 1996, p. 107.
**82** Vo Nhan Tri, *ibid.*, p. 131.
**83** A. Fforde et S. de Vylder, *op. cit.*, p. 109.

Le contrat donna un coup de fouet à la production vivrière en 1981, 1982 et 1983, qui augmenta de 20 à 30 %[84] puis ralentit à cause d'un regain de centralisation et surtout d'une répression du marché libre. Quotas de livraison et impôts furent augmentés parce que le gouvernement était hanté par la koulakisation alors qu'en fait les paysans ne conservaient que 13 à 15 % de leurs récoltes[85]. Les agriculteurs concentrèrent à nouveau leurs efforts sur leurs lopins familiaux, détournèrent les intrants destinés à la collectivité autant qu'ils purent si bien qu'en 1985, la question des vivres alimentaires n'était pas encore résolue[86].

Par conséquent, la marché libre continua son expansion pour satisfaire les besoins des entreprises d'État en matériaux et ceux des employés d'État en produit de consommation. Les salaires furent augmentés en 1981 et en 1984 mais le budget d'État fut déficitaire et l'inflation grandit pour atteindre 1000 % par an en 1986[87]. la croissance des exportations ralentit à cause du taux de change peu favorable. Le niveau de vie des catégories à revenus fixes – fonctionnaires, salariés de l'État, intellectuels et pensionnés stagna ; de nombreux enfants souffrirent de malnutrition.

Pour arrêter la spirale de l'inflation et pour contrarier l'enrichissement de certains, le gouvernement entreprit une réforme monétaire en septembre 1989 en changeant les billets de banque et en dévaluant la monnaie de 92 %. Cependant, le système économique de la République socialiste du Viet Nam ne connut aucun changement fondamental entre 1979 et 1986, il n'y eut aucun développement global, seulement quelques gains de production de courte durée. En réalité la production des vivres alimentaires diminua :

| 1986 | 1986 | 1987 |
|---|---|---|
| 19,2 | 18,87 | 17,5 |

(en millions de tonnes)

Au début de 1988, dans la période dite de soudure entre deux récoltes, 9,3 millions de personnes souffrirent de pénurie alimentaire dans 21 provinces[88].

Cependant la crise mit en lumière les échecs du modèle socialiste et l'urgence de s'en écarter. Pendant la période 1979-1985, le gouvernement devint conscient qu'il ne pouvait plus poursuivre sa politique de subventions à la consommation des citoyens et pour combler les déficits des entreprises d'État et du budget alors qu'il devait faire face à des dépenses militaires élevées (même si, comme ce fut certainement le cas, l'Union soviétique fournissait le gros des armememts et de la logistique matérielle). En juin 1985, le 8e plenum du comité central souligna « la nécessité de se débarrasser du centralisme bureaucratique et de la gestion fondée sur la subvention des prix et

---

**84** *Ibid.*, p. 109.
**85** Vo Nhan Tri, *op. cit.*, 1991, p. 163.
**86** *Ibid.*, p. 139.
**87** M. Beresford, *op. cit.*, 1988, p. 169.
**88** Chu Van Lam, *op. cit.*, *NCKT*, 1991, p. 13.

des salaires » et que « l'abolition du système des subventions serait le pas décisif qui ferait passer à la comptabilité économique »[89].

## La Rénovation et la transition à l'économie de marché, 1976-1989.

### Le 6ᵉ congrès du PCV et le passage à l'économie de marché

Les facteurs intérieurs et extérieurs jouèrent un rôle déterminant dans l'engagement des réformes et l'entrée du Viet Nam dans l'économie de marché. À l'intérieur, trois forces ont poussé à l'abandon du modèle soviétique : les technocrates et les économistes partisans du marché, des gestionnaires du secteur d'État qui souhaitent obtenir des profits économiques et les « libéraux » du Sud qui voulaient retourner au système d'avant 1975[90].

Il est impossible d'ignorer ou de sous-estimer l'influence des événements survenus en Europe de l'Est et notamment en Union soviétique où Mikhail Gorbatchev lance le programme de la *Perestroïka* en 1985. L'URSS, principal donateur d'aide au Viet Nam, avait critiqué la gestion et l'utilisation de son aide par les Vietnamiens et avait annoncé la re-négociation prochaine des accords économiques. Sans que cela soit dit explicitement, le train des réformes conduit par Deng Xiaoping en Chine fut une autre source d'inspiration et d'émulation. Le nouveau cours de la politique des deux principaux États socialistes a certainement accéléré le processus qui avait été amorcé en 1979-1980.

Le 6ᵉ congrès du PCV fut réuni en décembre 1986, les délégués élirent un nouveau secrétaire général en la personne de Nguyên Van Linh et décidèrent une série de réformes ouvrant l'ère du *Doi moi*, terme que l'on peut traduire par rénovation ou restructuration. La reconnaissance officielle du marché libre et d'un secteur de production privé était au centre de cette innovation. En 1987 et 1988, une série de décrets supprima les obstacles aux activités du secteur privé afin d'impulser le développement. Une des premières mesures fut l'abolition des péages qui empêchaient la libre circulation des grains. Le congrès s'attaqua à trois questions : la priorité et la primauté excessive accordée au secteur étatique de l'économie, la centralisation du système des allocations de ressources et l'inégalité de la répartition de ces ressources[91].

Après le congrès, le gouvernement promulgua plusieurs décrets concernant les investissements étrangers, la terre, le commerce extérieur, la gestion des industries d'État et l'agriculture. L'État se présentait désormais comme un chef d'orchestre et non plus comme le pilote de l'économie. L'agriculture était le secteur-clé dont il fallait dynamiser les potentialités ; en avril 1988, le décret n° 10 du Bureau politique du parti décollectivisa la terre dans le delta du Mékong. Les coopératives, déjà peu nombreuses, qui furent maintenues le furent en tant que fournisseuses de services tandis que le système des points-travail était aboli et que la terre était redistribuée avec des baux de longue durée.

---

**89** Vo Nhan Tri, *op. cit.* 1991, p. 143.
**90** A. Fforde & S. de Vylder, *op. cit.*, p. 120.
**91** A. Fforde & S. de Vylder, *ibid.*, p. 120.

## Le Nord Vietnam : un essai radical de recentrer l'économie

### Le recul graduel de l'économie dirigée et planifiée

Le gouvernement socialiste voulait contrôler l'économie et la société mais il fut incapable de jouer le rôle qu'il s'était attribué. Une économie centralisée et planifiée pouvait fonctionner dans un pays industrialisé où les règlements et les contraintes pouvaient être imposées ; ce n'était pas le cas du Viet Nam en majorité rural et peu industrialisé. Le maintien des lopins familiaux et du marché libre dans le secteur agricole ainsi qu'un double système de prix (prix libres et prix fixés) engendraient un tension inflationniste permanente. Le lopin familial et le marché libre ont été à la source d'une économie parallèle qui n'a cessé de s'accroître avec le temps et ont été le support d'un contre-pouvoir paysan. Ils contrebalançaient à eux deux les plans et les exigences du gouvernement destinés à industrialiser le pays et à mener une guerre pour le réunifier. Parallèlement, le gouvernement devint de moins en moins capable de fournir les intrants et les marchandises de consommation mais il n'utilisa pas les réquisitions forcées et ne réprima pas la résistance passive de la paysannerie pour deux raisons : le souvenir des « erreurs de la réforme agraire » et le traumatisme qui s'ensuivit et parce que, après la correction des « erreurs »[92], le pouvoir local avait échappé aux paysans pauvres activistes et aux cadres « parachutés » de l'extérieur dans la communauté villageoise.

Par conséquent, ce relatif équilibre des forces mit les acteurs économiques en position de négocier avec l'État, c'est donc avec justesse que certains auteurs soulignent que la Rénovation fut portée par un mouvement parti d'en bas, *a bottom-up movement*. En proclamant l'avènement du *Doi moi* en 1986, le secrétaire général du Parti officialisa une évolution interne profonde même si les dirigeants y furent conduits par l'évolution contemporaine des autres pays socialistes. La phase transitionnelle des réformes débuta en 1979 avec le 6ᵉ plenum du comité central du PCV et s'acheva en 1989 lorsque la double échelle des prix disparut avec la libération des prix marquant ainsi l'entrée du Viet Nam dans l'économie de marché[93].

Le Viet Nam passa d'une économie dirigée et semi-autarcique à une économie régulée par le marché et ouvert vers l'extérieur. Ce recentrage de l'économie nationale fut possible parce que le Viet Nam était politiquement indépendant et disposait du libre choix de sa voie de développement avec une relative liberté de choisir ses partenaires. Cette liberté relative ne correspondait pas à l'utopie de l'indépendance absolue des nationalistes parce que l'interdépendance était inévitable : après s'être affranchi des liens impériaux français, le Viet Nam se trouva placé dans l'orbite économique soviétique ou américaine jusqu'à ce que, à l'aube du XXIᵉ siècle, il rejoignit les autres pays d'Asie dans les réseaux économiques de l'Asie du Pacifique.

---

**92** A. Fforde, "The Institutions of Transition from Planning : the Case of Vietnam", working paper, p. 4, 1994, Research School of Pacific and Asian Studies, Australian National University, Canberra.
**93** *Ibid.*

## Le redéploiement de l'économie du Vietnam

Ce que l'on peut appeler une nouvelle réforme agraire, *starter* du *Doi moi*, validée par la Loi foncière de 1993 allonge les baux fonciers et institue l'usufruit transmissible des terres désormais objets de transactions : ce faisant, elle assure une stabilité de tenure foncière (les baux fonciers sont théoriquement de 20 ans) et favorise des initiatives aux effets à long terme. L'économie agricole du pays connaît un essor remarquable dont la riziculture prend la tête. Si, de 1991 à 2003, la main-d'œuvre agricole a diminué de 72,7 % à 59 %, la généralisation des variétés à haut rendements (42,90 quintaux/ha en 2001 à 46,60 quintaux en 2003) et l'extension sensible de l'hydraulique agricole, ont conduit le Viet Nam du rang d'importateur de riz (700 000 à 1 800 000 tonnes par an avant 1988) au deuxième rang d'exportateur mondial (plus d'1 million tonnes par an).

Tableau 59. Superficie et production de riz, 1996-2003.

| Année | 1996 | 1997 | 1998 | 1999 | 2000 | 2001 | 2002 | 2003 |
|---|---|---|---|---|---|---|---|---|
| Superficie hectares | 7003,8 | 7099,7 | 7362,7 | 7653,6 | 7666,3 | 7492,7 | 7504,3 | 7443,6 |
| Production tonnes | 26 397 | 27 524 | 29 145 | 31 332 | 32 529 | 32 108 | 34 447 | 34 669 |

Source : Bureau National de la Statistique.

La production alimentaire par tête qui pendant plus d'une décennie était inférieure aux 300 kilos jugés indispensables atteignait 435 kg en 2001 et 470 en 2003 contre 265 en 1980.

Le bond rizicole est accompagné par une avancée sensible du maïs dont la surface plantée est passée de 730 000 ha en 2000 à 816 000 en 2002, la production annuelle se situant autour de 2 millions tonnes. Dans la même période les plantations commerciales (canne à sucre, thé, poivre, caoutchouc, coton) ont considérablement progressé tandis que le Vietnam est devenu le deuxième exportateur mondial de café derrière le Brésil.

À partir de 1990, l'aquaculture occupe une place grandissante dans la production et l'exportation. Le taux de croissance de la production, lent entre 1990 et 1999 (autour de 4,3 %), bondit à 8 % en 2002 et 8,6 % en 2003. La valeur des exportations de ce secteur passe de 302 millions $US en 1992 à 2 300 millions en 2003.

**L'industrie** est à l'ordre du jour mais l'utopie de l'industrie lourde et la voie de la substitution aux importations ont été abandonnées. Les Vietnamiens ont adopté la même orientation que les « dragons et tigres » de l'Asie orientale où l'objectif principal, dans les années 1970-1980, fut de produire pour l'exportation en jouant sur l'avantage comparatif du bas coût de la main-d'œuvre : c'est le cas de l'agro-alimentaire, des textiles et de la confection et du cuir[94]. Des progrès notables ont été réalisés

---

**94** En 2001, ces deux branches industrielles totalisaient 32,5 % de la valeur de la production industrielle ; le pétrole brut atteignait 11,2 % de la valeur, selon le Bureau national de la Statistique.

dans l'exploitation des hydrocarbures et du gaz et du charbon également où de gros investissements ont été réalisés par l'État ; il en est de même dans l'équipement hydroélectrique.

**Tableau 60. Production pétrole et charbon, 1987-2004.**

(milliers de tonnes)

|  | 1987 | 1990 | 1995 | 2000 | 2001 | 2002 | 2003 | 2004 |
|---|---|---|---|---|---|---|---|---|
| Pétrole brut | – | 2 700 | 7 620 | 16 291 | 16 833 | 18 863 | 17 700 | 20 051 |
| Charbon | 6 839 | 4 600 | 8 350 | 11 609 | 13 397 | 16 409 | 19 300 | 26 286 |

Source : FMI, *Country Report*, op. cit.

La part de l'industrie et des services dans le produit intérieur brut a dépassé celle de l'agriculture :

**Tableau 61. Croissance de la production en % annuel du PIB.**

|  | 1987 | 1990 | 1995 | 2000 | 2001 | 2002 | 2003 | 2004 |
|---|---|---|---|---|---|---|---|---|
| PIB | 3,6 | 5,1 | 9,5 | 6,8 | 6,9 | 7,1 | 7,3 | 7,7 |
| Agriculture | < 1,1 | 1,0 | 4,8 | 4,6 | 3,0 | 4,2 | 3,6 | 3,5 |
| Industrie | 8,5 | 2,3 | 13,6 | 10,1 | 10,4 | 9,5 | 10,5 | 10,2 |
| Services | 4,6 | 10,2 | 9,8 | 5,3 | 6,1 | 6,5 | 6,5 | 7,5 |

Source : "Key Indicators of Developing Asian and Pacific Countries", FMI, *Country Report* n° 06/52, 10 février 2006.

L'ouverture aux capitaux étrangers (qui débute en 1987), et la recherche de la diversification maximale des échanges avec les pays étrangers (le traité commercial signé avec les États-Unis et l'entrée dans l'AFTA (Asian Free Trade Association), l'adhésion à l'OMC (Organisation mondiale du Commerce)) confirment la primauté séculaire des voisins asiatiques (Chine, Taiwan, Japon, Corée, Thaïlande, Indonésie, Malaysia).

Dans la phase actuelle – début du XXIe siècle – de l'évolution de l'économie mondiale, le Viet Nam n'est plus la lanterne rouge des pays de l'Asie du Pacifique et il a réintégré la sphère régionale (qu'il n'avait jamais complètement quittée) en même temps que l'économie mondiale. Son économie fait preuve d'une progression remarquable et soutenue même s'il faut tenir compte des effets de rattrapage dans la lecture des avancées quantitatives.

Le mouvement de l'économie fortement entravé et freiné par la guerre et la pesée de celle-ci sur la gestion des ressources et des hommes, s'est affranchie et accélérée mais en même temps il induit de nombreux risques et incertitudes.

Certes le Vietnam est entré dans la transition démographique[95] mais le poids de la démographie se fait encore sentir sur la disponibilité des terres et le marché du tra-

---

**95** Le taux de croissance annuel est certes descendu de 2,2 % en 1987 à 1,4 % en 2004 mais le chiffre de la population est passé de 62,45 millions en 1987 à 82,02 millions en 2004, tandis que la densité a augmenté de 190 h au km² à 249 selon *Country Report*, op. cit.

vail. Les migrations comme issue au surpeuplement relatif, particulièrement les mouvements internes, pèsent de manière critique voire dramatique sur les systèmes écologiques. Notamment la réduction du domaine forestier est un des faits les plus inquiétants parce qu'elle est accompagnée de la diminution d'une ressource capitale, de la dégradation des sols et de modifications climatiques : la superficie des forêts est passée de 18,7 millions d'hectares en 1943 (57 % de la superficie totale du pays) à 6,4 millions en 1988 (19 % de la superficie)[96].

L'entrée dans l'économie de marché annule le rééquilibrage foncier post-colonial et elle fait resurgir les inégalités sociales et ethniques dans les campagnes[97]. L'industrialisation souligne les contrastes régionaux. L'implication accentuée dans les échanges internationaux où règne une forte concurrence rend l'économie vietnamienne très vulnérable aux fluctuations des cours mondiaux (riz et café) ou les réactions protectionnistes (par exemple des États-Unis vis-à-vis des poissons-chats, des textiles et des chaussures), sans compter les répercussions d'une crise plus générale comme la « crise asiatique » de 1997 qui a fait stagner les exportations en 1998 et 1999.

L'admission du Viet Nam dans l'Organisation mondiale du commerce (OMC/WTO) en 2006 accentue l'ouverture. Par conséquent et en même temps elle multiplie les occasions d'impulser les exportations, de conquérir de nouveaux marchés mais aussi les risques d'affrontements concurrentiels dommageables.

---

**96** Lê Công Kiêt cité par P. Gubry, *op. cit.* p. 447. Une autre source avance d'autres chiffres : 14 Millions ha en 1943, 8 430 M en 1990 et 9 444 M en 1999 (Ministère de l'Agriculture et du Développment rural).
**97** A. Haroon Akram-Lodhi "Are Landlords Taking Back the Land? An Essay on Agrarian Transition on Vietnam", *The European Journal of Development Research* XVI-4, 2004, p. 757-789. Pamela Mc Elwee, "From the Moral Economy to the World Economy: revisiting Vietnamese Peasants in a Globalizing Era", *Journal of Vietnamese Studies* 2,2/2007, p. 57-107.

# Postface

Les transformations économiques que le Viet nam a subies sur le long XXe siècle nous conduisent à quelques observations générales en guise de conclusion.

L'histoire économique du pays souligne le caractère conventionnel des frontières de nos disciplines de sciences humaines parce que l'évolution de l'économie illustre la rencontre dramatique entre deux modes de production et les changements qui ont résulté de cette collision. C'est pourquoi parler de l'économie c'est parler de la politique, de la société et de la culture.

La monarchie et la société vietnamienne du XIXe siècle auraient voulu maîtriser les changements introduits de l'extérieur mais elles avaient en face d'elles les conquérants français engagés dans le grand mouvement d'industrialisation, d'expansion capitaliste et coloniale de l'Europe du XIXe siècle. Les conquêtes outre-mer paraissaient indispensables aux États-nations pour acquérir le statut de puissance mondiale. L'exploitation coloniale ouvrit des secteurs économiques destinés à produire pour l'exportation : mines et plantations agro-industrielles qui mobilisaient de gros capitaux en espérant en extraire des profits financiers maximum. La colonisation impulsa également l'extension de la riziculture méridionale pour en exporter le surplus. La monétarisation et l'agriculture commerciale pénétrèrent l'économie indigène des Kinh ou Viêt, des Khmer, des Lao ainsi que des autres ethnies de la péninsule Indochinoise.

Les Français n'ont pas complètement industrialisé les pays indochinois mais ils ont amorcé le processus en y introduisant des orientations nouvelles et des outils d'un développement potentiel c'est-à-dire un inventaire scientifique des ressources naturelles, des infrastructures de communication et de transport modernes et une organisation rationnelle du travail et des industries de transformation. En outre, les Français ont mis en place un marché national vietnamien étroitement lié à un espace indochinois plus large par un réseau routier important et des courants de migrations de main-d'œuvre entre pays de la péninsule. Cette organisation de l'espace indochinois a traversé les trois décennies et plus, de conflits armés pour servir aujourd'hui de socle au développement régional sud-est asiatique . Cette œuvre amplifia considérablement une configuration économique régionale, extrême-orientale, où les Chinois étaient les acteurs principaux bien avant l'arrivée des Européens au XVI$^e$ siècle. Ce faisant, le moment impérialiste (XIX$^e$ et XX$^e$ siècles) de la mondialisation a succédé au moment proprement asiatique et transPacifique sans l'effacer mais au contraire, en le dynamisant pour le faire entrer dans le XXI$^e$ siècle.

L'État colonial français comptabilisa les populations et les marchandises, draina les richesses et en offrit l'exemple aux Vietnamiens de sorte qu'il stimula la volonté des indigènes à recouvrer leur indépendance afin de moderniser leur pays. Le legs matériel de la domination française ne fut pas le plus important parce que les guerres successives, ouvertes ou larvées, 1939-1945, 1945-1954, 1960-1975, en détruisirent ou endommagèrent la plus grande partie. L'inspiration principale concerna la voie à suivre, les méthodes et les savoir-faire pour poursuivre la modernisation. Dès les années 1920, non seulement la transcription romanisée dite *quôc ngu* fut diffusée dans tout le pays mais le premier vocabulaire scientifique et technique était élaboré par des Vietnamiens. L'ingénieur agronome Nguyên Công Tiêu publia la première édition du *Khoa Hoc Tap Chi* (revue des sciences) en juillet 1931 à Hanoi ; en 1934 le journal *Khoa Hoc Pho Thong* (science populaire) paraissait à Saigon ; pendant la Seconde guerre mondiale Hoang Xuan Han, ancien élève de l'École Polytechnique et agrégé de mathématiques, édita *Bao Khoa Hoc* (le Journal des sciences) à Hanoi.

Dans les années 1940, la diffusion de la connaissance scientifique de base était un fait dans certaines couches de la population urbaine. La propagande vietnamienne (1945-1954, 1960-1975) a répandu le mythe de l'emploi efficace et quasi exclusif des méthodes de guerre traditionnelles et ancestrales pour combattre les Français puis les Américains, de ce fait elle a éclipsé l'usage de plus en plus important du matériel moderne sophistiqué tels les radars, les missiles sol-air. En paraphrasant Friedrich Engels nous pouvons dire que les Vietnamiens ont utilisé simultanément la locomotive et la brouette.

Le capitalisme colonial ne détruisit pas les modalités pré-capitalistes de production pas plus que le Parti-État, après lui, ne réussit à contrôler l'économie familiale et les marchés. C'est sans doute ce qui facilita le passage au *Doi Moi*. Une vie endogène et autonome alliée à une revitalisation de la tradition, autant qu'aux innovations, ont fait fonctionner des modes de production et de consommation hétérogènes contrairement à ce que laissent croire les théories économiques qui généralisent les phénomènes qu'elles traitent.

\* \* \*

Des années 1960 aux années 1980, le Viet Nam n'a pas atteint des taux de croissance comparables à ceux d'autres pays asiatiques que l'on appela « dragons » ou « tigres », y compris ceux qui furent les colonies d'autres États[1]. Comment expliquer ce retard sinon par la politique (en fait la guerre dans le cas du Viet Nam) et l'idéologie ?

---

[1] L'économiste A. Booth (*Colonial Legacies...*) s'interroge sur les effets de la domination impériale occidentale et japonaise sur le développement post-colonial des anciennes possessions : la domination étrangère a-t-elle déposé les germes, voire installé les prémices de la modernisation ou l'a-t-elle entravée ou retardée ? A. Booth conclut qu'il n'est pas possible de généraliser. L'Indochine est quasi absente de l'analyse de A. Booth.

Tout d'abord la deuxième guerre mondiale fut une période cruciale pour deux raisons : le gouvernement colonial français, sous la pression des circonstances, instaura une économie dirigée justifiée par la doctrine de l'État français (Vichy), ce qui lui conférait un trait de parenté avec le régime communiste. Coupée des sources de ravitaillement en produits manufacturés fournis auparavant par la métropole, le gouvernement colonial et les particuliers recherchèrent des produits de substitution. Les Vietnamiens en retinrent la leçon lorsqu'ils furent confrontés aux difficultés et pénuries de temps de guerre.

En second lieu, l'idéologie impériale et la politique du gouvernement français fut à l'origine de la première guerre d'Indochine (1945-1954) en refusant l'indépendance à la République démocratique du Viet Nam.

Troisièmement, le gouvernement nord-vietnamien déterminé à restaurer l'unité du pays après son partage en deux zones, entreprit une guerre de réunification (1960-1975). Les alliés et/ou clients asiatiques des États-Unis (le Japon, la Corée du sud, Taïwan, Singapour et la Thaïlande) participèrent à un réseau triangulaire de logistique dont ils tirèrent profit pour leur propre développement (comme le Japon avait profité de la guerre de Corée).

En dernier lieu, après 1975 le gouvernement de la RDV tenta d'appliquer la politique soviétique de développement dans un contexte différent de celui du Nord-Viet Nam et des années 1950 : la paix était revenue et il disposait désormais des ressources complémentaires du nord et du sud du pays. Cependant, le gouvernement socialiste ne parvint pas à corriger le déséquilibre entre la population et les ressources qui était le défi principal à relever. En outre il était hanté par le souci de maximiser le taux d'accumulation et les réalisations quantitatives qu'exigeait le modèle économique centralisé et planifié.

***

Les réformes du *Doi moi* ont elles instauré un nouveau système économique ? La réponse à cette question dépend d'une combinaison de facteurs internationaux (mondialisation des échanges et des flux financiers), régionaux (l'environnement Asie-Pacifique) sans parler de la politique intérieure qui jouera certainement un rôle déterminant. D'ores et déjà, le Viet Nam ayant abandonné le système de type soviétique pour rejoindre le système mixte « asiatique » qui associe l'intervention de l'État aux initiatives d'autres acteurs économiques autonomes dans des proportions variables.

Même pendant les guerres qui ont placé le Viet Nam en marge du développement accéléré de ses voisins, les régimes politiques vietnamiens ont appliqué la même stratégie que ces voisins : dans un premier temps ils ont adopté une politique économique de substitution aux importations mais ensuite, à partir des années 1970, ils se sont orientés vers le développement agricole et industriel pour l'exportation. Très certainement, la République socialiste du Viet Nam n'a pas atteint la forme extrême du processus d'internationalisation telle que celle où s'est engagée Singapour[2]. Néanmoins à partir de 1978, lorsqu'il devint membre du COMECON ou CAEM, le pays s'ouvrit à une forme d'investissement étranger et son économie cessa d'être *inwards looking* ; le Viet Nam fut alors intégré dans un réseau international de division du travail dirigé par l'URSS (le COMECON) où s'opéraient les échanges commerciaux, les migrations et la formation de main-d'œuvre et les transferts technologiques.

Aujourd'hui, la position du Viet Nam est semblable à celle des autres voisins asiatiques dans un monde où le système capitaliste est dominant. La mondialisation n'a pas (ou pas encore) éliminé les entités nationales, celles-ci continuent d'être le « noyau dur » du développement. Certes, L'État vietnamien a renoncé à tout programmer et diriger mais il intervient encore de façon importante si ce n'est décisive. À tous égards, il est significatif que celui-ci ait sollicité les conseils du Premier ministre singapourien Lee Kuan Yew dont la règle d'action est le « pragmatisme plutôt que l'adhésion à une idéologie dogmatique du libre marché ou de la direction étatique »[3]. En appliquant le *Doi Moi*, les gouvernants du Viet Nam ont retrouvé cette démarche pragmatique que le communiste Bui Cong Trung avait prônée en esquissant le programme économique de la Résistance vietnamienne en 1948.

L'histoire économique du Viet Nam illustre l'interdépendance économique des peuples quelque soit le régime politique qu'ils adoptent. L'indépendance politique laisse perdurer les liens parfois serrés que les échanges économiques ont tissés dans le passé avec l'empire chinois, l'empire français, le monde soviétique, l'orbite capitaliste américaine et aujourd'hui, les habits neufs de la mondialisation (ASEAN, OMC, AFTA, APEC).[4]

---

**2** C. Dixon, *Southeast Asia in the World Economy. A Regional Geography.* Cambridge University Press, 1994, p. 17.
**3** W.G. Huff, "The Development State Government and Singapore's Economic Development since 1960", *World's Development* vol. 23, n° 8, 1995, p. 1433.
**4** AFTA : ASEAN FREE TRADE AREA. APEC : Asian Pacific Economic Cooperation. L'organisation subrégionale que les Français avaient créée sous le vocable d'Union indochinoise ne fut qu'une étape de la mondialisation mais aussi le prémice d'insertion plus large et plus poussée par l'intermédiaire d'organismes comme le Comité du Grand Mékong. Voir « L'empreinte de la domination coloniale française en Indochine » in *Identités territoriales en Asie orientale*, p. 175-184.

# Bibliographie

ADAS M. *The Burma delta. Economic Development and Social Change on an Asian Rice Frontier, 1852-1941*. Madison, The University Press of Wisconsin, 1974.

*Agrarian Reform as unfinished Business. The Selected Papers of Wolf Ladejinsky*. Walinsky L.J. (ed.) Oxford University Press, 1977.

*L'Agriculture et la paysannerie vietnamienne*, L'Harmattan, Paris, 2000.

ANDERSON D.L., *Trapped by Success. The Eisenhower Administration and Vietnam 1953-1961*. N.Y. Columbia University Press, 1991.

AUMIPHIN J-P, *La présence économique et financière française en Indochine, 1859-1939*, thèse de doctorat de sciences économiques, Université de Nice, 1981, non publiée.

BASSINO J-P, GIACOMETTI J-D & KONOSUKE Okada, *Quantitative History of Vietnam 1900-1990. An International Workshop*, Tokyo, Institute of Economic Research, Hitotsubashi University, 2000.

BAYLY C.A., *La naissance du monde moderne (1780-1914)*, Paris, 2006.

BEASLEY W.C., *Japanese Imperialism 1894-1945*. Oxford University Press, 1991.

BERESFORD M. *Vietnam, Politics, Economics and Society*. London, N.Y. MacMillan, 1988.

BERESFORD M. & DANG PHONG, *Economic Transition in Vietnam, Trade and Aid in the Demise of a Centrally Planned Economy,* Cheltenham UK, Edward Elgar, 2000.

BERESFORD M. & TRAN Ngoc A. (edit.), *Reaching for the Dream. Challenges of sustainable Development in Vietnam*, NIAS Press-ISEAS, Singapore, 2004.

BERESFORD M. & FFORDE A., "A Methodology for Analyzing the Process of Economic Reform in Reform in Vietnam: the Case of Domestic Trade" in *The Journal of Communist Studies and Transition Politics* vol. 13, n° 4, 1997, p. 99-128.

BERGERET P., *Paysans, État et marchés au Vietnam. Dix ans de coopération agricole dans le bassin du Fleuve rouge*, Paris, GRET-Karthala, 2002.

BERNARD N. Dr. *Les Instituts Pasteur d'Indochine*. Saigon, 1922.

BERNARD P., *Le problème économique indochinois*, Paris, 1934.

BERNARD P., *Nouveaux aspects du problème economique indochinois.* Paris, F. Sorlot. 1937.

BIDWELL R.L., *Currency Conversion Tables. A hundred years of Change*, London, Rex Collings, 1970.

BONNEUIL C. « Mise en valeur coloniale et naissance de l'agronomie tropicale » in *Du jardin d'essai à la station expérimentale.* Paris, CIRAD, 1993.

BOOMGAARD P. & BROWN I. (eds), *Weathering the storm. The Economies of Southeast Asia in the 1930s Depression*, Singapore, ISEAS, 2000.

BOOTH A., *The Indonesian Economy in the Nineteenth and Twentieth Centuries. An History of Missed Opportunities*, London, MacMillan Press Ltd, 1998.

BOOTH A.E., *Colonial Legacies. Economic and Social Development in East and Southeast Asia*, Honolulu, University of Hawai'i, Press, 2007.

BOUCHERET M., *Les organisations de planteurs de caoutchouc indochinois et l'État du début du XXe siècle à la veille de la Seconde guerre mondiale*, Internet, 22 novembre 2006.

BOUCHERET M., *Les plantations d'hévéas en Indochine. 1897-1954.* Thèse de doctorat en Histoire, Université Paris 1, 2008, non publiée.

BRAY F. *The Rice Economies. technology and Development in Asian Societies.* Oxford; N.Y. Blackwell, 1986.

BRENIER H., *Essai d'atlas statistique de l'Indochine française*, Hanoï, 1914.

BREWSTER J. et BOOTH A., *Bibliograghy of Statistical Sources on Southeast Asia, c. 1750-1990,* Data Paper Series n° 1, Australian National University, Canberra, 1990.

BROCHEUX P. *The Mekong Delta: Ecology, Economy, and Revolution, 1860-1960.* Center for Southeast Asian Studies, Monograph n° 12, University of Wisconsin-Madison, 1995. 2e édition revisée University of Wisconsin Press, 2009.

— & HEMERY D. *Indochine la colonisation ambiguë 1858-1954.* Paris, La Découverte, 2e édition, 2001.

BROWN I. *The Elite and Economy in Siam.* Singapore, Oxford University Press, 1988.

BROWN R. A. *Capital and Entrepreneurship in Southeast Asia.* London, 1994.

BOUDAREL G. *Cent fleurs écloses dans la nuit du Vietnam. Communisme et dissidence, 1954-1956.* Paris, Jacques Bertoin, 1991.

BOURBON A. *Le redressement économique de l'Indochine 1934-1937.* Paris, 1938.

BOUVIER R. *Richesse et misère du delta tonkinois.* Paris, 1937.

BRUNEAU Michel, *L'Asie entre l'Inde et la Chine : Logiques territoriales des États,* Paris, E. Belin, 2006.

BUTCHER J.G., *The Closing of the Frontier. A History of the Marine Fisheries of Southeast Asia c. 1850-2000,* Singapore, ISEAS, 2004.

CADY J.F., *The Roots of French Imperialism in East Asia*, New York, Cornell University Press, 1967.

CALLISON C.S. *Land-to-the-tiller. Economic, Social and Political Effects of Land Reform in four Villages of South Vietnam.* Berkeley, University of California Press, 1983.

CHAN A., KERKVLIET B.T., UNGER J. (eds), *Transforming Asian Socialism. China and Vietnam compared*, Rowman & Littlefield, Oxford, 1999.

CHATTIPH NARTSUPHA & SUTHY PRASARTSET *The Political Economy of Siam 1851-1910*, 2 vol. Bangkok, 1981.

CHEMILLIER-GENDREAU M. (direct.), *Le Viet Nam et la mer*, Paris, Les Indes savantes, 2002.

CHESNEAUX J. et alii (dir.), *Tradition et révolution au Vietnam*, Paris, éditions Anthropos, 1972.

CHEVALIER A. *Le poivrier et sa culture en Indochine.* Agence économique de l'Indochine, 1925.

CHOLLET R. *Planteurs en Indochine française*, Paris, 1981.

CHU Van Lam et alii, *Hop tac hoa nông nghiêp Viet Nam . Lich su, tô chuc và triên vong* [Les coopératives agricoles au Vietnam. Histoire, organisation et perspectives] Hanoi, 1992.

CLARENCE-SMITH W.G., "The Rivaud-Hallet plantation Group in the Economic Crises of the Inter-War Years" p. 117-132 in *Proceedings of the colloquium C4 of the XIth International Economic History Congress*, Milano 1994.

CONDLIFFE G.B. (ed.) *World Economic Survey 1931-1932*. Genève, ILB, 1932.

COOK Nola & TANA Li (eds), *Water Frontier, Commerce and the Chinese in the Lower Mekong Region, 1750-1880*, Oxford, Rowman & Littelefield, 2004.

COURDURIÉ M. et DURAND G. (dir.), *Entrepreneurs d'Empire*, t. XIII de *l'Histoire du commerce et de l'industrie de Marseille. XIX$^e$-XX$^e$ s.*, Marseille, Chambre de Commerce de Marseille, 1986.

DACY C. *Foreign Aid, War and Economic Development South Vietnam 1955-1975.* Cambridge University Press, 1986.

DANG PHONG, *Lich su Kinh te Viet Nam 1945-2000. Tap I : 1945-1954*, Hanoi, NXBKHXH, 2002.

DANG PHONG, *Lich su Kinh tê Viêt Nam 1955-1975, tâp II*, Hanoï NXBKHXH, 2005.

DANG Thu *Quelques caractéristiques sur la population du Vietnam.* Hanoi, Mimeographed Working Paper, 1993.

DAO Trinh Nhat, *The luc Khach tru va van de di dan vao Nam Ky.* [La puissance des Chinois et la question de leur immigration en Cochinchine/Nam Ky] Hanoi, 1924.

DECOUX J. *À la barre de l'Indochine. Histoire de mon gouvernement général 1940-1945.* Paris, Plon, 1949.

DELALANDE Ph., *Vietnam, dragon en puissance. Facteurs politiques, économiques, sociaux*, Paris, L'Harmattan, 2007.

DENIS E., *Bordeaux et la Cochinchine sous la Restauration et le Second Empire*, Bordeaux, 1965.

DESBARATS J. "Population Relocation Programs in Socialist Vietnam". Singapore, *Indochina Report* n° 11, 1987.

DESCOURS-GATIN, Ch., *Quand l'opium finançait la colonisation en Indochine. L'élaboration de la Régie générale de l'opium (1860 à 1914)*, Paris, L'Harmattan, 1992.

DESCOURS-GATIN Ch. *Quand l'opium finançait la colonisation en Indochine.* Paris, l'Harmattan, 1992.

DELVERT J. *Le paysan cambodgien.* Paris-La Haye, Mouton, 1994.

DEVILLERS Ph., *Français et Annamites. Partenaires ou ennemis ? 1856-1902*, Paris, Denoël, 1998.

DEVISME M. et HENRY Y. *Documents de démographie et de riziculture.* Hanoi, 1928.

DIXON C. *South East Asia in the World Economy. A Regional Geography.* Cambridge University Press, 1994.

DÔ Van Ninh, *Tiên cô Viêt Nam* (Monnaies vietnamiennes d'autrefois), Hanoï, NXBKHXH, 1992.

DOUMER P., *Situation de l'Indochine de 1897 à 1902*, Paris, 1902.

DOVERT S. & de TRÉGLODÉ B. (direct.), *Viet Nam contemporain,* Les Indes savantes, Paris, 2004.

DRABBLE J.H., *An Economic History of Malaysia, c. 1800-1990. The Transition to Modern Economic Growth*, London, Mac Millan Press Ltd, 2000.

DUMAREST J. *Le monopole de l'opium et du sel en Indochine.* Lyon, 1938.

DUMONT R. *La culture du riz au Tonkin.* Paris, Société d'éditions géographiques, maritimes et coloniales, 1935.

ELSON R.E., *The end of the Peasantry in Southeast Asia. A social and économique history of peasant livehood, 1800-1990s*, McMillan, London, 1997.

ETEMAD Bouda, *La possession des empires. Colonisation et prospérité de l'Europe*, A. Colin, 2005.

FALL B. *The Vietminh Regime.* Ithaca, Cornell University Press, 1954.

FALL Mamadou, *Investissements publics et politique et économique en Indochine. 1898-1930*, thèse de doctorat en Histoire, Université de Paris 7, 1985, non publiée.

FAURE G. & SCHWAB L., *Japon-Viet Nam, Histoire d'une relation sous influences*, Paris, Les Indes savantes, 2004.

de FEYSSAL P. *L'endettement agraire en Indochine . Rapport au gouverneur général de l'Indochine.* Hanoi, 1933.

FFORDE A. *The Agrarian Question in North Vietnam 1974-1979. A Study of Cooperator Resistance to State Policy.* N.Y., M.E. Sharpe Inc., 1989.

— "The Institutions of Transition from Central Planning; the Case of Vietnam" Canberra; RSPAS, ANU, 1996.

— & de VYLDER S. *From Plan to Market. The Economic transition in Vietnam.* Boulder, Westview Press, 1996.

FOREST A., *Le Cambodge et la colonisation française. Histoire d'une colonisation sans heurts (1897-1920)*, Paris, L'Harmattan, 1980.

FORTUNEL F., *Le café au Vietnam. De la colonisation à l'essor d'un grand producteur mondial*, L'Harmattan, Paris, 2000.

FOURASTIÉ J., *Entre deux mondes. Mémoires en forme de conversation avec sa fille Jacqueline*, Paris, Beauchesne, 1994.

FOURNIAU Ch., *Vietnam. Domination coloniale et résistance nationale. 1858-1914*, Paris, Les Indes savantes, 2002 (version intégrale de la thèse).

FRANK A. G., *Re-Orient: Global Economy in the Asian Age,* Berkeley, University of California Press, 1998.

FRÉMEAUX J., *Les empires coloniaux dans le processus de mondialisation*, Paris, Maisonneuve et Larose, 2002.

GAIDE Dr. *L'assistance médicale et la protection de la santé publique.* Hanoi, 1931.

GAUDEL A. *L'Indochine française en face du Japon.* Paris, 1946.

GASQUEZ D., *Publications officielles de l'Indochine coloniale. Inventaire analytique (1859-1954)*, Paris, BNF, 2004.

GEERTZ C., *Agricultural involution. The process of Ecological Change in Indonesia*, Berkeley, University Press of California, 1963.

GERSCHENKRON A. *Economic Backwardness in Historical Perspective.* Cambridge Mass., Harvard University Press, 1962.

GIRAULT F. et BOUVIER J., *L'impérialisme à la française 1914-1960*, Paris, La Découverte, 1986.

GIRONDE C. & MAURER J-L, *Le Vietnam à l'aube du XXIe siècle. Bilan et perspectives politiques, économiques et sociales.* Paris, Karthala-IUED-CRAM, 2004.

GOUROU P. *Le paysan du delta tonkinois.* Paris, Mémoires EFEO, 1936.

— *L'utilisation du sol en Indochine française.* Paris, P.Hartmann, 1940.

GONJO, Yasuo *Banque coloniale ou banque d'affaires. La Banque de l'Indochine sous la Troisième République.* Paris, Imprimerie Nationale, 1993.

GOSCHA Ch.E. *Thailand and the Southeast Asian Networks of the Vietnamese Revolution. 1885-1954.* London, Curzon Press, 1999.

GOUDAL J. *Problèmes du travail en Indochine française.* Genève, BIT, 1937.

GRAVELINE F., *Des hévéas et des hommes. L'aventure des plantations Michelin*, N.Chaudun, Paris, 2006.

GUBRY P. (direct.), *Population et développement au Viet Nam*, Paris, Karthala-CEPED, 2000.

GUÉRIN M. & Al., *Des montagnards aux minorités ethniques. Quelle intégration nationale pour les habitants des hautes terres du Viet Nam et du Cambodge ?*, Paris-Bangkok, L'Harmattan & IRASEC, 2003.

GUÉRIN M., *Des casques blancs sur le plateau des herbes. La pacification des aborigènes des hautes terres du sud indochinois. 1859-1940*, thèse de doctorat d'Histoire de l'Université Paris 7, 2006, non publiée.

HARDY A., *Red Hills. Migrants and the State in the Highlands of Viet Nam*, Copenhagen, NIAS Press, Monograph series n° 93, 2003.

HEADRICK D.R. *The Tentacles of Progress. Technology transfer at the Age of Imperialism 1850-1940.* Oxford University Press, 1988.

ELMHIRST R. & SAPTARI Ratna (eds), *Labour in Southeast Asia. Local Processes in a globalised world*, Londres et New York, Routledge Curzon, 2004.

HEMERY D. *Révolutionnaires vietnamiens et pouvoir colonial en Indochine.* Paris, Maspéro, 1975.

— « Asie du Sud-Est, 1945 : vers un nouvel impérialisme colonial ? Le projet indochinois de la France au lendemain de la Seconde guerre mondiale » in *Décolonisations européennes*. Aix-en-Provence, publications de l'Université de Provence, 1995.

HENRY Y. *L'économie agricole de l'Indochine.* Hanoi, IDEO, 1931.

HICKEY G.C. *Free in the Forest: Ethnohistory of the Vietnamese Central Highlands 1954-1976.* New Haven & London, Yale University Press, 1982.

HODEIR C., *Stratégies d'Empire. Le grand patronat colonial face à la décolonisation*, E. Belin, Paris, 2003.

HOMBERG O. *Les coulisses de l'Histoire. Souvenirs, 1898-1928.* Paris, 1938.

HONG Lysa *Thailand in the Nineteenth Century. Evolution of the Economy and Society.* Singapore: ISEAS, 1984.

HO Hai Quang, *Le rôle des investissements français dans la création du secteur de la production capitaliste au Vietnam méridional*, Thèse de doctorat de sciences économiques, Université de Reims, 1982, non publiée.

HO Ta Khanh *Thong su Cong ty Lien Thanh* [Histoire de la Société Lien Thanh]. Paris, 1984.

HOUTART F., *Hai Van, socialisme et marché. La double transition d'une commune vietnamienne*, Paris, Les Indes savantes, 2003.

HUFF W.G., *The Economic Growth of Singapore: Trade and Development in the XXth century*, Cambridge University Press, 1994.

HUFF W.G., "Currency boards and Chinese banks in Malaya and the Philippine before World War II", *Australian Economic History Review* 43/2, p. 125-139, July 2003.

HULOT F. *Les Chemins de Fer de la France d'Outre-Mer vol. 1 : l'Indochine, le Yunnan*. St. Laurent du Var, La Régordane éditions, 1990.

HY Van Luong. *Revolution in the village. Traditions and Transformations in North Vietnam 1925-1988*. Honolulu, University of Hawai Press, 1992.

HY Van Luong, (ed), *Postwar Vietnam. Dynamics of a transforming Society*, Singapore, ISEAS, 2003.

INGRAM J. C. *Economic Change in Thailand 1850-1870*. Stanford University Press, 1971.

KERKVLIET B.J.T.(ed.) *Dilemmas of Development: Vietnam Update 1994*. Canberra, ANU, RSPAS, 1995.

KERKVLIET B.J.T, *The Power of Everyday Politics. How Vietnamese Peasants transformed National Policy*, Singapore, ISEAS, 2005.

KERKVLIET B.J.T. & HENG R. & KOH D. (eds), *Getting organized in Vietnam. Moving in and around the Socialist State*. ISEAS, Singapore, 2003.

KERKVLIET J.T. & D. MARR (edit.), *Beyond Hanoï. Local government in Hanoi*, Singapore, ISEAS-NIAS, 2004

KIMURA Tetsusaburo, *The Vietnamese Economy 1975-1986. Reforms and International Relations,* Tokyo, Institute of Developping Economies, 1989.

KING H.H. *The History of the Shanghai and Hong Kong Banking Corporation*. London, 3 vol., 1988.

*Kinh Tê Viêt Nam. 1945-1960*, Hanoî, NXB Su Thât, 1960.

KLEIN J-F. *Un Lyonnais en Extrême-Orient Ulysse Pila vice-roi de l'Indochine 1878-1909*. Lyon, éditions LUGD, 1994.

KLEIN J-F., *Soyeux en mer de Chine. Stratégies des réseaux lyonnais en Extrême-orient (1943-1906)*. Thèse non publiée, Université Lyon II, Louis Lumière.

KLEINEN J., *Facing the Future, Reviving the Past. A Study of Social Change in a Northern Vietnamese Village*, Singapore, ISEAS, 1999.

KLEINEN J. (ed), *Vietnamese Society in transition. The Daily politics of reform and change,* Amsterdam, Het Spinhuis, 2001.

KLEINEN J. & alii, *Lion and Dragon. Four centuries of Dutch-Vietnamese Relations*, Amsterdam, Broom, 2008.

KONINCK de R. édit., *Le défi forestier en Asie du Sud-est*, Documents du GERAC n° 7, Laval, Canada, 1994.

KORNAI J. *The Socialist System. The Political Economy of Communism*. Oxford University Press, 1992.

KUISEL R.F. *Le Capitalisme et l'État en France. Modernisation et dirigisme au XX$^e$ siècle,* Gallimard, Paris 1981.

LABRUSSE de S., *La politique du cabotage en Indochine*, IFOM, Saïgon, 1950.

LANESSAN de J.M. *L'Indochine Française*. Paris, Alcan, 1889.

LANGLET Ph. & QUACH Thanh Tâm, *Introduction à l'histoire contemporaine du Viet nam, de la réunification au néocommunisme*, Paris, Les Indes savantes, 2001.

LANOUE H, « Emprise économique des États-Unis sur l'Indochine avant 1950 », in *Tradition et révolution au Vietnam*, Paris, éditions Anthropos, 1971.

LANTHIER P. & WATELET H. (edit.), Private enterprises during Economic Crises. Tactics and Strategies, Actes du colloque C4 du XI$^e$ Congrès international d'Histoire économique, Milan 1994, Ottawa-Toronto-New York, 1997.

LAVIGNE M., *Économie du Vietnam. Réforme, ouverture et développement.* Paris, L'Harmattan, 1999.

LÊ VAN HIÊN, *Nhât ky cua môt bô truong*, t. I et II, (Journal d'un ministre), NXB Da Nang, 1995.

LEBRA J.C. *Japan Greater East Asia Coprosperity Sphere in World War II. Selected Readings and Documents.* Oxford University Press, 1975.

LE FAILLER Ph., *Monopole et prohibition de l'opium en Indochine. Le pilori des chimères,* Paris, L'Harmattan, 2003.

LE PORS A. *Les béquilles du Capital.* Paris, 1977.

LE Quy Dôn. *Phu Biên Tap Luc* [Chronique de la frontière] Hanoi, Toàn, Tâp, tâp 1, 1977.

LÊ Quôc Su, *Mot so van de ve lich su Kinh tê Viet nam*, Hanoï, NXBCTQG, 1998.

LÊ Trong Cuc & RAMBO Terry (eds) *Too many People, too little Land. The Human Ecology of a Wet Rice-growing Village in the Red River Delta of Vietnam.* Hawaii, East-West Center, 1995.

LÊ VAN CUONG ET MAZIER J. (eds), *L'économie vietnamienne en transition : les facteurs de la réussite,* Paris, L'Harmattan, 1998.

–id–, *L'économie vietnamienne et la crise asiatique*, Paris, L'Harmattan, 1999

LHOMME E. *Technologie du thé.* Hanoi, Institut agricole de l'Indochine, 1950.

LI Tana *Nguyen Cochinchina Southern Vietnam in the Seventeenth and Eighteenth Centuries.* Ithaca, Cornell University Press, 1998.

LIM Teck Ghee *Peasants and their Agricultural Economy in Colonial Malaya 1871-1941.* Oxford University Press, 1977.

LINDBLAD J. T., *Foreign Investment in Southeast Asia in the Twentieth Century,* London, MacMillan Press Ltd, 1998.

LIU TS'IU-JUNG, et alii, *Asian Population History*, Oxford University Press, (eds), 2001.

LJUNGGREN B. *The Challenge of Reform in Indochina.* Harvard University Press, 1993.

MALLERET F. *Le commerce du Tonkin avec la province chinoise du Quang Si.* Marseille, 1892.

MANGUIN P.Y., *Les Nguyen, Macau et le Portugal. Aspects politiques et commerciaux d'une relation privilégiée en mer de Chine, 1773-1802*, EFEO, Paris, 1984.

—, *Les Portugais sur les côtes du Vietnam et du Campa. Étude sur les routes maritimes et les relations commerciales d'après les sources portugaises (XVI$^e$, XVII$^e$, XVIII$^e$ siècle)*, Paris, EFEO, 1972.

MANTIENNE F., *Les relations politiques et commerciales entre la France et la péninsule indochinoise (XVII$^e$ siècle)*, Paris, Les Indes savantes, t. I, 2001.

— *Les relations politiques et commerciales entre la France et la péninsule indochinoise (XVIII$^e$ siècle)*, Paris, Les Indes savantes, t. II, 2003.

MARR D. *Vietnam 1945 The Quest for Power.* Berkeley, University of California Press, 1995.

MARR D.& WHITE Christine (eds), *Postwar Vietnam: Dilemnas in*

*Socialist Development*, Ithaca, SEAP, Cornell University, 1988.

MARSEILLE J. *Empire colonial et capitalisme français. Histoire d'un divorce.* Paris, Albin Michel,1984.

MERCIER F. *Vichy face à Tchang Kai Shek. Histoire diplomatique.* Paris, l'Harmattan, 1995.

MEULEAU M. *Des pionniers en Extrême-Orient ; Histoire de la Banque de l'Indochine. 1871-1940.* Paris, Fayard, 1990.

MITCHELL K. *Industrialization of the Western Pacific.* New York, Institute of Pacific Relations, 1942.

MOÏSE E. *Land Reform in China and North Vietnam: consolidating the revolution at the village level.* Chapel Hill, University of North Carolina Press, 1983.

de MONTAIGUT F. *La colonisation française dans l'est de la Cochinchine.* Paris, Limoges, 1929.

MOREL J. *Les concessions de terre au Tonkin.* Paris, 1912.

MORLAT P., *Indochine années vingt : le balcon de la France sur le Pacifique. (1918-1928). Une page de l'histoire de France en Extrême-orient*, Paris, Les Indes savantes, 2001.

–id–, *Indochine. Années vingt : le rendez-vous manqué (1918-1928). La politique indigène des grands commis au service de la mise en valeur*, Paris, Les Indes savantes, 2006.

MORRIS-SUZUKI T. *A History of Japanese Economic Thought.* London & New York, Routledge, 1989.

MURRAY M. J. *The development of Capitalism in Colonial Indochina 1870-1940.* Berkeley, University of California Press, 1980.

NGUYEN Anh Tuan, *South Vietnam Trial Experience. A Challenge for Development.* Athens, Ohio University; Monographs in International Studies Southeast Asia Series, n° 80, 1987.

NGUYEN Bich Hue, *Dông bac Viet Nam và cac vân dê liên hê* (La piastre vietnamienne et les questions connexes), Saïgon, Éditions Pham Quang Khai, 1968.

NGUYEN Công Binh, DÔ Thai Dông et alii, *Dông bang song Cuu long. Nghiên cuu phat triên* (Recherches sur le développement du delta du Mekong), NXBKHXH, Hanôi, 1995

NGUYEN Dinh Dâu, *Chê dô công diên công tho trong lich su khan hoang lâp âp o Nam Ky Luc Tinh* [Le régime des terres communales dans l'histoire des défrichements des provinces méridionales]. Hanoi, 1992.

—, *Tông kêt nghiên cuu dia ba Nam Ky Luc Tinh* [Résultats des recherches sur les cadastres des provinces méridionales] Hanoi, 1997.

NGUYEN Cong Hoan, *Nho va ghi* [Réminiscences et Notes] Hanoi, 1978.

NGUYEN Hien Le, *7 ngay trong Dong Thap Muoi* [Sept jours dans le Dong Thap Muoi] Saigon, 1954.

NGUYEN Thanh Nha, *Tableau économique du Vietnam aux XVII$^e$ et XVIII$^e$ siècle*, Paris, éditions Cujas, 1970.

NGUYEN The Anh, *Monarchie et fait colonial au Vietnam 1875-1925. Le crépuscule d'un ordre traditionnel.* Paris, l'Harmattan, 1992.

—, *Kinh tê và Xa Hôi Viêt Nam zuoi thoi vua triêu Nguyên*, (2$^e$ édition) Saïgon, 1970.

—, *Commerce et navigation en Asie (XIV$^e$-XIX$^e$ siècle)*, Paris, L'Harmattan, 1991.

NGUYEN Tiên Hung, *Economic Development of Socialist Vietnam 1955-1980.* N.Y. Praeger, 1977.

NGUYEN Van Hao, *Dong gop 1. Kinh tê. Lanh Vuc 1965-1974* [Contributions 1. Economie, Services] Saigon 1972.

NGUYEN Van Hoan, *Môt giot nuoc o trong biên ca* [Une goutte d'eau dans l'Océan] Beijing, 1982.

NGUYEN Van Huy, *Nguoi Hoa tai Viet Nam* [Les Chinois au Vietnam] Paris, 1993.

NGUYEN Van Xuan, *Phong trao Duy tan* [Le Mouvement « Modernisation »]. Saigon, 1970.

NIOLLET D. *L'Épopée des douaniers en Indochine 1874-1954.* Paris, Kailash, 1998.

OSBORNE M. *The French Presence in Cochinchina and Cambodia. Rule and Response (1859-1905).* Ithaca, Cornell University Press, 1970.

PAQUET Emmanuelle, *Réforme et Transformation du système économique vietnamien. 1979-2002*, Paris, L'Harmattan, 2004.

PASQUIER P., *L'Annam d'Autrefois. Essai sur la constitution de l'Annam avant l'intervention française*, Paris, 1907.

PAXTON R. *La France de Vichy.* Paris, Seuil, 1973.

PELLETIER Ph., (dir), *NORAO. Identités territoriales en Asie orientale,* Paris, Les Indes savantes, 2004.

PHAM Cao Zuong, *Thuc trang cua gioi nong zan Viet Nam zuoi thoi Phap thuoc* [La condition paysanne dans le Vietnam colonisé] Saigon, 1966.

PHAM Van Tiem, *Chang duong 10 nam cai cach gia 1981-1991.* [Une décennie de réformes des prix. Hanoi] 1991.

PHAN Dai Doan, *Làng Viet Nam. Mot sô Vân dê Kinh Tê Xa Hôi,* Hanoï, NXBKHXH, 1992.

PHAN Huy Chu, *Lich Trieu hien chuong loai chi* [A Reference Book of the Institutions of Successive Dynasties, 1821] vol. 1. Hanoi, 1992.

PLUVIER J. *South East Asia from Colonialism to Independence.* University Press of Oxford, 1974.

POPKIN S.L., *The Rational Peasant. The Political Economy of Rural Society in Vietnam,* University of California Press, 1979.

POUYANNE A. *L'Hydraulique agricole au Tonkin.* Hanoi, 1931.

RAFFI G., *Haïphong : origines, conditions et modalités du développement jusqu'en 1921,* thèse de doctorat d'Histoire de l'Université d'Aix-Marseille, 1993, non publiée.

RAIBAUD M. & SOUTY F. (direct.), *Europe-Asie. Échanges, Éthiques et Marchés (XVII$^e$-XXI$^e$ siècles)*, Paris, Les Indes savantes, 2004.

RAMBO T., *Searching for Vietnam. Selected Wrtitings on Vietnamese Cultuyre and Society*, Kyoto University Press, 2005.

REID A., *Southeast Asia in the Age of Commerce 1450-1680*, vol. I 1988, vol. II 1993, NewHaven, Yale University Press.

REID A. (edit.), *The Last Stand od Asian autonomies,* New York, Mc Millan, 1997.

REID A., *Essential Outsiders: Chinese and Jews in the Modern Transformation of Southeast Asia and Central Europe,* University of Washington Press, 1997.

RENY P. *Le problème des relations commerciales entre l'Indochine et la France.* Paris, 1938.

RICHER Ph. (direct.), *Crises en Asie du Sud-est*, Paris, Presses de SciencesPo, 1999.

ROBEQUAIN C. *Le Thanh Hoa, étude géographique d'une province annamite.*

Paris, Bruxelles, 2 vol., 1929. [Mémoires de l'EFEO].
— *L'évolution économique de l'Indochine française.* Paris, P. Hartmann, 1939.
RONNAS Per & ORJAN Sjoberg, *Doi Moi Economic Reforms and Development Policies in Vietnam.* Stockholm: SIDA, 1990.
ROSENVALLON P. *L'État en France de 1789 à nos jours.* Paris, Le Seuil, 1990.
ROSTOW Walt, *The Diffusion of Power: An Essay on Recent History*, New York, Macmillan, 1972.
SARRAUT A., *La mise en valeur des colonies*, Paris, 1923.
SCOTT J. C. *The moral Economy of the Peasant : Rebellion and Subsistence in Southeast Asia.* New Haven: Yale University Press, 1976.
SHIRAISHI Masaya, *Japanese Relations with Vietnam: 1951-1987*, Ithaca, SEAP, Cornell University, 1990.
SIMONI H., *Le rôle du capital dans la mise en valeur de l'Indochine*, Paris, 1929.
SMITH R. *An International History of Vietnam War.* London: MacMillan, 3 vol. 1983.
SOMPOP MANARUNGSAN, *Economic Development of Thailand 1850-1950. Response to the Challenge of the World Economy.* Bangkok, 1989.
SPALDING W. F. *Eastern Exchange Currency and Finance.* London, 1918. [2nd edition].
TA Thi Thuy, *Les concessions agricoles françaises au Tonkin (1884-1918)*, Les Indes savantes savantes, Paris, 2009.
TAILLARD Ch. (dir), *Intégrations régionales en Asie orientale*, Paris, Les Indes savantes, 2004.
TAYLOR Ph. *Fragments of the Present. Searching for modernity in Vietnam's South*, Allen & Unwin and University of Hawai'i Press, 2001.
TAYLOR Ph. (edit.), *Social Inequality in Vietnam and the Challenges to Reform*, Singapore, ISEAS, 2004.
TERTRAIS H., *La piastre et le fusil. Le coût de la guerre d'Indochine 1945-1954*, Paris, C.H.E.F.F, 2002.
THIERRY François, *Catalogue des monnaies vietnamiennes*, Paris, BN, 1987.
THIOLLIER L. *La grande aventure de la piastre indochinoise.* Saint-Etienne 1930.
THOBIE J., *L'impérialisme à la française*, Paris, La Découverte, 1986.
THOMAS F., *Histoire du régime et des services forestiers français en Indochine de 1862 à 1945*, Hanoi, Édit. Thê Gioi, 1999.
THOMAS LINDBLAD J., *Foreign Investment in Southeast Asia in the Twentieth Century*, Mc Millan, London, 1998.
THOMAS R., *L'évolution économique du Cambodge, 1900-1940*, thèse de doctorat d'Histoire, Université Paris 7, 1978, non publiée.
TOUZET A. *L'Économie indochinoise et la grande crise universelle.* Paris, Marcel Giard, 1934.
*Tram hoa dua no o trên dât Bac* [Les Cent fleurs s'épanouissent au Nord Vietnam] Paris, 1983.
TRAN Huy Lieu & VAN Tao (eds), *Xa hoi Viet Nam trong thoi Phap-Nhat 1939-1945*, [La société vietnamienne pendant la période franco-japonaise] Hanoi, 1957.
TRAN Khanh, *The Ethnic Chinese and Economic Development in Vietnam.* Singapore, ISEAS, 1986.
THRIFT N. & FORBES D. *The Price of War. Urbanization in Vietnam 1954-1985.* London, 1986.
TRINH Van Thao, *L'école française en Indochine.* Paris, éditions Karthala, 1995.

TROCKI Carl, *Opium, Empire and the global political economy: a study of the Asian opium trade, 1750-1950*, London, New York, Routledge, 1999.

TSAI Maw Kieuw, *Les Chinois au Sud Vietnam*. Paris, Imprimerie nationale, 1968.

TURPIN F., *André Diethelm 1896-1954, de Georges Mandel à Charles de Gaulle*, Les Indes savantes, Paris, 2004.

VAN DEN ENG P., *The Silver Standard and Asia's Integration into the world Economy, 1850-1914*, Working Paper N° 175, August 1993, Canberra, The Australian National University.

VAN DINH & QUA NINH, *Vân Dê Zân Cay* [La question paysanne] Hanoi, 1937.

VESIN D. « Les ambiguités de la mise en place des structures étatiques de la République démocratique du Vietnam » in *Modernisation et colonisation, un mariage improbable ? Le Vietnam au XXe siècle*. Aix en Provence, IHCC, 1995.

de VIENNE M. S. *L'économie du Vietnam (1955-1995). Bilan et prospective.* Paris, CHEAM, 1994.

*VIÊT NAM. Nhung su kiên Lich su*, 4 volumes de chronologie de l'histoire du Vietnam. I Des origines à 1958, II 1958-1918 III, 1919-1945, IV 1945-1975, Hanoï, Institut d'Histoire, Éditions de l'Enseignement.

*Vietnam in a Changing World*. I. Norlund; C.Gates & Vu C.D. (eds). Richmond, Curzon Press, 1995.

*Vietnam's Environmental Program and Policy. Priorities for a Socialist Economy in Transition.* vol. II, annex 7. World Bank Report n° 13200-VN.

VO Nhân Tri, *Croissance économique de la République démocratique du Vietnam 1954-1965*. Hanoi, éditions en langue étrangères, 1967.

— *Vietnam Economic Policy since 1975*. Singapore, ISEAS, 1991.

VORAPHET Kham, *Commerce et colonisation en Indochine, 1860-1945. Les maisons de commerce françaises, un siècle d'aventure humaine*, Paris, Les Indes savantes, 2004.

—, *Laos. La redéfinition des stratégies politiques et économiques (1975-2006)*, Paris, Les Indes savantes, 2007.

VU HUY PHUC, *Tieu thu cong nghiep Viet Nam (1858-1945)* (L'industrie artisanale du VN), Hanoi NXBKHXH, 1996.

VU TU LAP et Chr. TAILLARD, *Atlas du Viet Nam*, Reclus – La Documentation française, 1994.

WALL I. M. *L'influence américaine sur la politique française 1945-1954*. Paris, Balland, 1989.

WOODSIDE A., *Lost Modernities. Vietnam, China, Korea, and the Hazards of World History*, Cambridge Mss, Harvard University Press, 2006.

YANG Baoyun, *Contribution à l'histoire de la principauté des Nguyên au Vietnam méridional (1600-1775)*, Genève, édit. Olizane, 1992.

YVON F. ou YVON-TRAN F., *Une résistible collectivisation (L'Agriculture au Nord Vietnam : 1959-1988).* Thèse de doctorat d'Histoire inédite université Paris VII, 1994.

—, « Les marchés ruraux du Viet-Nam (Xe-XVIIIe s.) », *Histoire et sociétés rurales* 17, 1er sem. 2002.

—, « Artisanat et commerce villageois dans le Viet-Nam prémoderne, du XIe au XIXe s. Le cas de l'ancienne agglomération de Phu Ninh » *BEFEO* 88 (2001), p. 217-247.

—, « L'application du système de l'affermage des marchés ruraux au Tonkin de 1888 à 1911 », *BEFEO* 86 (1999), p. 185-218.

# Index en français des thèmes et noms de personnes

## A

Accords franco-japonais 154-156
Agriculture coloniale (services agricoles, stations expérimentales, écoles, modernisation) 72-74 ; (livraisons forcées) 162, 163, 212
Agronomes français : A. Chevalier 73 ; R. Dumont 74, 97, 203 ; Y. Henry 2, 73, 74 ; M. de Visme 32
Aide américaine au Sud-Vietnam 180
Avoirs français au Sud-Vietnam 172, 175, 176

## B

Banque de l'Indochine (et l'État français, et le Trésor indochinois, et la monnaie, et la crise de 1930) 49-52, 57, 58
BIC et agriculture 82
Bazin A. 30,31
Bell D. (USAID) 171
Bowring (traité) 80
Buitenzorg (centre de botanique tropicale) 72

## C

CAEM, Conseil d'Aide économique mutuelle ou COMECOM 182, 225
Café, caféier (plantations, production et crise de 1930) 86, 88
Canaux de Cochinchine 66
Caoutchouc (exportations et crise de 1930) 141,150
Charbon (Société française des Charbonnages du Tonkin, production, exportations et crise des années 1930) 93,94
Chemins de fer
  Saigon-Mytho 63
  du Yunnan 50
  transindochinois 63
Chettiars ou chettys 81, 140
Chinois
  rôle dans l'économie indochinoise (en général) 106, 107, 110, 115-117 ; (dans le commerce rizicole) 80,81,118
  partage des activités entre les congrégations 199-121
Chinois du Sud-Vietnam, investissements et industries 177-179

Colonial Drain 101,102
Colonisation annamite 105,106
Commerce extérieur
    Exportations 97,98, 100
        Protectionnisme, tarifs douaniers 98, 99 ; autonomie douanière 154
        Importations 99, 100 ; de produits manufacturés et hydrocarbures 100, 157
    Importations 1953 174
Concessions foncières 49, 77
Conrad J. 131
Coton 1939-1944 160, 163
Coût de la vie 1925-1940 (à Saigon, à Hanoï) 144, 145
    –id–        1939-1944 160-162
Crédit agricole 82
Crise économique 1930-1934 137-143
    à Haiphong 143, 144
    en Cochinchine 138, 140, 141, 147
    en Annam 145, 146
    au Tonkin 142, 143, 148
    et revenus publics 146, 147
    sortie de la crise 149-153
    conséquences sociales et morales 151, 152

## D

Deng Xiaobing 19, 170
Distilleries (alcools) 95, 117, 118
Dupuis J. 17

## E

Économiste français, Khérian G. 32, 33
Engels F. 46, 224
Entrepreneurs chinois 12, 121
Entrepreneurs vietnamiens 121-127
État français
    et la « mise en valeur scientifique » 72
    intervention dans l'économie 43-52

    et plan d'industrialisation 166
    et emprunts publics 47, 48
État impérial (avant colonisation) et rôle économique 168
État sud-vietnamien et économie 176, 177

## F

Famine de 1945 (au Tonkin et nord Annam) 34, 162, 163
Ferry J. 91,92
Fiscalité 52-57
Foires et foires-expositions 104, 105
Forêts (étendue, politique, exploitation, destruction) 111-113

## G

Geertz C. 32
Géographes français, P. Gourou 74, 80, 96, 97, 103 ; Ch. Robequain 27, 88, 92, 104
Gerschenkron A. 169
Godart J. 128
Gold Exchange Standard 51
Gouverneurs généraux, gouverneurs et administrateurs P. Bert 18 ; J. Brévié 32,189 ; G. Catroux 154 ; L. V. Charner 17 ; J. Decoux 51, 154 ; A. Diethelm 141 ; P. Doumer : 27, 63, 72; Dupré 17 ; P. P de La Grandière 80 ; J-M-A de Lanessan 30, 46, 98 ; M. Long 60 ; Ch. Le Myre de Vilers 75,127 ; E. Outrey 61 ; Page 98 ; P. Pasquier 100 ; R. Robin 33, 87, 91 ; F. P Rodier 55 ; A. Sarraut 48, 73, 91 ; A. Touzet 32 ; A. Varenne 91

## H

Hévéaculture

recrutement et condition de la main d'œuvre 83-86, 131-134
plantations françaises au Sud-Vietnam (1960) 172-173
Hideki Tojo 165
Hommes d'affaires et patrons français : Paul Bernard 44, 52, 91, 97 ; A.R. Fontaine 91 ; Hallet-Rivaud 84 ; O. Homberg 84, 91, 139 ; Ulysse Pila 46, 96 ; R. Thion de la Chaume 60
Hong Kong & Shanghaï Banking Corporation (HKSBC) 119
Hydraulique agricole 66-68

## I

Industries
   minières 92, 93
   de transformation 94, 95
   textiles 95-97
   du port de Haiphong 159
Industrialisation
   le débat 90, 91
   le mot d'ordre *Chan hung công nghê* 125
   la main-d'œuvre 126, 127, 133-134
   - - à Nam Dinh 134
   le Programme français de 1945 166
Inscrits 25
Instituts Pasteur d'Indochine 29
Investissements métropolitains 47, 119

## K

Keynes J.M. 44
Kircher (tarif) 95, 96, 99
Khmer krom 129
Khrouchtchev N. 19, 170

## L

Lange O. 170

Lee Kwan Yew 226
Liberman E.G. 170
List F. 18
Louis XVI 14

## M

Martin J. 162,163
Médecins français : N. Bernard 29 ; A. Calmette 29 ; P. Chesneau 29 ; Génin 129 ; F. Heckenroth 109 ; Le Roy des Barres 29 ; Vantalon ; A. Yersin 29
*Meiji* 18,90
Méline (tarif) 91, 98, 99
Mendès France P. 44, 10
Métal-argent 58,59
Michelin (société) 141
Migrations, transmigrations 30, 31, 36, 106
Monétarisation 56,57
Mongkut et le traité Bowring 16
Monnet J. 44
Monopoles (opium, sel, alcools) 52-57

## N

Norodom Sihanouk 36

## O

Opium (trafic) 65

## P

Paupérisme (delta tonkinois) 30-32
Pêche (techniques et production et pêche au Thanh Hoa) 110, 111
Perestroïka 218
Piastre mexicaine 57, 58

Piastre indochinoise (création, relation avec le franc, avec la sapèque) 57-62
   stabilisation 61
   dévaluations 1937, 1946, 1953 61-62
Phibun Songkram M$^{al}$ 195
Poivrier 88, 90
Population et ressources (frugalité, malnutrition, sous-nutrition) 37, 38, 39, 109, 128
Ports (Saigon, Cholon, Haïphong, Quy Nhon, Tourane, Ben Thuy) 64, 65

# R

République du Vietnam
   évolution de l'économie 179-183
   budget, inflation monétaire 173-174
   réfugiés, destructions 185
   réforme agraire 184
République démocratique du Vietnam, République socialiste du Viet-Nam (à partir de 1976)
   l'économie de la Résistance 1945-1954 188-195
   la réforme agraire 197-199
   État et l'agriculture (investissements) 200-202
   collectivisation agricole 205-209
   croissance industrielle 203-209
   exportations/importations, partenaires commerciaux 210
   santé et éducation 202
   revenus des paysans-coopérateurs 207
   Viet-Nam et COMECON 214
Riz
   superficie, production, commerce 77-82
   et la crise des années 1930 138, 139
   riz cochinchinois au Tonkin 164
   réserves de Cochinchine en 1945 165
Riziculture méridionale (régime agraire) 79, 80

Roosevelt F.D. 13
Rostow Walt 183
Rothiacob baron 77
Routes (réseau) 63

# S

Santé publique (dans les campagnes) 30
Sapèque 57, 58, 60
Scott J.C. 128
So Binkong 14
Sociétés artisanales et commerciales 122
Smith A. 18
Smolski T. (statisticien français) 27
Souchère, Mme de la 51
*Sphère de Co-Prospérité de la Grande Asie orientale* 165
Stamford Raffles et Singapour 16
Staline J. 18
Stevenson (plan) 48
Stieng (ethnie) 49
Sukarno A. 169
Sun Yat Sen 169

# T

Textiles (industrie et artisanat) 95-97
Thé, théier (plantation et production et commerce) 86-88
Transindochinois le (chemin de fer) 63
Transports fluviaux 62

# V

Van den Bosch (Système) 17
Vandermeersch Léon 13
Van der Pelt 83
Vietnamisation des biens étrangers (Sud-Viet Nam) 176-177

## W

Wittfogel K. 168
Woodside A. 16

## Y

Yen spécial 156
Yokohama Specie Bank 156

# Index des noms, mots et expressions en *quôc ngu*

cités dans le texte, les notes et/ou la bibliographie

**Noms de personnes et de lieux**

Bạch Thái Bưởi  123
Bảo Đại  105, 170, 193
Buì Cong Trung  187, 226
Buì Huy Tin  124
Buì Quang Chiêu  122
Đại Nam  16, 25, 116
Đào Trinh Nhất  118
Đồng Sơn  24
Gia Định  16, 25
Hậu Giang  76, 77
Hiền Vương  25
Hồ Chí Minh  168
Hồ Đắc Vỹ  189, 192
Hoàng Xuân Hãn  224
Huỳnh Thúc Kháng  122
Khải Định  58
Lê Duẩn  205, 205, 209
Lê Đức Tho  216
Lê Phát An  123
Lê Phát Vinh  123
Lê Quý Đôn  16, 74

Lê Thánh Tông  14, 15, 24
Lục Tỉnh  16, 75
Mạc Cửu  26
Minh Mạng  14, 15, 90
Nghiêm Xuân Quang  121
Ngô Đình Diệm,  170, 171, 176, 184
Nguyễn Bình  188, 191
Nguyễn Cong Hoan  58
Nguyễn Cong Tiểu  224
Nguyễn Cong Trứ  30
Nguyễn Hiến Lê  119
Nguyễn Hữu Độ  26
Nguyễn Phú Khai  122, 124
Nguyễn Phước Anh  14, 75
Nguyễn Sơn Hà  123, 125
Nguyễn Thanh Sơn  193
Nguyễn Thế Anh  26
Nguyễn Trường Tộ  15
Nguyễn Văn Cửa  123
Nguyễn Văn Hảo  179, 181
Nguyễn Văn Linh  13, 218
Nguyễn Văn Tấn  123
Nguyễn Văn Thiêu  178, 183, 184

Phan Anh 171
Phan Bội Châu 121
Phan Huy Chú 25, 74
Phạm Phú Thứ 15
Phạm Văn Bạch 193
Phú Xuân 24
Quach Đam 120, 121
Tây Sơn 14, 75
Thiêu Trị 15, 25
Trần Chanh Chiếu tức Gilbert Chiếu 121, 124
Trần Tư Bình 131
Trần Văn Chôm 176
Trương Văn Bên 123
Tự Đức 25, 26
Vũ Văn Mẫu 34, 162

Tế Xã Hội
Một Số Vấn Đề Về Lịch Sử Kinh Tế Việt Nam 103
Nông Dân và Nông Thôn Việt Nam Thời Cận Đại 103
Nông Thôn Việt Nam Trong Lịch Sử 103
Nho Giáo 14
Nhớ và Ghi 58
Phủ Biên Tạp Lục 16, 74
Phú Riềng Đỏ 131
Tổng kết Nghiên Cứu Địa Bạ Nam Kỳ Lục Tỉnh 80
Việt Nam.Những Sự Kiện Lịch Sử 126, 127
Xã Hội Việt Nam Trong Thời-Pháp Nhật 161

## Titres de périodiques

Báo Khoa Học 224
Công Thương Báo 126
Khai Hóa Nhưt Báo 123
Khoa Học Tạp Chí 224
Khoa Học Phổ Thông 224
Nghiên Cứu Kinh Tế 11
Nghiên Cưu Lịch Sử 11
Niên Giám Thống Kê 201
Nhân Dân 9
Phú Thọ Công Thương 126
Sự Thật 187
Việt Nam Thương Mại Kỹ Nghệ 126
Xưa và Nay 11

## Titres de livres

7 Ngày trong Đông Tháp Mười 129
Đại Nam Nhật Thống Chí 25
Đại Nam Thuc Lục Chính Biên 25,26
21 Năm Viện Trợ Mỹ ở Việt Nam 183
Khâm Đinh Việt Sử Thông Giám Cương Mục 25
Kinh Tế Việt Nam.1945-1960 35
Làng Việt Nam.Một Số Vấn Đề Kinh

## Mots et expressions

bạc lúa vay 80
Ban ngoài vụ Nam Bộ 193
bình phong 192
chấn hưng công nghệ 125
chính huận 199
chúa sông 123
công 143
công tý Liên Thanh 122,123
Duy Tân phong trào 121
địa bộ/địa bạ 25
đinh bộ 25,27
điền chủ/địa chủ 80
Đổi Mới 200,218-221,225,226
đồng 175,181,182,191,192,198,203,206,207
đôn điền 24
gia 80,81,143
hàng xào 162,200
họ buôn 122
hợp tác xã hóa 205
họp thương 122
Hoa Kiều 177,178
khẩu phần 128,131
khoán sản phẩm 216
Nam Tiến 23,24,26

nước mắm 109,110,122
phá rào 215
tá điền 80
tập kết 35
tập thể hóa 205
thợ áo xanh 133
thợ cũ nâu 133
tỉnh 211

Tòa Đại biểu Chính phủ Nam Việt 11
trí huyện 142
tuần phủ 142
tổng đốc 126
ưc thương 14
Uy ban Khắng chiến Hành chính Nam Bộ 192
Viện Khảo cưu Nông học 189

# Table des cartes

Carte n° 1. L'expansion des Viêt vers le Sud. XIe-XVIIIe siècle .................. 12
Carte n° 2. Les étapes de la formation de l'Indochine française ............... 20
Carte n° 3. L'Indochine, carte administrative ........................................... 21
Carte n° 4. Les flux migratoires entre 1984 et 1989 ................................. 41
Carte n° 5. Carte économique de l'Indochine française ............................ 67
Carte n° 6. L'hydraulique en Indochine. Situation des réseaux en 1945 ............ 68
Carte n° 7. Carte des voies d'eau de Cochinchine .................................... 69
Carte n° 8. Mouvement des riz en Cochinchine ...................................... 70
Carte n° 9. Principales plantations de caoutchouc en Indochine ............. 87
Carte n° 10. Les coopératives agricoles .................................................... 89
Carte n° 11. République socialiste du Viet Nam ..................................... 190
Carte n° 12. Villes et voies de communication ....................................... 196
Carte n° 13. Libéralisation économique du Viet Nam ............................ 213

# Table des graphiques

Graphique 1. Population des trois « pays » viet et du Viet Nam ............................... 28
Graphique 2. La croissance de la population du Viet Nam pendant la domination française .................. 34
Graphique 3. Population du Viet Nam de 1946 à 2006 ............................... 38
Graphique 4. Profits des grandes sociétés françaises d'Indochine ........................ 45
Graphique 5. Taux officiel de change de la piastre en franc ...................... 59
Graphique 6. Rendement rizicole à l'hectare et en tonne dans chaque « pays » vietnamien ............................ 75
Graphique 7. Exportations des riz et dérivés, 1925-1940 ......................................... 76
Graphique 8. Production de riz dans les trois « pays » vietnamiens ....................... 77
Graphique 9. Superficie des rizières cultivées en Cochinchine, 1868-1931 .............. 78
Graphique 10. L'hévéaculture : superficie, exportation ................................................. 84
Graphique 11. Valeur de la production minière en Indochine, 1923-1930 ............... 93
Graphique 12. Le mouvement des marchandises du port de Haïphong, 1927-1936 ................................................................................. 144
Graphique 13. Valeur des exportations de riz, nombre de villageois qui paient l'impôt personnel, le montant de l'impôt personnel, 1913-1937 .. 148
Graphique 14. Charbon produit et exporté par la SFCT pendant les guerres ........ 158
Graphique 15. Production de caoutchouc indochinois pendant les guerres .......... 158

# Table des tableaux

Tableau 1. Les cargaisons de riz à destination du Tonkin ............................................ 34
Tableau 2. Taux de fécondité ............................................................................................ 37
Tableau annexe : Estimations de la main-d'œuvre de 1909 à 1954 ......................... 40
Tableau 3. Emprunts publics et émissions d'actions des sociétés indochinoises jusqu'en 1940 ................................................................................................. 47
Tableau 4. L'évolution du budget provincial de Tay Ninh ......................................... 53
Tableau 5. Revenus des trois monopoles (province de Baclieu) ............................... 54
Tableau 6. Revenus du monopole du sel ...................................................................... 54
Tableau 7. Le Trafic ferroviaire indochinois en 1939 .................................................. 63
Tableau 8. Le trafic fluvial et ferroviaire dans la province du Thanh Hoa ............... 65
Tableau 9. Investissements français par secteurs ........................................................ 72
Tableau 10. Importations et exportations de thé, 1924-1940 .................................... 88
Tableau 11. Principaux gisements miniers et leur production ................................... 92
Tableau 12. Capital de la Société française des charbonnages du Tonkin, 1888-1950 ....................................................................................................... 94
Tableau 13. Croissance de l'extraction charbonnière au Tonkin, 1890-1915 ......... 94
Tableau 14. Exportations du charbon tonkinois, 1926-1940 .................................... 94
Tableau 15. Importance relative des produits agricoles dans le commerce spécial de la colonie ................................................................................... 98
Tableau 16. Exportations indochinoises en pourcentage des importations ............ 98
Tableau 17. Valeur des importations en Indochine, 1925-1938 ............................... 99
Tableau 18. Valeur des exportations d'Indochine, 1925-1940 ................................ 100
Tableau 19. Taux de profit de trois grandes sociétés françaises, 1906-1913 ........ 101
Tableau 20. Les capitaux français et chinois en Indochine, ca 1920 ..................... 119
Tableau 21. Entreprises vietnamiennes fondées dans la décennie 1920 au Tonkin et Nord Annam ................................................................................. 127
Tableau 22. Les salaires des travailleurs de Nam dinh en 1928 ............................. 134
Tableau 23. Prix du quintal de riz, en piastres, à Saïgon, 1929-1934 .................... 138
Tableau 24. Les principales exportations d'Indochine, 1928-1934 ........................ 139

Tableau 25. Superficies de terres hypothéquées et les créanciers en 1931 ............. 140
Tableau 26. La dépression au Tonkin, 1929-1933 ................................................. 142
Tableau 27. Indices du coût de la vie, 1925-1940 (à Hanoï et Saïgon) ................... 145
Tableau 28. Les impôts indirects, 1921-1933 ........................................................ 147
Tableau 29. Alcool (million litres), opium (kilos), province Longxuyên,
1930-1934 ......................................................................................... 147
Tableau 30. Impôts et contribuables de la province de Baclieu ............................. 147
Tableau 31. Balance des paiements de l'Indochine, 1928-1931 ............................ 149
Tableau 32. Surplus budgétaire, 1928-1940 .......................................................... 150
Tableau 33. Indices de salaires des travailleurs non spécialisés, 1930-1939 ......... 153
Tableau 34. Les fournisseurs de produits manufacturés et d'hydrocarbures, 1940 .. 157
Tableau 35. Les entreprises industrielles de Haiphong, 1941 ............................... 159
Tableau 36. Indices du coût de la vie à Saïgon, 1939-1944 ...................................161
Tableau 37. Indices du coût de la vie à Hanoï, 1939-1944 ....................................161
Tableau 38. Superficie plantée en cultures industrielles, 1940-1944 ..................... 163
Tableau 39. De la production de riz, 1938, 1943, 1944 ......................................... 164
Tableau 40. Le transfert du riz cochinchinois au Tonkin, 1940-1944 ................... 164
Tableau 41. Indices des volumes d'importations en Indochine, 1938-1953 ........... 174
Tableau 42. Dépenses militaires et subsides américaines au Sud Vietnam,
1950-1953 ......................................................................................... 174
Tableau 43. Valeur (en dollars US) des biens français au Sud Vietnam, 1960 ....... 176
Tableau 44. La population chinoise du Sud Vietnam avant et après les décrets
de 1956 ............................................................................................. 177
Tableau 45. La progression de l'inflation monétaire au Sud Vietnam, 1966-1972 ....181
Tableau 46. Le déficit budgétaire de la République du Viet Nam .........................181
Tableau 47. La répartition des terres dans la République démocratique
du Viet Nam, 1953 ........................................................................... 199
Tableau 48. Surface mise en riziculture (1 000 ha) et rendements moyens de riz
du Nord Vietnam, 1939-1957 ........................................................... 200
Tableau 49. Élevage animal au Nord Vietnam, 1939-1957 ...................................201
Tableau 50. Production de paddy et pourcentage du commerce contrôlé par l'État,
1955-1958 .........................................................................................201
Tableau 51. Sage-femmes, infirmières et médecins en RDV, 1955-1959 ............. 202
Tableau 52. Population scolarisée du Nord Vietnam, 1939-1960 ......................... 202
Tableau 53. Revenus des familles paysannes, 1960-1982 ..................................... 207
Tableau 54. Les parts respectives du secteur étatique et du secteur coopératif
dans le revenu national, 1957-1971 ................................................. 209
Tableau 55. Valeurs et pourcentage des investissements de l'État
dans l'industrie et l'agriculture, 1976-1979 ...................................... 209
Tableau 56. Structure des exportations du Nord Vietnam .....................................210
Tableau 57. Taux de croissance, objectifs et réalisations, 1960-1975 ....................215
Tableau 58. Explosion des prix de détail entre 1976 et 1980 .................................215
Tableau 59. Superficie et production de riz, 1996-2003 ....................................... 220
Tableau 60. Production pétrole et charbon, 1987-2004 .........................................221
Tableau 61. Croissance de la production en % annuel du PIB ..............................221

# Table des matières

**Préface** .................................................................................................... 7
    Note sur les noms et mots vietnamiens ............................................ 10
    Liste des abréviations ........................................................................ 11

**Introduction** ........................................................................................... 13

## Chapitre un

**La croissance démographique non maîtrisée du XX$^e$ siècle** .............. 23
    L'évolution démographique avant la conquête française ................. 24
    Les Français face à la situation démographique .............................. 26
    Une croissance incontrôlée ............................................................... 28
    L'impasse coloniale ........................................................................... 30
    La seconde guerre mondiale et la grande famine de 1945 :
    un lourd fardeau pour les Vietnamiens ............................................ 33
    Changements démographiques post-coloniaux et problèmes persistants .... 35

## Chapitre deux

**La mise en place d'une économie coloniale** ....................................... 43
    Les rôles de l'État et des capitalistes français ................................. 43
        Les formes et l'impact de l'intervention de l'État ..................... 44
        L' État et les investisseurs privés ............................................... 46
    Une coopération conflictuelle et durable : le gouvernement colonial
    et la Banque de l'Indochine .............................................................. 49
    La fiscalité coloniale ......................................................................... 52
    La monnaie comme instrument de contrôle et d'exploitation .......... 57
    La mise en place des infrastructures : les communications, les transports,
    l'hydraulique ..................................................................................... 62
        Les communications et les transports ....................................... 62
        Les travaux hydrauliques ............................................................ 66

## Chapitre trois

## Le fonctionnement de l'économie coloniale .................................. **71**
L'agriculture d'exportation ........................................................... 71
    Le rôle de l'État français .......................................................... 72
    La riziculture méridionale ........................................................ 74
    Le secteur des plantations arboricoles .................................. 83
Industrialiser ou ne pas industrialiser ? les exploitations minières
et les industries de transformation ............................................... 90
    Le débat ....................................................................................... 90
    L'industrie minière .................................................................... 92
    Les industries de transformation ........................................... 94
Le commerce extérieur ................................................................... 97
Y a-t-il eu une crise de l'économie dite traditionnelle ? ........... 102
    Une économie locale vivace .................................................. 102
    La place et le rôle des Chinois dans l'économie indigène .. 106
    Les industries indigènes ont-elles décliné ? ....................... 108
    Les pêcheries ........................................................................... 110
    Les forêts ................................................................................. 111
    Conclusion ............................................................................... 113

## Chapitre quatre

## Les changements de la société ...................................................... **115**
« Être ou ne pas être », les entrepreneurs asiatiques
sous la domination coloniale française ........................................ 115
    Les Chinois ............................................................................... 115
    Les Vietnamiens ...................................................................... 121
Une société à prépondérance rurale mais en cours de changement .......... 127
Le nouveau monde du travail ........................................................ 131

## Chapitre cinq

## La crise du système colonial ......................................................... **137**
La grande crise de l'économie mondiale en Indochine .............. 137
    La grande crise atteint l'Indochine ....................................... 138
    Le talon d'Achille de l'économie indochinoise ................... 139
    Les effets intérieurs de la crise .............................................. 142
    La diminution des revenus publics ....................................... 146
    La sortie de crise ..................................................................... 149
    Les conséquences de la crise ................................................ 151
La deuxième guerre mondiale en Indochine ............................... 154
    Les conséquences de la défaite de la France devant l'Allemagne ...... 154
    Faire face à l'isolement et la pénurie ................................... 156
Un projet de développement qui arrive trop tard ...................... 165

## Chapitre six

**L'indépendance et les tentatives de recentrer l'économie, la République du Viet Nam** ........................................................... **167**
    L'État impérial ante-colonial ............................................................168
    Les États vietnamiens post-coloniaux ..............................................168
        La République démocratique du Viet Nam (RDV), un État sur pied de guerre .....168
        La République du Viet Nam, un État dans les limbes ..................170
    La partition territoriale, entrave au développement du Vietnam ..... 171
    L'économie du Sud-Viet Nam : décomposition et dépendance ..................173
        Le retrait des Français ........................................................ 175
        Les limites de la « nationalisation » ................................... 176
        Une prépondérance économique maintenue ..................... 177
        Dépendance et contraction de l'économie sud vietnamienne ....... 179

## Chapitre sept

**Le Nord-Vietnam : un essai radical de recentrer l'économie** ................ **187**
    L'économie de la résistance anti-française, 1945-1954 .....................187
        Les ressources de l'économie de la résistance ..................... 188
        Le fonctionnement de l'économie intérieure de la résistance ..... 192
        Les échanges avec l'extérieur ............................................. 194
    La République démocratique du Viet Nam, 1955-1975.
    Les premières années ....................................................................197
        « l'Âge d'or » de la reconstruction ..................................... 197
        Les débuts de l'industrialisation ........................................ 203
    Les transformations socialistes de l'économie, 1958-1975 ........................ 205
        La collectivisation de l'agriculture ..................................... 205
        Priorité à l'industrie lourde ................................................ 209
    La République socialiste du Viet Nam : la réunification
    et l'échec de la transition vers l'économie socialiste ........................ 211
    La Rénovation, Đổi Mới, et la transition à l'économie de marché,
    1976-1989 .................................................................................... 218
        Le 6ᵉ congrès du PCV et le passage à l'économie de marché ..... 218
        Le recul graduel de l'économie dirigée et planifiée ................. 219
    Le redéploiement de l'économie du Viet Nam ............................... 220

**Postface** ..................................................................................**223**
**Bibliographie** .........................................................................**227**
**Index** .......................................................................................**239**
**Table des cartes** ....................................................................**249**
**Table des graphiques** ...........................................................**251**
**Tables des tableaux** ..............................................................**253**

Mise en pages : Compo-Méca s.a.r.l.
64990 Mouguerre

Achevé d'imprimer
par Dupli-print à Domont (95)
en mai 2009
N° d'impression : 123080